Touristikkostenrechnung

Christoph Benz

Touristikkostenrechnung

Management-Accounting für Touristik-Unternehmen

2. Auflage

Christoph Benz
Studiengang Betriebsökonomie
Hochschule für Technik und Wirtschaft
HTW Chur
Chur
Schweiz

ISBN 978-3-658-08087-7   ISBN 978-3-658-08088-4 (eBook)
DOI 10.1007/978-3-658-08088-4

Die Deutsche Nationalbibliothek verzeichnet diese Publikation in der Deutschen Nationalbibliografie; detaillierte bibliografische Daten sind im Internet über http://dnb.d-nb.de abrufbar.

Springer Gabler
© Springer Fachmedien Wiesbaden 2011, 2016

Gedruckt auf säurefreiem und chlorfrei gebleichtem Papier

Springer Fachmedien Wiesbaden ist Teil der Fachverlagsgruppe Springer Science+Business Media
(www.springer.com)

Vorwort zur zweiten Auflage

Mit grosser Freude habe ich vom Wunsch des Springer Gabler Verlags nach einer zweiten Auflage meiner „Touristikkostenrechnung" erfahren. Damit bestätigt sich dass ein nachhaltiger Bedarf nach einem speziell auf die Bedürfnisse touristischer Dienstleistungsunternehmen zugeschnittenen Kostenrechnungslehrbuch besteht.

Kernstück der jetzt vorgelegten Neuauflage ist die vollständige Neugestaltung des vierten Kapitels zur Kostenarten- und Abgrenzungsrechnung. Der gesamte Kapiteltext inclusive der zugehörigen Aufgaben und Lösungen wurde neu strukturiert. Notwendig wurde dies durch das in der Praxis beobachtbare immer nähere Zusammenrücken von finanziellem und betrieblichem Rechnungswesen. So wurde die Überleitungsrechnung vom Unternehmens- zum Betriebserfolg als Ausgangspunkt gewählt und die kalkulatorische Kostenarten werden jetzt in diesen Rahmen eingeordnet. Ausserdem habe ich die Gelegenheit genutzt, die in der ersten Auflage doch noch recht zahlreich vorhandenen Druckfehler weiter zu reduzieren.

Seit dieses Lehrbuch vor mittlerweile dreieinhalb Jahren erschienen ist, habe ich einigen Beifall und konstruktive Kritik seitens meiner Studentinnen und Studenten erfahren. Jedem, der auf diese Weise zum Gelingen dieser Neuauflage beigetragen hat, sei an dieser Stelle gedankt. Auch die überaus positive Aufnahme des Werks im Kreise meiner Kolleginnen und Kollegen in- und auch ausserhalb der HTW Chur lieferte einen Teil der Motivation den eingeschlagenen Weg weiter zu verfolgen. Nicht zuletzt danke ich Frau Anna Pietras vom Springer Gabler Verlag, ohne deren tatkräftige Unterstützung es nicht zu dieser Neuauflage gekommen wäre.

So wünsche ich allen Lesern viel Erfolg mit Touristikkostenrechnung 2.0 – nicht ohne nochmals darauf hinzuweisen, dass auch die neue Auflage immer noch ein Lehr- und Arbeitsbuch bleibt. Die reine Lektüre der Kapiteltexte ohne „Arbeit" – dem selbständigen Lösen der Übungsaufgaben – führt nicht zum Ziel. Der aufmerksame Leser wird feststellen, dass sehr viele Feinheiten der Theorie – die der Übersichtlichkeit wegen in den Text-

kapiteln unterschlagen werden – sich in den Kommentaren zu den Lösungen der Übungsaufgaben verbergen.

Chur und Schwarzach (Vlbg.),   Christoph Benz
im Dezember 2015

Vorwort zur ersten Auflage

„Es gibt so viele gute Literatur zum betrieblichen Rechnungswesen, warum soll ich gerade zu diesem Thema noch ein Buch schreiben?," war das Credo das ich die letzten 10 Jahre anstimmte, wenn ich von meinen Studierenden an den Fachhochschulen in Dornbirn oder Chur nach einer schriftlichen Lehrunterlage gefragt wurde. – Sofern das Rechnungswesen allgemeiner Art angesprochen ist, welches sich in den letzten 50 Jahren vor dem Hintergrund produzierender Industrieunternehmen entwickelt hat, stehe ich auch nach wie vor zu dieser Aussage. Seit ich die Aufgabe übernommen habe für angehende Bachelors in Tourism dieses Fach zu unterrichten hat sich meine Sicht der Dinge jedoch verändert. Eine Dienstleistung wie eine Hotelübernachtung oder einen Flug von Zürich nach Shanghai permanent als „Produkt" bezeichnen zu müssen – oder „Herstellkosten" für eine Leistung zu ermitteln, welche nicht „hergestellt", sondern eher „zur Verfügung gestellt" wird, stellt die Studierenden vor Herausforderungen begrifflicher Art welche nicht geeignet sind den Zugang zu dem ohnehin schon anspruchsvollen Fach zu erleichtern. Natürlich hat die Ausbildung von Touristik-Fachleuten eine lange Tradition und es stehen auch hier bewährte Lehrmittel zur Verfügung. Das Wachstum, das diese Branche in den letzten 20 Jahren erfahren hat, verlangt jedoch nach einer Professionalisierung der dort tätigen Personen, die gerade erst im Entstehen begriffen ist. Im Bereich des betrieblichen Rechnungswesens sind die vorhandenen deutschsprachigen Lehrbücher eher auf Berufsschulen/Hotel fach schulen zugeschnitten, als auf die Anforderungen an einen Hochschulabsolventen. Wenn nicht nur Anwendungswissen vermittelt werden soll, sondern auch kritische und konzeptionelle Fähigkeiten gefragt sind, finden sich dort keine Antworten. Die Fähigkeit einen vordefinierten Betriebsabrechnungsbogen auszufüllen zu können reicht für einen Bachelor of Tourism eben nicht aus, vielmehr geht es darum, zum Beispiel zu wissen welche unternehmerischen Fragestellungen mittels eines Betriebsabrechnungsbogens beantwortet werden können oder welche Vor- und Nachteile verschiedene Varianten des Betriebsabrechnungsbogens haben.

Ziel des vorliegenden Lehrbuchs ist es Basiswissen zum betrieblichen Rechnungswesen anhand von Fragestellungen und Anwendungsbeispielen aus der Tourismuswirtschaft zu vermitteln. Zielgruppe sind dabei in erster Linie Studierende des Fachs Tourismuswirtschaft – es würde mich um so mehr freuen, wenn es mir damit auch gelungen wäre dem einen oder anderen Touristik-Praktiker nützliche Einsichten zu vermitteln.

Ohne tatkräftige Unterstützung des Autors ist noch kein Buch entstanden. Deshalb herzlichen Dank an Gerlinde und Martin für das Korrekturlesen sowie an Frau Ira Krissel und Herrn Andreas Funk vom Gabler Verlag ohne deren wohlwollende Förderung aus dem Manuskript nie ein Buch geworden wäre.

Erstlingswerke gelingen erfahrungsgemäß selten auf Anhieb perfekt. Allfällige Korrektur- oder Verbesserungsvorschläge nehme ich gerne entgegen. Wenden Sie sich dazu an: christoph.benz@htwchur.ch

Chur, im April 2011   Christoph Benz

Inhaltsverzeichnis

Abkürzungsverzeichnis

a	Steigung (Gerade)
AB	Anfangsbestand
AHLA	American Hotel and Lodging Association
ÄZ	Äquivalenzziffer
b	y-Achsenabschnitt (Gerade)
BAB	Betriebsabrechnungsbogen
D	Deckungsbeitrag
d	Deckungsbeitrag pro abgesetzter Leistungseinheit
Dr	relativer Deckungsbeitrag
EK	Einzelkosten
EVA	Economic Value Added
G	Gewinn
g	Gewinn pro abgesetzter Leistungseinheit
GE	Geldeinheit
GK	Gemeinkosten
GKR	Gemeinschaftskontenrahmen der Industrie
h	Stunde
i	Index
IKR	Industriekontenrahmen
K	Kosten
k	Kosten pro abgesetzter Leistungseinheit
K_F	Fixkosten
k_F	Fixkosten pro abgesetzter Leistungseinheit
K_v	Variable Kosten
k_v	Variable Kosten pro abgesetzter Leistungseinheit
kfr.	Kurzfristig
KoA	Kostenart
KSt	Kostenstelle
KTr	Kostenträger

lfr.	Langfristig
LV	Leistungsverrechnung
p	Preis pro Leistungseinheit
p.a.	pro annum (lat. pro Jahr)
ReWe	Rechnungswesen
U	Umsatz
USALI	Uniform System of Accounts for the Lodging Industry
x	Leistungsmenge (Anzahl abgesetzter Leistungseinheiten) oder sonstige kostenbeeinflussende Größe
$\bar{x}$	Arithmetisches Mittel der x-Werte
y	Kosten als Funktion einer kostenbeeinflussenden Größe x
$\bar{y}$	Arithmetisches Mittel der y-Werte

Abbildungsverzeichnis

Formelverzeichnis

Blindflug mit dem Jumbo-Jet? – Die Bedeutung des betrieblichen Rechnungswesens in der Touristik

Tourismus und mit dem Tourismus verbundene Gewerbe haben in den vergangenen Jahrzehnten ein starkes Wachstum erfahren. Nach dem AHLA-Report 2008 stellt die Tourismuswirtschaft – legt man die Arbeitsplatzzahlen zugrunde – weltweit einen der drei größten Wirtschaftsbereiche dar. Das starke Wachstum der Branche führt dazu, dass auch in diesem Bereich mehr und mehr große, schon aus der Art des Unternehmenszwecks nahezu zwangsläufig international tätige, Unternehmen entstehen. Kleine in lokalen Nischen tätige Anbieter sehen sich mehr und mehr der Konkurrenz international operierender Konzerne ausgesetzt. Diese Entwicklung führt zu einer Verschärfung des Wettbewerbs in der die strategische Ausrichtung und die operative Effizienz der einzelnen Anbieter über Erfolg oder Misserfolg entscheiden wird. Um die strategische Ausrichtung vornehmen und die eigene Effizienz beurteilen zu können, benötigt ein Unternehmen vor allem Informationen: Informationen über Möglichkeiten und Entwicklungen in den jeweils relevanten Märkten und Informationen über die eigene Position im Markt und die Chancen des eigenen Unternehmens. Es besteht Anlass zur Vermutung, dass die Informationsbeschaffungs- und Informationsaufbereitungssysteme in Touristikunternehmen nicht im dem Masse wie die Bedeutung der Branche zugenommen hat mitgewachsen sind sondern, dass im Vergleich zu dem im produzierenden Gewerbe erreichten Stand einiger Nachholbedarf besteht.

Im vorliegenden Buch wird dargestellt, wie Touristikunternehmen aufgrund der Analyse *interner Daten* feststellen können, *wo sie stehen und welche Möglichkeiten sie haben kurzfristig ihre Situation zu beeinflussen*. Die Analyse *externer Daten* (Daten zu Kunden, Konkurrenz, volkswirtschaftlichen Entwicklungen etc.), welche vor allem für die langfristige Positionierung von entscheidender Relevanz sind erfolgt *außerhalb des betrieblichen Rechnungswesens*, und wird deshalb hier nicht beschrieben (Abb. 1.1).

Die Analyse interner Daten (vor allem Kostendaten, aber auch anderer) zum Zweck der *Entscheidungsunterstützung für das Management*, wird als *betriebliches Rechnungswesen* bezeichnet. Eine wesentliche Datenbasis dafür stellen die Daten des *finanziellen*

© Springer Fachmedien Wiesbaden 2016
C. Benz, *Touristikkostenrechnung*, DOI 10.1007/978-3-658-08088-4_1

	Finanzielles Rechnungswesen	Betriebliches Rechnungswesen
Ziel	Dokumentation von Vergangenheitszahlen	Planung des zukünftigen Erfolgs
Präzision	Genau bis auf die letzte Kommastelle	Ungefähre Grössen der Zahlen ist relevant
Vorgaben	JA: Steuer- und Handelsrecht	NEIN
Adressaten	Interne und externe (Geldgeber, Steuerbehörden)	Nur interne (Management)

Abb. 1.1 Gegenüberstellung finanzielles vs. betriebliches Rechnungswesen

Rechnungswesens dar. Im Unterschied zum betrieblichen Rechnungswesen, welches die Unternehmen nach den jeweils eigenen Bedürfnissen und Restriktionen gestalten können, bestehen für das finanzielle Rechnungswesen schon aus steuer- bzw. handelsrechtlichen Gründen Vorgaben, welche vom Unternehmen einzuhalten sind. Aus diesem Grund ist das finanzielle Rechnungswesen auch in jedem Unternehmen vorhanden, während die Entscheidung für oder wider den Aufbau eines betrieblichen Rechnungswesensystems vom Management getroffen werden muss. Meist sind es einzelne Fragestellungen (Preis-, Investitionsentscheidungen etc.), die dazu führen, dass erste Schritte im betrieblichen Rechnungswesen unternommen werden. Werden diese punktuell und temporär durchgeführten Analysen vermehrt angestellt ergibt sich der Bedarf nach einem schnelleren Datenzugriff bis hin zum Aufbau integrierter Systeme, die jede Buchung des finanziellen Rechnungswesens an entsprechender Stelle im betrieblichen Rechnungswesen mit abbilden.

Das Ziel des betrieblichen Rechnungswesens ist es, Informationen bereitzustellen um Managemententscheidungen zu unterstützen. Dabei ist der gesamte Managementprozess (Planung, Durchführung, Kontrolle und Reaktion bei Abweichungen) angesprochen. Typische Fragestellungen zu deren Beantwortung das betriebliche Rechnungswesen beiträgt sind zum Beispiel:

Planung
Was kostet/was verdienen wir mit der Bereitstellung neuer Angebote?
Welchen Preis müssen wir verlangen, um unsere Kosten zu decken?
Sollen wir das Hotel XYZ in der Nebensaison schließen?
….

Durchführung
Welche Kosten sind für das Projekt XYZ bis heute angefallen? – Welches Budget steht noch zur Verfügung?
…

Kontrolle

Hat die Kostenstelle XYZ wirtschaftlich gearbeitet?

Haben die Hotelübernachtungen den geplanten Deckungsbeitrag erwirtschaftet?

....

Reaktion bei Abweichungen

Um wie viele %-Punkte muss die Auslastung gesteigert werden, um den Plangewinn noch zu erreichen?

...

Weder Planung noch Durchführung, Kontrolle oder die Auswahl einer geeigneten Reaktion bei Planabweichung können ohne geeignetes Zahlenmaterial in seriöser Weise erfolgen. Grundsätzlich geht es bei diesen Fragen immer darum, wie der Unternehmenserfolg geplant, gesichert oder gesteigert werden kann. Das vorliegende Buch zeigt wie Touristikunternehmen ihre Zahlen aufbereiten müssen, um derartige Fragen beantworten zu können. Dazu wird die gesamte Breite des betrieblichen Rechnungswesens (Kostenarten-, -stellen und -trägerrechnung mit Voll- und Teilkosten) so wie sie sich in den letzten 50 Jahren in Industrieunternehmen entwickelt hat auf die Situation touristischer Dienstleistungsunternehmen angewendet. Folgende Gebiete werden dabei angesprochen:

Kapitel 2: Kurzeinführung ins finanzielle Rechnungswesen

Da das finanzielle Rechnungswesen die Hauptdatenbasis für das betriebliche Rechnungswesen darstellt, sind die im Kap. 2 kurz rekapitulierten Grundkenntnisse zu diesem Thema unabdingbare Voraussetzung für die folgenden Darstellungen. Da das vorliegende Buch ausschließlich auf das betriebliche Rechnungswesen fokussiert ist wird dabei auf landesspezifische Besonderheiten und Regelungen für einzelne Rechtsformen genauso wenig eingegangen wie auf tiefergehende Details von Bilanz- und Erfolgsrechnung. Hierzu wird auf die entsprechende Fachliteratur zum finanziellen Rechnungswesen verwiesen.

Kapitel 3: Leistungserfolg

Im Vordergrund von Kap. 3 stehen die Leistungen unterschiedlicher, eher einfach strukturierter, touristischer Dienstleistungsunternehmen (von der Skischule bis zum Campingplatz) und Methoden wie der Erfolg den diese Leistungen erzielen kalkuliert werden kann. Das Vorgehen zur Divisions- und Äquivalenzziffernkalkulation sowie einfache Break-Even Rechnungen werden gezeigt.

Kapitel 4: Betriebserfolg

Da die im Kap. 3 dargestellten Methoden eher den Charakter punktueller Analysen als den eines integrierten Systems haben, wird im vierten Kapitel gezeigt, wie finanzielles und betriebliches Rechnungswesen zusammenhängen und wie der durch touristische Geschäftstätigkeit erzielte Erfolg von eventuellen weiteren Erfolgsbestandteilen, die nichts mit der Hauptgeschäftstätigkeit zu tun haben (z. B. Erfolg aus Wertpapiergeschäften), separiert werden kann.

Kapitel 5: Bereichserfolg
Kapitel 5 stellt dar, wie größere, in mehrere Abteilungen strukturierte Unternehmen den Erfolgsbeitrag der einzelnen Unternehmensteile transparent machen und damit beeinflussen können.

Kapitel 6: Datenanalyse und Planungsrechnungen
Da im betrieblichen Rechnungswesen Vorhersagen über zukünftige Entwicklungen wichtiger sind als die exakte Dokumentation von Vergangenheitszahlen, zeigt Kap. 6 wie Prognosen über Kosten- und Erlösverläufe angestellt werden und daraus Entscheidungen abgeleitet werden können.

Kapitel 7: Organisation des Rechnungswesensystems
Falls typische Fragestellungen an das betriebliche Rechnungswesen nicht nur punktuell und sporadisch beantwortet werden sollen, sondern das betreffende Unternehmen eine Größe erreicht hat die nach einer systematischen Verarbeitung von Betriebsdaten im Sinne einer „Single source of the truth" verlangt, wird in Kap. 7 gezeigt, wie ein solches System aufzubauen und zu betreiben ist.

Am Ende eines jeden Kapitels befindet sich ein Aufgabenblock. Die Nummerierung der Aufgaben zeigt an, zu welchem Unterabschnitt die jeweilige Aufgabe gehört. *Es wird dringend empfohlen stets parallel zur Lektüre des Textes die entsprechenden Aufgaben zu bearbeiten, da diese für das Verständnis wesentlich sind*. Ausführlich erläuterte Musterlösungen zu den einzelnen Aufgaben finden sich im letzten Teil dieses Buchs.

Die Datenbasis: Finanzielles Rechnungswesen

Um die Fragen beantworten zu können, die an das betriebliche Rechnungswesen gestellt werden, werden Informationen benötigt. Hierzu stellt das finanzielle Rechnungswesen die wichtigste Datenquelle dar. Deshalb sind Grundkenntnisse zum finanziellen Rechnungswesen eine wichtige Voraussetzung, um das betriebliche Rechnungswesen verstehen und durchführen zu können. Das vorliegende Kapitel dient dazu, diese Grundkenntnisse in Form einer kurzen Zusammenfassung zu rekapitulieren. Die Verbuchung von Rechnungsabgrenzungsposten, Rücklagen, Gewinnverteilung, Rabatte, Skonti, Steuern etc. wird hier bewusst nicht angesprochen. Das vorliegende Kapitel kann und soll das Studium eines auf das Th ema finanzielles Rechnungswesen speziell zugeschnittenen Lehrbuchs nicht ersetzen, sondern greift lediglich die Elemente des finanziellen Rechnungswesens auf, die zum Verständnis des betrieblichen Rechnungswesens unabdingbar sind.

2.1 Einnahmen-/Ausgabenrechnung

Schon aus steuerlichen Gründen ist es zwingend notwendig für jede Art von selbständiger Geschäftstätigkeit Einnahmen und Ausgaben aufzuzeichnen. Im einfachsten Fall ermittelt sich dann der unternehmerische Erfolg aus dem Saldo Einnahmen minus Ausgaben. Die entsprechenden Ein- und Auszahlungsbelege sind bis zum Vorliegen eines gültigen Steuerbescheids aufzubewahren. Vor allem für Kleinstunternehmen, die im Nebenerwerb geführt werden und keine nennenswerten Investitionen in den Geschäftsbetrieb erfordern, ist diese Art der Rechnungslegung ausreichend.

© Springer Fachmedien Wiesbaden 2016

C. Benz, *Touristikkostenrechnung,* DOI 10.1007/978-3-658-08088-4_2

Beispiel

Die Studentin Trudi Maier arbeitet manchmal an Wochenenden als Skilehrerin. Sie hat für das vergangene Jahr folgende Einnahmen und Ausgaben aufgezeichnet:

EINNAHMEN

Erlös Skikurs vom 25.01	500 GE
Erlös Skikurs vom 07.02.	250 GE
Erlös Skikurs vom 29.03.	500 GE

AUSGABEN

Tageskarte für den 25.01.	69 GE
Tageskarte für den 07.02.	69 GE
Tageskarte für den 29.03.	69 GE

Der Erfolg von Trudi Maier berechnet sich als:

Einnahmen	=	500 GE + 250 GE + 500 GE
minus Ausgaben	=	69 GE + 69 GE + 69 GE
Erfolg	=	1.043 GE

Die Aussagekraft dieser einfachen Art der Erfolgsrechnung ist natürlich limitiert. In der Situation von Trudi Maier fallen weitere Ausgaben an, so zum Beispiel Fahrt- und Verpflegungskosten. Falls Trudi mit dem eigenen Wagen fährt und zur Verpflegung eine Jause von Zuhause mitnimmt kann Sie diese Ausgaben nicht belegen. Sie sollte in diesen Fällen jedoch unbedingt diese zusätzlichen Ausgaben mit in Ansatz bringen. Was hier zulässig ist und was nicht, und in welcher Höhe diese Ausgaben von der Steuerbehörde akzeptiert werden, erfährt sie beim Finanzamt oder bei einem Steuerberater.

2.2   Bilanz und Doppelte Buchführung

Ab einer bestimmten Unternehmensgröße oder Rechtsform (die entsprechenden Vorschriften finden sich in Deutschland im Handelsgesetzbuch, in Österreich im Unternehmergesetzbuch und in der Schweiz im Obligationenrecht) muss ein Unternehmen regelmäßig bilanzieren. „Bilanzieren" bedeutet, dass eine Aufstellung aller Vermögensgegenstände, welche dem Unternehmen gehören erstellt wird (Inventur) und zum gleichen Zeitpunkt festgestellt wird, wie diese Vermögensgegenstände finanziert sind (Abb. 2.1). Da jeder Vermögensgegenstand entweder mit eigenem oder fremdem Geld finanziert worden sein muss – sonst würde er ja dem Unternehmen nicht gehören – muss der Wert der Vermögensgegenstände (Aktiva) dem Wert eigenen und fremden Kapitals im Unternehmen (Passiva) entsprechen.

Die Aktiva werden der Übersichtlichkeit halber in das kurzfristig nicht liquidierbare Anlagevermögen (Grundstücke, Gebäude, Einrichtungen etc.) und das kurzfristig liquidierbare Umlaufvermögen (Kasse, Bank, Warenvorräte etc.) unterteilt. Auf der Passivseite

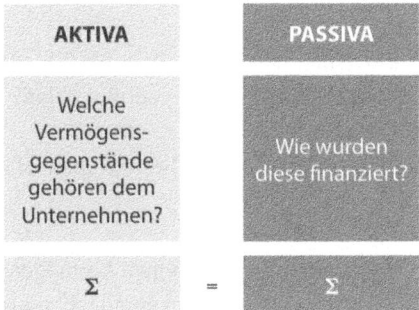

Abb. 2.1 Bilanz

der Bilanz unterscheidet man zwischen Eigenkapital (von den Besitzern der Unternehmung zur Verfügung gestelltes Kapital) und Fremdkapital (geliehene Geldmittel und offene Rechnungen). Mit der Aufstellung der Bilanz ist die Ausgangsvoraussetzung für die sogenannte „ Doppelte Buchführung" gegeben. Dabei wird jeder buchungsrelevante Geschäftsvorfall zwei Mal aufgezeichnet. Dazu wird ein Kontensystem verwendet, bei dem jede Buchung als Soll- und Habenbuchung auf zwei unterschiedlichen Konten dargestellt wird. Dabei werden Zunahmen bei Aktivkonten grundsätzlich auf der Sollseite (= links) und bei Passivkonten grundsätzlich auf der Habenseite (= rechts) aufgezeichnet. Dementsprechend werden Abnahmen bei Aktivkonten auf der Habenseite und bei Passivkonten auf der Sollseite verzeichnet (Abb.2.2).

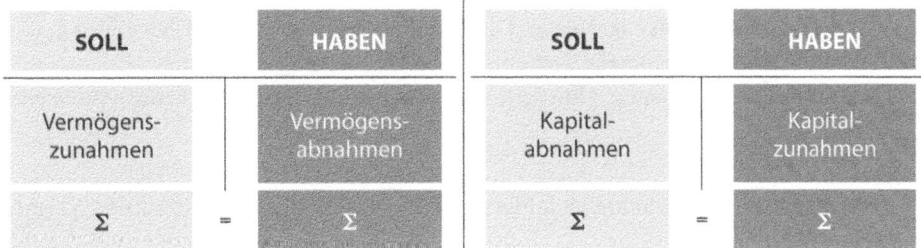

Abb. 2.2 T-Konten

Damit existieren vier mögliche Buchungsmuster:

Bilanzverlängerung Das Unternehmen kauft einen Vermögensgegenstand und finanziert diesen mit neu zugeschossenem Eigenkapital oder einem neu aufgenommenen Kredit.

Beispiel

Ein Busunternehmen kauft einen neuen Omnibus für 200.000 GE. Zur Finanzierung wird ein Darlehen in Höhe des Kaufpreises von einer Bank aufgenommen. Der entsprechende Buchungssatz lautet:

„Fahrzeuge (Sollbuchung, Aktivseite) an Fremdkapital (Habenbuchung, Passivseite) 200.000 GE".

Bilanzverkürzung Das Unternehmen verkauft einen Vermögensgegenstand und tilgt mit dem Verkaufserlös einen Kredit oder zahlt Eigenkapitalgeber aus.

Beispiel

Das Busunternehmen verkauft einen gebrauchten Omnibus im Wert von 20.000 GE. Der Unternehmer entnimmt den Verkaufserlös dem Unternehmen und verwendet ihn für private Zwecke. Der entsprechende Buchungssatz lautet:

„Eigenkapital (Sollbuchung, Passivseite) an Fahrzeuge (Habenbuchung, Aktivseite) 20.000 GE".

Aktivtausch Das Unternehmen kauft einen Vermögensgegenstand und bezahlt diesen mit bereits vorhandenen Vermögensteilen.

Beispiel

Das Busunternehmen kauft 25.000 l Diesel im Wert von 30.000 GE zur Einlagerung in der hauseigenen Betankungsanlage. Die Bezahlung erfolgt mittels Überweisung vom Bankkonto des Unternehmens. Der entsprechende Buchungssatz lautet:

„Vorräte (Sollbuchung, Aktivseite) an Bankkonto (Habenbuchung, Aktivseite) 30.000 GE".

Passivtausch Das Unternehmen ändert die Finanzierungsstruktur seiner Vermögensgegenstände.

Beispiel

Der Besitzer des Busunternehmens löst einen Kredit von 200.000 GE, welcher zur Finanzierung eines neuen Busses aufgenommen werden musste, durch private Geldmittel ab. Der entsprechende Buchungssatz lautet:

„Fremdkapital (Sollbuchung, Passivseite) an Eigenkapital (Habenbuchung, Passivseite) 200.000 GE".

Da bei Bilanzverlängerungen/Bilanzverkürzungen beide Seiten der Bilanz in gleicher Höhe verändert werden und Aktiv- bzw. Passivtausch die Bilanzsumme nicht verändern, wird der Grundsatz der Ausgeglichenheit der Bilanz durch diese Geschäftsvorfälle nicht berührt. So kann durch die Überprüfung der Übereinstimmung von Aktiv- und Passivsaldo der Bilanz jederzeit überprüft werden ob Buchungs- oder Rechenfehler vorliegen.

2.3 Erfolgsrechnung

Die vier oben in Abschn. 2.2 angeführten Buchungsmuster sind erfolgsneutral. Kapitalzunahmen werden durch Vermögenszunahmen ausgeglichen (Bilanzverlängerung), Kapitalabnahmen werden durch Vermögensabnahmen ausgeglichen (Bilanzverkürzung), und Aktiv- oder Passivtausch berühren die Bilanzsumme nicht. Erfolgen jedoch Ein- oder Auszahlungen ohne dass sich der Wert einzelner Vermögensgegenstände oder Kapitalpositionen verändert, stellt sich Gewinn oder Verlust ein. Da bei doppelter Buchführung jede Buchung zweimal durchgeführt werden muss, muss eine neue Kontenklasse „ Erfolgsrechnung" eingeführt werden, welche auf der Habenseite (Erträge) die Gegenbuchungen zu Vermögenszunahmen und auf der Sollseite (Aufwände) die Gegenbuchungen zu Vermögensabgängen zeigt. Da es sich hierbei im Kern um Passivkonten handelt – tatsächlich stellt jeder Aufwand bzw. Ertrag eine Veränderung des Eigenkapitals dar – gilt für Erfolgskonten: Aufwände werden im Soll, Erträge werden im Haben gebucht.

Beispiel (Ertragsbuchung)

Das Busunternehmen nimmt 100 GE durch den Verkauf von Fahrkarten ein. Damit erhöht sich der Kassenstand um 100 GE ohne dass Vermögensgegenstände abgegeben werden müssen. Da jede Buchung bei doppelter Buchführung zwei Mal erfolgen muss, erfolgt die Gegenbuchung zur Kassenzunahme auf der Ertragsseite des Erfolgskontos. Der entsprechende Buchungssatz lautet:

„Kasse (Sollbuchung, Aktivseite) an Erfolgsrechnung (Ertrag, Habenbuchung) 100 GE".

Beispiel (Aufwandsbuchung)

Ein Bus wird mit Diesel im Wert von 300 GE an der hauseigenen Tankstelle betankt. Der entsprechende Buchungssatz lautet:

„Erfolgsrechnung (Aufwand, Sollbuchung) an Vorräte (Habenbuchung, Aktivseite) 300 GE".

Liegen Erfolgs- oder Aufwandsbuchungen vor ist die Bilanz zunächst nicht mehr ausgeglichen da Beträge aus dem Bilanzsystem hinaus in die Erfolgsrechnung und vice versa gebucht wurden. Übersteigt dann der Wert des Vermögens den des Kapitals, d. h. das

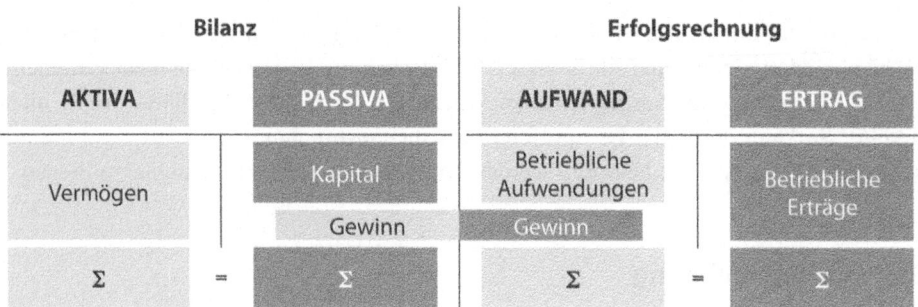

Abb. 2.3 Zwei Wege zur Gewinnermittlung

Unternehmen ist mehr wert als Eigen- und Fremdkapital einbezahlt wurde, ist Gewinn erwirtschaftet worden. Wohingegen ein Verlust vorliegt, wenn die Summe von Eigen- und Fremdkapital (Passivseite) den Vermögenswert (Aktivseite) übersteigt. In diesem Fall ist kein ausreichender Gegenwert zum eingezahlten Kapital mehr vorhanden, d. h. es wurde Kapital vernichtet. Da die Summe der Ausbuchungen aus der Bilanz den Einbuchungen in die Erfolgsrechnung, und die Summe der Einbuchungen in die Bilanz den Ausbuchungen aus der Erfolgsrechnung entspricht, kann Gewinn bzw. Verlust in einem doppelten Buchhaltungssystem sowohl in der Bilanz (Aktiva minus Passiva) als auch in der Erfolgsrechnung (Erträge minus Aufwände) abgelesen werden (Abb. 2.3). Ein allfälliger Gewinn ist in der Bilanz auf der Passivseite im Haben und in der Erfolgsrechnung im Soll auszuweisen. Auch hier gilt: Beide Werte müssen übereinstimmen, andernfalls liegen Buchungs- oder Rechenfehler vor. Typischerweise bucht man zum Geschäftsjahresende den Gewinn aus der Erfolgsrechnung aus (diese wird durch diesen Vorgang „auf Null gestellt") und auf der Passivseite der Bilanz ein.

Beispiel (Jahresabschluss)

Das Busunternehmen hat übers Jahr Aufwände von 150.000 GE und Erträge von 400.000 GE gebucht. Die Summe der Aktiva beträgt 2.500.000 GE und die Summe der Passiva 2.250.000 GE. Die Geschäftsleitung entscheidet den gesamten Gewinn im Unternehmen zu belassen. Durch den Buchungssatz:

„Erfolgsrechnung (Sollbuchung) an Gewinnrücklagen (Habenbuchung, Passivseite) 250.000 GE", kommt die Bilanz wieder ins Gleichgewicht und die Erfolgsrechnung ist auf Null gestellt.

Der wesentliche Unterschied zwischen doppelter Buchführung/Bilanzierung (Abschn. 2.2) und der einfachen Einnahmen-/Ausgabenrechnung (Abschn. 2.1) liegt darin, dass bei der einfachen Einnahmen-/Ausgabenrechnung davon ausgegangen wird, dass das Unternehmen über keine Vermögensgegenstände verfügt, die ihm länger als eine Geschäftsperiode dienen. Damit haben sämtliche Ausgaben die Natur von Aufwänden und sämtliche

Einnahmen die Natur von Erträgen – die Einnahmen-/ Ausgabenrechnung stellt eine Erfolgsrechnung ohne Bilanz dar. Besitzt das Unternehmen jedoch längerfristig genutzte Vermögensgegenstände muss zwischen Ausgaben die direkt vom laufenden Geschäftsbetrieb verursacht sind (Erfolgsbuchung, Buchungssatz: „Aufwand an Kasse") und Ausgaben zur Beschaffung von Vermögensgegenständen (Aktivtausch, Buchungssatz: „Anlage-/ Umlaufvermögen an Kasse") unterschieden werden. Da im Regelfall auch die längerfristig dem Unternehmen dienenden Vermögensgegenstände im Lauf der Zeit eine Wertminderung erfahren, muss diese Wertminderung in Form von Abschreibungen auf diese Vermögensgegenstände erfasst werden. Dazu werden in der Regel einmal im Geschäftsjahr – im Zuge der Inventur – die Zeitwerte der Vermögensgegenstände festgestellt und allfällige Wertminderungen werden aus der Aktivseite der Bilanz in die Erfolgsrechnung ausgebucht. Da Abschreibungsbuchungen erfolgswirksam sind kann über höhere Abschreibungsbeträge der Gewinn eines Unternehmens gemindert werden (dies ist unter Umständen sinnvoll um Steuern zu sparen), bzw. kann durch den Ansatz niedrigerer Abschreibungsbeträge die wirtschaftliche Situation eines Unternehmens besser dargestellt werden als sie tatsächlich ist. Um den damit verbundenen Manipulationsspielraum einzuschränken gelten für das finanzielle Rechnungswesen – je nach Land und Rechtsform unterschiedliche – gesetzliche Vorschriften.

Beispiel (Abschreibungsbuchung)

Ein Bus (Neupreis 200.000 GE) hat laut Vorgabe der Finanzverwaltung eine übliche Nutzungsdauer von 8 Jahren. Jährlich erfolgt folgende Abschreibungsbuchung:

„Erfolgsrechnung (Aufwand, Sollbuchung) an Fahrzeuge (Habenbuchung, Aktivseite) 25.000 GE"

Abschreibungen stellen damit Aufwände ohne damit verbundene Auszahlungen dar. Auch Erträge ohne damit verbundene Einzahlungen sind möglich; zum Beispiel Kursgewinne bei Wertpapieren die das Unternehmen im Anlagevermögen hält. Bei Investitionsvorgängen (Beschaffung von Vermögensgegenständen) kommt es zu Auszahlungen ohne damit verbundene Aufwände – der entsprechende Aufwand wird ja erst während der Nutzungsdauer des Investitionsguts in Form von Abschreibungen „nachgeliefert". Ebenso können Einzahlungen ohne korrespondierende Erträge beispielsweise bei Kapitalerhöhungen auftreten. Das bedeutet, dass Bilanzierung und Erfolgsrechnung die sorgfältige Planung von Einnahmen und Ausgaben nicht ersetzen können. Der Ausweis eines Unternehmensgewinns ist nicht mit dem Vorhandensein von Liquidität gleichzusetzen. Um die Zahlungsfähigkeit eines Unternehmens beurteilen zu können ist stets eine Einnahmen-/Ausgabenrechnung erforderlich.

2.4   Aufgaben zu Kapitel 2

2.2.1

Gegeben ist folgendes Kontensystem

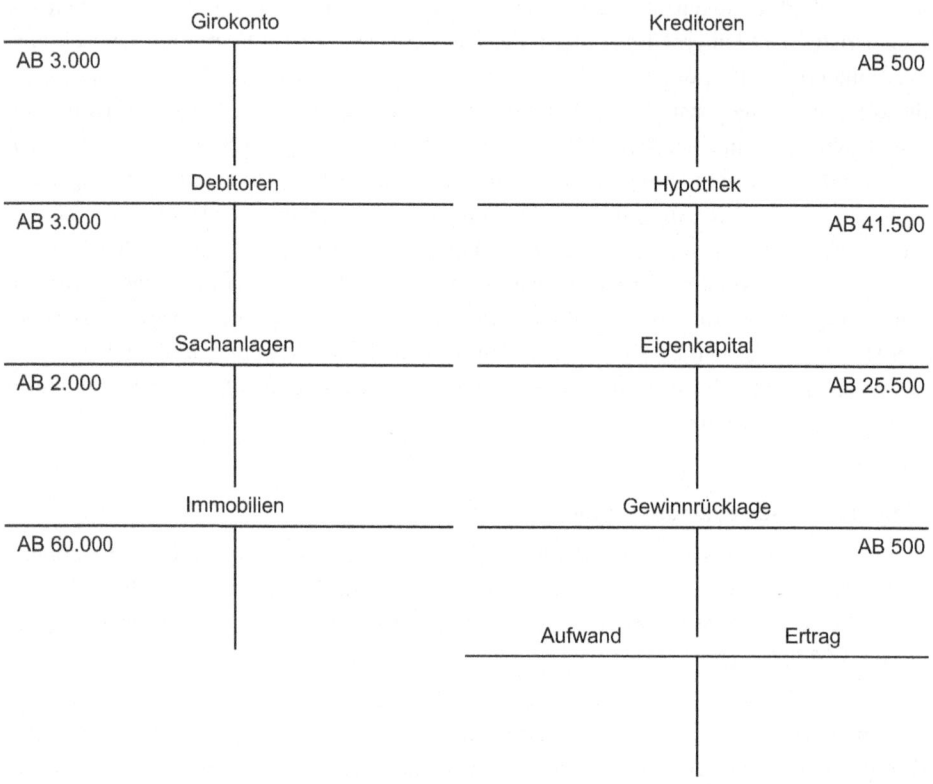

Wie lauten die Buchungssätze für folgende Buchungen?

a) Sie bezahlen sämtliche offene Rechnungen.
b) Ein Kunde überweist 1000 GE zur Tilgung einer Verbindlichkeit.
c) Der Eigentümer tilgt die Hypothek mit Bargeld aus seinem Privatvermögen.
d) Ein PC-System im Wert von 2500 GE wird geliefert. Die Rechnung liegt bei.

Formulieren Sie die Buchungssätze und tragen Sie die Buchungen ins Kontensystem ein.

2.3.1

Wie lauten die Buchungssätze für folgende Buchungen?
Formulieren Sie die Buchungssätze und tragen Sie die Buchungen ins Kontensystem zu
Aufgabe 2.2.1 ein.

e) Abschreibung auf Sachanlagen in Höhe von 20 %.

f) Lineare Abschreibung auf Immobilien
    (Der Neuwert war 450.000 GE, Nutzungsdauer 30 Jahre).

g) Hypothekenzins in Höhe von 500 GE wird überwiesen.

h) Kundenrechnungen in Höhe von 20.000 GE werden versendet

i) Eine Schreibmaschine (Buchwert 1 GE) wird für 20 GE verkauft.

j) Auszahlung von 50 % des Periodenerfolgs an die Eigentümer, der Rest wird der
    Gewinnrücklage zugewiesen.

2.3.2

Kreuzen Sie die richtigen Antworten an.

Es können eine, mehrere, alle oder keine Antwort richtig sein.

a) Der Gewinn bzw. Verlust einer Unternehmung kann ermittelt werden.
    □ … *ausschließlich* aus der Bilanz
    □ … *ausschließlich* aus der Erfolgsrechnung
    □ … aus der Bilanz *oder* der Erfolgsrechnung

b) Die Beschaffung eines größeren Vermögensgegenstands auf Kredit.
    □ … verlängert die Bilanz
    □ … verkürzt die Bilanz
    □ … hat kurzfristig keine Auswirkungen auf Gewinn oder Verlust

c) Zinszahlungen für Kredite.
    □ … verlängern die Bilanz
    □ … verkürzen die Bilanz
    □ … vermindern den Gewinn

d) Abschreibungen sind.
    □ … Aufwände
    □ … Erträge
    □ … gewinnmindernd

e) An welchem Ort in der Bilanz sehen Sie Verbindlichkeiten gegenüber Lieferanten?
    □ … Aktiva
    □ … Passiva
    □ … Fremdkapital

f) Ein Blitzschlag zerstört Teile Ihrer Gebäude und Anlagen. Dies führt zu.
    □ … Sonderabschreibungen
    □ … außerordentlichem Aufwand
    □ … vermindertem Gewinn

g) Die Feuerversicherung begleicht die Schäden des Blitzschlags aus Afg. f) durch Über-
    weisung eines Geldbetrags. Dies führt zu.
    □ … negativen Abschreibungen (= Zuschreibungen)
    □ … einem Mittelzufluss in der Bilanzposition „Kasse/Bankguthaben"
    □ … einer Erhöhung des Eigenkapitals im Vergleich zur Situation vor dem Blitzschlag

2.3.3

Ein kleinerer Taxibetrieb bildet seine Buchhaltung in folgendem Kontensystem ab.

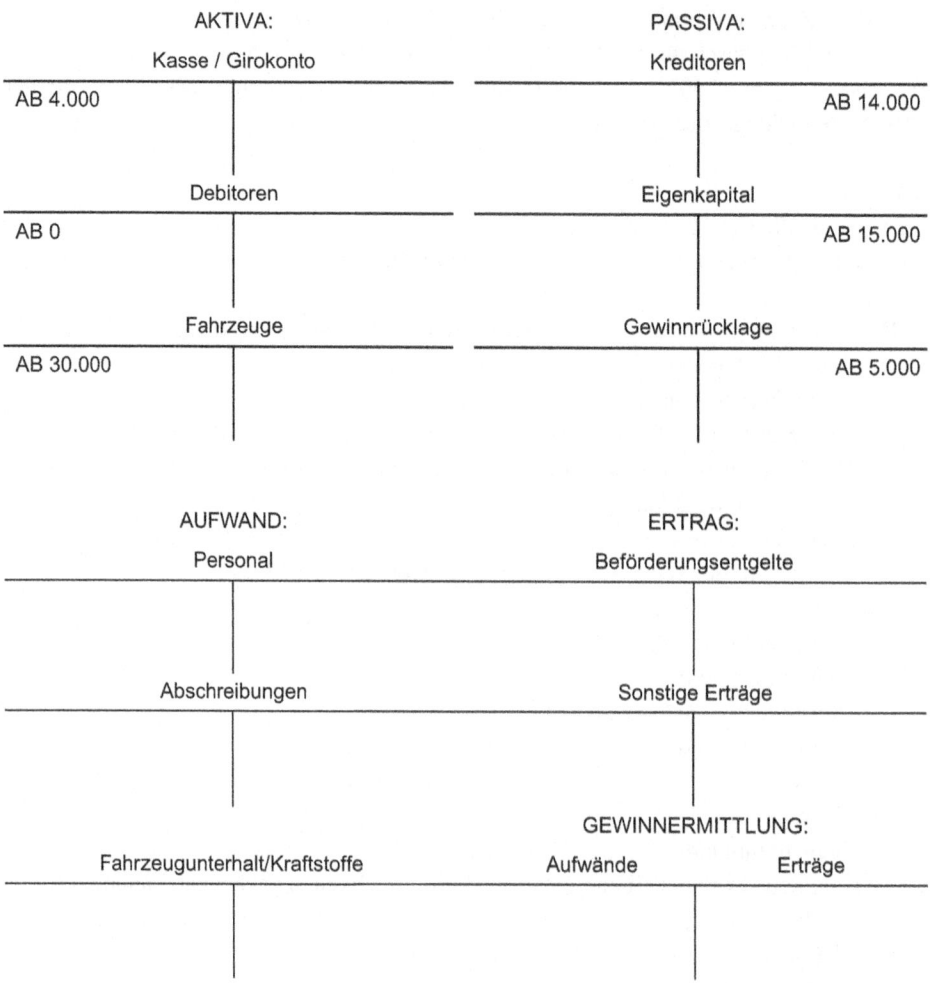

Formulieren Sie sie die Buchungssätze für folgende Geschäftsvorfälle und tragen Sie die entsprechenden Buchungen ins Kontensystem ein:

a) Ein Taxigast wird befördert und bezahlt 100 GE in bar.
b) Ein Firmenkunde bezahlt 15.000 GE mittels Kreditkarte (Das Kreditkarteninstitut wird den Betrag später überweisen).
c) Ein Taxi wird für 30 GE aufgetankt. Die Tankstellenrechnung wird bar bezahlt.
d) Ein Aushilfsfahrer erhält eine Lohnüberweisung in Höhe von 800 GE.
e) Ein älteres Taxi wird zum Buchwert (2.500 GE) verkauft. Der Käufer bezahlt bar.

f) Das Unternehmen erhält die Rechnung einer Autogarage für Servicearbeiten an einem Taxi in Höhe von 2.500 GE.

g) Da die Servicerechnung aus f) einige Ungereimtheiten enthielt, werden nur 2.200 GE überweisen. Der Rest wird nach Absprache mit der Servicewerkstatt erlassen.

h) Die Stammtankstelle des Taxiunternehmens teilt schriftlich mit, dass sie für das laufende Jahr einen Treuebonus in Höhe von 990 GE gewährt.

i) Zum Jahresende werden die verbliebenen Fahrzeuge linear abgeschrieben. Der Neuwert der Fahrzeuge war 55.000 GE, die steuerrechtlich vorgeschriebene Nutzungsdauer ist 5 Jahre.

j) Der Gewinn wird ermittelt und zu ¾ der Gewinnrücklage zugewiesen, das verbleibende Viertel wird an die Eigentümer ausbezahlt.

Nummer	Soll		Haben	Betrag
————	————	an	————	——
————	————	an	————	——
————	————	an	————	——
————	————	an	————	——
————	————	an	————	——
————	————	an	————	——
————	————	an	————	——
————	————	an	————	——
————	————	an	————	——
————	————	an	————	——
————	————	an	————	——
————	————	an	————	——
————	————	an	————	——
————	————	an	————	——
————	————	an	————	——

Der Einstieg: Einfache Kalkulationsverfahren

3

Im betrieblichen Rechnungswesen geht es darum, die Unternehmensleitung frühzeitig mit Informationen darüber zu versorgen, ob ein Gewinn oder ein Verlust zu erwarten ist. Dies interessiert nicht nur auf der Ebene des gesamten Unternehmens, sondern vor allem auf der Ebene einzelner Leistungen, Bereiche oder Abteilungen. So kann die Unternehmensleitung erkennen ob das Unternehmen mit dem Angebot bestimmter Leistungen Geld verdient oder Geld vernichtet, ob bestimmte Niederlassungen oder Regionen zum Erfolg beitragen oder nicht und ob bestimmte Abteilungen wirtschaftlich arbeiten. Finanzielle Aspekte von Fragestellungen wie:

- „Wie hoch sollen wir unsere All-Inklusive-Pauschale ansetzen?",
- „Sollen wir unsere Hotel-Dependance in St. Moritz weiter betreiben?",
- „Lohnt es sich einen Masseur einzustellen?",

die alleine auf Grund der Daten des finanziellen Rechnungswesens nicht geklärt werden können, versucht das betriebliche Rechnungswesen zu beantworten.

Das vorliegende Kapitel widmet sich dem Thema Kalkulation, das heißt dem Vergleich von Aufwänden und Erträgen für einzelne betriebliche Leistungen. Unter *Leistung* wird dabei alles verstanden, wofür ein unternehmensexterner Kunde bereit ist einen Preis zu bezahlen der grösser als Null ist. Unter *Kosten* versteht man den Aufwand der nötig ist um diese Leistungen bereitzustellen. Deshalb redet man im betrieblichen Rechnungswesen wenn von Leistungen die Rede ist auch oft von *Kostenträgern*. Informationen zu Leistungen und damit verbundenen Kosten werden unbedingt benötigt um abschätzen zu können, mit welchen Leistungen das Unternehmen etwas verdient und welche Leistungen als Verlustbringer einzustufen sind. So kann zum Beispiel ein Hotel, das insgesamt ein ausgeglichenes Ergebnis erwirtschaftet, mit der Vermietung von Hotelzimmern einen Überschuss erzielen der durch Verluste des Hotelrestaurants wieder kompensiert wird. Erst wenn diese Informationen vorliegen kann das Management zielgerichtet Maßnah-

© Springer Fachmedien Wiesbaden 2016
C. Benz, *Touristikkostenrechnung,* DOI 10.1007/978-3-658-08088-4_3

men ergreifen um die Situation zu verbessern. Deshalb ist die Kalkulation der Kosten für einzelne Leistungen (= Kostenträgerrechnung) die wahrscheinlich wichtigste Aufgabe des betrieblichen Rechnungswesens. Die Kostenträgerkosten stellen die Preisuntergrenze dar zu der die Leistung mindestens verkauft werden muss, ohne dass auf längere Sicht Verluste für das Unternehmen entstehen. Sind die Kostenträgerkosten bekannt kann der Gewinn pro Leistungseinheit ermittelt, und damit der Beitrag einzelner Leistungen zum Unternehmensgewinn dargestellt werden.

Beispiel

Ein Hotel weist einen Gewinn von 22.000 GE auf. Insgesamt wurden 300 Übernachtungen à 110 GE und 200 Menüs à 50 GE verkauft. Mittels dieser Informationen kann der Gewinn auf der Basis der Umsatzrelation (33.000 : 10.000) oder der Absatzmenge (300 : 200) auf die beiden Leistungen verteilt werden. Es entsteht der Eindruck, dass beide Bereiche zum Unternehmensergebnis beigetragen haben. Kennt man jedoch die kalkulierten Kosten der abgegebenen Leistungen, ergibt sich ein anderes Bild. Wenn die Kosten für eine Übernachtung bei 30 GE liegen und die Kosten für ein durchschnittliches Menü im Hotelrestaurant 60 GE betragen, stellt sich die Situation folgendermaßen dar:

ÜBERNACHTUNGEN

Umsatzerträge	=	300 x 110 GE =	33.000 GE
minus kalkulierte Kosten:	=	300 x 30 GE =	9.000 GE
Erfolg		=	24.000 GE

SPEISEN & GETRÄNKE

Umsatzerträge	=	200 x 50 GE =	10.000 GE
minus kalkulierte Kosten:	=	200 x 60 GE =	12.000 GE
Erfolg		=	-2.000 GE

Der Verlust des Hotelrestaurants wäre ohne Kenntnis der kalkulierten Kosten nicht zu Tage getreten und das Management hätte es versäumt der unerfreulichen Entwicklung im Bereich des Hotelrestaurants rechtzeitig, d. h. bevor Verluste für das Gesamtunternehmen eintreten, entgegenwirken zu können.

3.1 Divisionskalkulation

Wenn wir uns zunächst auf Unternehmen beschränken, die nur eine Leistung anbieten (zum Beispiel eine Großbäckerei, die nur Kipferl herstellt oder eine Bergsportagentur, die ausschließlich tageweise Bergführer vermittelt) können sämtliche Aufwände dem einzigen vorhandenen Kostenträger verrechnet werden. Die Kostensumme kann aus der Aufwandsseite der Erfolgsrechnung abgelesen werden. Die Division Kostensumme dividiert durch Leistungsmenge ergibt die Kosten pro Leistungseinheit (= kalkulierte Kostenträgerkosten).

$$\text{Kosten pro abgesetzter Einheit} = \frac{\text{Gesamter Aufwand}}{\text{Anzahl abgesetzter Einheiten}}$$

Formel 3-1 Einfache Divisionskalkulation

Beispiel

Eine Skischule weist insgesamt Kosten von 370.000 GE auf. Es wurden insgesamt 15.200 Skischultage verkauft. Die Kosten pro Skischultag berechnen sich folgendermaßen:

Gesamte Kosten	370.000 GE
dividiert durch Leistungsmenge (Skischultage)	/ 15.200
Kosten pro Leistungseinheit (Skischultag)	24,34 GE

Diese einfache Kalkulationsmethode liefert nur dann brauchbare Ergebnisse, wenn davon ausgegangen werden kann, dass sich der gesamte Aufwand auch tatsächlich gleichmäßig auf die abgesetzten Leistungen verteilt. Sobald verschiedene Leistungen erstellt werden, kann die einfache Divisionskalkulation nicht mehr sinnvoll angewendet werden. Setzen sich verschiedene Leistungen aus unterschiedlichen Leistungskomponenten zusammen, kann jedoch die Divisionskalkulation zur Kalkulation der Komponentenkosten verwendet werden. Die Kosten für eine Leistungseinheit ergeben sich dann aus der Addition der Komponentenkosten.

Beispiel

Eine Skischule weist insgesamt Kosten von 370.000 GE auf. Davon entfallen 290.000 GE auf die Entlohnung der Skilehrer, der Rest sind Verwaltungskosten. Es wurden insgesamt 11.600 ganze Skischultage und 3600 Skischulhalbtage verkauft. Die Skilehrer werden stundenweise bezahlt. Der Verwaltungsaufwand pro Skischüler ist der gleiche, egal ob ganze oder halbe Skischultage verkauft werden.
Die Kosten berechnen sich folgendermaßen:
Die Entlohnung der Skilehrer wird durch die Anzahl der Skischultage dividiert, um die Lohnkosten pro Skischultag zu ermitteln:

Entlohnung Skilehrer	290.000 GE
dividiert durch Leistungsmenge (ganze Skischultage)	/ (11.600 + 3.600/2)
Entlohnung Skilehrer pro Skischultag	21,64 GE

Die Verwaltungskosten werden durch die Anzahl verkaufter Skischultage und Skischulhalbtage dividiert, um den Verwaltungskostenanteil je verkauftem Skischultage bzw. Skischulhalbtage zu ermitteln:

Verwaltungskosten	80.000 GE
dividiert durch Leistungsmenge	*/ (11.600 + 3.600)*
Verwaltungskosten pro verkauftem Ganz- oder Halbtag	5,26 GE

Die Kosten für die beiden Leistungen (Skischultage und Skischulhalbtage) setzen sich aus der Entlohnung der Skilehrer (beim ganzen Skischultag doppelt so groß als beim Skischulhalbtag) und den Verwaltungskosten (beim ganzen Skischultag gleich groß wie beim Skischulhalbtag) zusammen.
Kalkulierte Kosten:

Skischultag	21,64 GE + 5.26 GE =	26,90 GE
Skischulhalbtag:	21,64 GE / 2 + 5.26 GE =	16.08 GE

Betrachtet man die einzelnen Aufwandsarten näher wird man feststellen, dass einige Aufwandsarten eindeutig gewissen Leistungen zugeordnet werden können. Wenn die Skischule im oben angeführten Beispiel auch Skiverleih anbietet, kann die Aufwandsart „Abschreibung Leihski" eindeutig der Leistung „Erträge Skiverleih" zugeordnet werden, wohingegen die Aufwandsart „Entlohnung Skilehrer"eindeutig der Leistung „Erträge Skikurse" zugeordnet werden kann. Andere Aufwandsarten sind eher allgemeiner Natur und müssen auf sämtliche Leistungsarten verteilt werden. So muss zum Beispiel ein Restaurant für Kosten wie Service, Mieten, Energie, Tischwäsche etc. eine Pauschale je Bestellung ansetzen (diese ermittelt sich per Divisionskalkulation) wohingegen der Warenaufwand (Beschaffungskosten für Lebensmittel und Getränke) auf Basis der einzelnen Bestellungen exakt zugerechnet werden kann. Hier bietet es sich an eine Mischrechnung anzustellen und Kosten deren Zuordnung zu bestimmten Leistungen einfach und offensichtlich ist direkt zuzuordnen und nur solche Kosten die nicht einfach und offensichtlich zuordenbar sind per Kalkulationsalgorithmen zu verteilen. Man spricht im ersten Fall von Einzel- und im zweiten Fall von Gemeinkosten (Abb. 3.1).
Eine solche Kalkulation sieht dann folgendermaßen aus:

$$\text{Kosten pro abgesetzter Einheit X} = \frac{\text{Einzelkosten X}}{\text{Anz. Leistungseinheiten X}} + \frac{\text{Gemeinkosten}}{\text{Anz. Leistungseinheiten ges.}}$$

Formel 3-2 Einzelkostenkalkulation mit Gemeinkostenzuschlag

Die Klassifikation von Aufwandsarten als Einzelkosten hängt von der Art der Leistung ab und ist nur in den Fällen möglich, wo die Leistungen ausreichend präzise beschrieben sind. So kann zum Beispiel ein Restaurant den Wareneinkaufsaufwand auf der Basis von

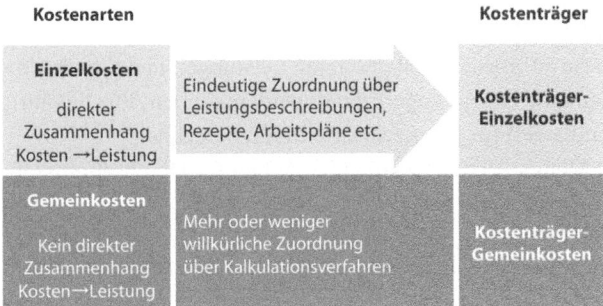

Abb. 3.1 Einzel- und Gemeinkosten

Standardrezepten und Einkaufspreislisten oder ein Reiseveranstalter Flug- und Hotelkosten auf der Basis von Leistungsbeschreibungen zuordnen.

Kosten die keinen direkten Bezug zu den angebotenen Leistungen haben und sich dementsprechend nicht auf Basis der Leistungsbeschreibungen zurechnen lassen, müssen als Gemeinkosten behandelt werden. Dazu gehören in der Regel Löhne und Gehälter, Mieten, EDV-Kosten etc. Diese Kosten werden per Divisionskalkulation verteilt. Es ist typisch für touristische Dienstleistungsunternehmen, dass ein großer Anteil der gesamten Kosten die Natur von Gemeinkosten hat – in der Touristik werden in der Regel Leistungsstrukturen vorweg bereitgestellt die vom Gast genutzt werden können. Typische Einzelkosten, die nur anfallen wenn der Gast die entsprechende Leistung auch tatsächlich nachfragt sind in unserem Bereich eher selten anzutreffen und beschränken sich im wesentlichen auf den Wareneinsatz im Gaststättengewerbe.

Beispiel

Ein Restaurant bietet diverse Speisen und Getränke an. Da jede Speise nach Standardrezept zubereitet wird und die Wareneinkaufspreise langfristig ausgehandelt wurden kann der Wareneinsatz für jedes Menü relativ einfach ermittelt werden.
Folgende Kosten sind in der vergangenen Geschäftsperiode aufgelaufen:

Wareneinsatz:	300.000 GE
Personal	150.000 GE
Miete	15.000 GE
Strom, Gas Wasser	2.000 GE
Diverses	3.500 GE
SUMME	470.500 GE

Für die Divisionskalkulation bleiben die 300.000 GE für den Wareneinsatz unberücksichtigt, da diese auf Basis der abgesetzten Leistungen und Standardmengen und -preisen für Zutaten laut Rezept zugerechnet werden können. Für die übrigen Kosten wird ein Durchschnittswert für jedes servierte Menü berechnet.

Wenn 45.000 Menüs verkauft wurden beträgt dieser Durchschnittssatz:

Zu verteilende Kosten	170.500 GE
dividiert durch Leistungsmenge (Anzahl Menüs)	*/ 45.000*
Kosten pro Leistungseinheit (Menü)	3,79 GE

Wird ein bestimmtes Menü kalkuliert, wird der Wareneinsatz ermittelt, und für sämtliche zusätzlich anfallenden Kosten ein Pauschalbetrag von 3,79 verrechnet. Zum Beispiel die Kalkulation für einen Teller Spaghetti würde so aussehen:

Wareneinsatz:		
	Spaghetti 125 g	0,40 GE
	Hackfleisch 100 g	0,90 GE
	Tomatenmark 0,125 l	0,25 GE
	Gewürze, Diverses	0,50 GE
	Weitere Kosten	3,79 GE
	SUMME	5,84 GE

Zur Kontrolle muss am Jahresende geprüft werden, ob die Summe der Wareneinsatzkosten aller servierten Menüs übers Jahr 300.000 GE ergibt. Wenn nicht, sind entweder die Daten nicht vollständig, oder es hat Mengen- oder Preisabweichungen von den Standardrezepten gegeben.

Gebräuchliche Kalkulationssysteme (vgl. Kap. 5.2 BAB) arbeiten statt mit einem pauschalen Zuschlagsatz für nicht direkt zuordenbare Kosten (die 3,79 GE im obigen Beispiel) mit einem prozentualen Zuschlagsatz auf die Wareneinstandskosten. Im vorliegenden Beispiel wäre das:

$$170.500 / 300.000 = 56,9\%$$

Davon ist generell abzuraten weil dadurch teurere Gerichte (hohe Wareneinsatzkosten) mit einem absolut größeren Zuschlag beaufschlagt werden als günstigere Gerichte. Da durch den Zuschlag im vorliegenden Beispiel die Kosten für Personal, Miete, Strom etc. abgedeckt werden, und in der Regel davon auszugehen ist dass ein Gast der (relativ günstige) Spaghetti konsumiert nicht weniger Platz oder weniger Service benötigt als ein Gast der einen (relativ teuren) Shrimpscocktail zu sich nimmt, bildet der pauschale Aufschlag den tatsächlichen Kostenanfall meistens besser ab als ein Prozentsatz.

3.2 Äquivalenzziffernkalkulation

Die Anwendung der Äquivalenzziffernkalkulation bietet sich insbesondere dann an wenn die angebotenen Leistungen zwar Unterschiede aufweisen, jedoch strukturell vergleichbar sind (zum Beispiel Hotelübernachtungen in Einzel-, bzw. in Doppelzimmern). Die Kalkulation mit Äquivalenzziffern stellt eine Erweiterung der einfachen Divisionskalkulation dar. Dabei werden die unterschiedlichen Leistungsmengen über sogenannte Äquivalenzziffern in äquivalente Mengen einer Einheitsleistung überführt, so dass ein virtuelles Einproduktunternehmen entsteht (welches dann nur die Einheitsleistung anbietet) und sich die Divisionskalkulation in der in der im vorigen Abschnitt angeführten Weise durchführen lässt. Nach der Kalkulation der Kosten für die Einheitsleistung werden die kalkulierten Kosten wiederum über die entsprechenden Äquivalenzziffern in die Kosten für die einzelnen unterschiedlichen Leistungen überführt.

Beispiel

Ein Rafting Veranstalter bietet drei standardisierte Touren – Deep Canyon, Enjoy und Waterworld – an. Im Laufe eines Monats sind Kosten in Höhe von 17.800 GE angefallen (Gesamtsumme aller Einzel- und Gemeinkosten). Alle drei Touren wurden mehrfach durchgeführt.

Tour	Anzahl Durchführungen
Enjoy	20
Deep Canyon	5
Waterworld	9

Der Veranstalter weiß aus Erfahrung, dass die Tour „Deep Canyon" ca. 1,5-mal mehr Aufwand verursacht als die Tour „Enjoy". Ebenso ist bekannt, dass die Tour „Waterworld" nur ca. 90 % des Aufwands der Tour „Enjoy" verursacht.

Tour	Anzahl Durchführungen	Äquivalente Anzahl „Enjoy"
Enjoy	20	20,0
Deep Canyon	5	5 x 1,5 = 7,5
Waterworld	9	9 x 90 % = 8,1

Die Werte 1,5 bzw. 90 % (= 0,9) stellen hierbei die Äquivalenzziffern dar. Das heißt bei äquivalentem Ressourceneinsatz zum tatsächlichen Tourprogramm hätte die Agentur 20,0 + 7,5 + 8,1 = 35,6 mal die Tour „Enjoy" durchführen können. Die Kalkulation der Kosten für die Tour „Enjoy" sieht folgendermaßen aus:

Kosten pro Tour (Enjoy)   17.800 GE / 35,6 = 500 GE

Aus diesem Ergebnis lassen sich mittels der Äquivalenzziffern die Kosten für die beiden anderen Touren „Deep Canyon" und „Waterworld" ableiten:

Tour	Kosten pro Durchführung
Enjoy	500 CHF x 1.0 = 500 GE
Deep Canyon	500 CHF x 1.5 = 750 GE
Waterworld	500 CHF x 0.9 = 450 GE

Durch die Ermittlung der Gesamtkosten über die ermittelten Kostensätze kann eine Probe zur Bestätigung der ermittelten Größen durchgeführt werden:

Tour	Durchführungen	Kostenpro Durchführung	Gesamtkosten
Enjoy	20	500 GE	10.000 GE
Deep Canyon	5	750 GE	3.750 GE
Waterworld	9	450 GE	4.050 GE
SUMME			17.800 GE

In Erweiterung dieses Verfahrens können für unterschiedliche Kostenarten unterschiedliche Äquivalenzziffern zur Anwendung kommen. Ebenso ist es möglich Einzelkosten direkt zu verrechnen und nur Gemeinkosten mittels Äquivalenzziffernkalkulation zuzuschlagen.

3.3   Break-Even-Rechnung

Im Rahmen der Darstellung der Divisions- und Äquivalenzziffernkalkulation sind wir davon ausgegangen, dass die Kostensummen und die jeweils abgesetzten Mengen von vornherein bekannt sind. Da die Leistungsmenge bei der Divisionskalkulation im Nenner steht sind für unterschiedliche Leistungsmengen unterschiedliche Kosten pro Leistungseinheit zu erwarten. Anstatt die Gesamtkosten und die Leistungsmengen konstant zu setzen und die Kosten pro Leistungseinheit zu ermitteln, kann alternativ auch die Absatzmenge ermittelt werden, die zur Erreichung zulässiger Kosten pro Leistungseinheit notwendig ist. Diejenige Absatzmenge, bei der die angefallenen Kosten gerade gedeckt sind, bezeichnet man als mengenmäßige Nutzschwelle oder als Break-Even Menge. Die Umstellung von Formel 3-1 nach der Absatzmenge ergibt:

$$\text{Anzahl abzusetzender Einheiten} = \frac{\text{Gesamter Aufwand}}{\text{zulässige Kosten pro abgesetzter Einheit}}$$

Formel 3-3 Break-Even Menge bei einfacher Divisionskalkulation
  Das Ergebnis von Formel 3-3 *ist immer aufzurunden*, denn es geht darum die Absatzmenge zu ermitteln, bei der die Kosten vollständig gedeckt sind.

Beispiel

Ein Reisebüro hat einen Bus für eine 1,5-Tagestour nach Paris gechartert. Das Ticket soll um 99 GE verkauft werden, der Bus incl. Chauffeur kostet für die 1,5 Tage 3.000 GE. Wie viele Tickets müssen verkauft werden, damit das Busunternehmen keinen Verlust macht?

Gesamte Kosten	3.000 GE
dividiert durch Ticketpreis	/ 99 GE
Mindestanzahl (Tickets)	31

Die Berechnung liefert natürlich nur dann brauchbare Ergebnisse, wenn die gesamten Kosten nicht ihrerseits wieder von der Absatzmenge abhängig sind. Ist dies der Fall, muss zwischen variablen (mengenabhängigen) und fixen Kostenbestandteilen unterschieden werden. Die Unterscheidung zwischen variablen und fixen Kosten ist nicht gleichzusetzen mit der Unterscheidung zwischen Einzel- und Gemeinkosten: Im ersten Fall geht es um das Kostenverhalten in Abhängigkeit von der Leistungsmenge, im zweiten Fall um die Zuordenbarkeit von Kosten zu bestimmten Leistungen (Abb. 3.2).

Beispiel

Ein Imbissstand möchte „Hot Dogs" in sein Angebotssortiment aufnehmen. Dazu ist die Anschaffung eines Brötchen-Lochers erforderlich, der abgeschrieben wird. Außerdem müssen Würstchen und Brötchen beschafft werden. Ein Grill zum Anbraten der Würstchen ist bereits vorhanden und wird auch für weitere Produkte (Hamburger, Currywurst) benutzt. Das Standpersonal erhält eine umsatzabhängige Vergütung:

	Verwendung ausschließlich für „Hot-Dogs" **Einzelkosten**	Verwendung für den Imbissstand als ganzes **Gemeinkosten**	Kosten abhängig von der Anzahl verkaufter „Hot Dogs" **Variable Kosten**	Kosten unabhängig von der Anzahl verkaufter „Hot Dogs" **Fixkosten**
Brötchen-Locher	☑	☐	☐	☑
Würstchen	☑	☐	☑	☐
Brötchen	☑	☐	☑	☐
Grill	☐	☑	☐	☑
Bedienpersonal	☐	☑	☑	☐

Variable Kosten sind von der Leistungsmenge abhängig. Sie betragen Null wenn keine Leistungen abgesetzt werden und sie steigen mit zunehmender Leistungsmenge um einen konstanten Faktor (k_v) je abgesetzter Leistungseinheit (siehe Abb. 3.3). Im Gegensatz dazu fallen fixe Kosten (K_F) auch dann an, wenn keine Leistungen abgesetzt werden. Der Betrag der fixen Kosten verändert sich mit zunehmender Leistungsmenge nicht. Wir bezeichnen die Kostensummen mit Großbuchstaben und die kalkulierten Kosten je Leistungseinheit mit Kleinbuchstaben. Die Summe der variablen Kosten K_v ergibt sich dann als Produkt aus k_v und der Anzahl abgesetzter Leistungseinheiten x:

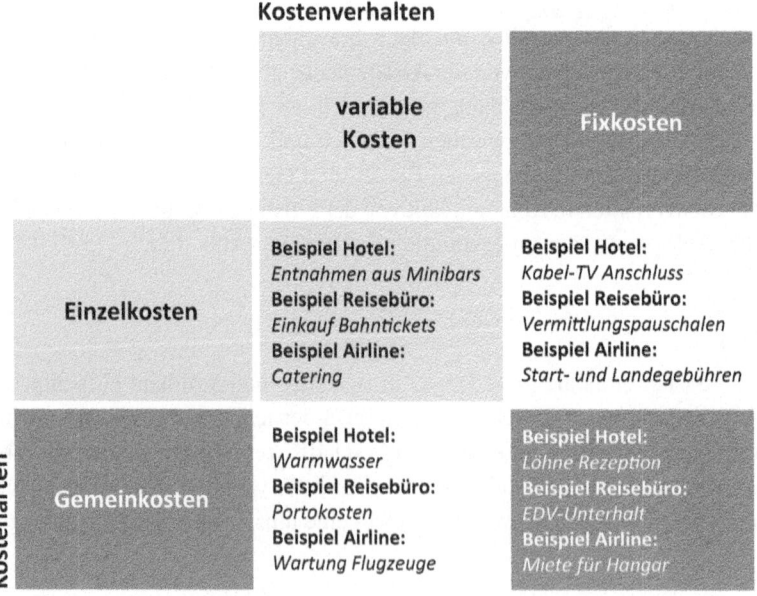

Abb. 3.2 Kostenarten und Kostenverhalten

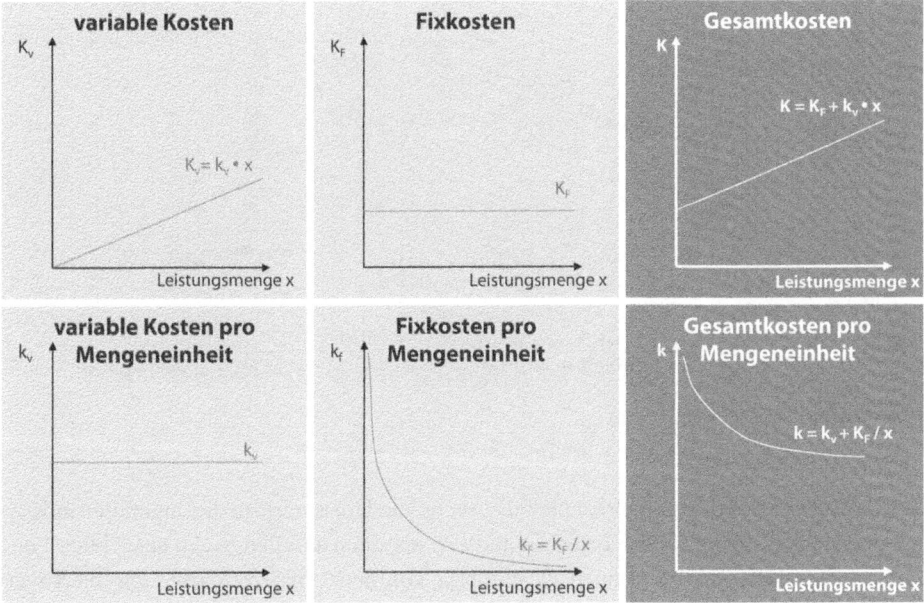

Abb. 3.3 Kostenverläufe

$$K_v = k_v \times x$$

Formel 3-4 Gesamtsumme der variablen Kosten

Dividiert man die Fixkosten durch die Anzahl abgesetzter Leistungseinheiten, erhält man die Fixkosten pro Leistungseinheit kF (Formel 3-5). Dabei handelt es sich um die Anwendung der einfachen Divisionskalkulation aus Abschn. 3.1 auf den fixen Teil der gesamten Kosten.

$$k_F = \frac{K_F}{x}$$

Formel 3-5 Fixkosten je abgesetzter Leistungseinheit

Die gesamten Kosten ermitteln sich als Summe der Fixkosten (K_F) und der variablen Kosten (K_V). Aus Abb. 3.3 lässt sich erkennen, dass die Gesamtkosten K, ausgehend von den Fixkosten die auch bei Leistungsmenge Null auftreten (sog. „Fixkostensockel"), einen steigenden Verlauf aufweisen. Gleichzeitig sieht man, dass die Kosten pro Mengeneinheit k mit steigender Leistungsmenge zurückgehen weil sich die Fixkosten bei steigenden Leistungsmengen auf immer mehr Leistungen verteilen (sog. „Fixkostendegression"). Dieser Effekt ist einer der Gründe dafür, dass viele Unternehmen Wachstumsstrategien verfolgen: Höhere Leistungsmengen bedeuten geringere Kosten pro Leistungseinheit und damit verbesserte Chancen im Preiswettbewerb bestehen zu können.

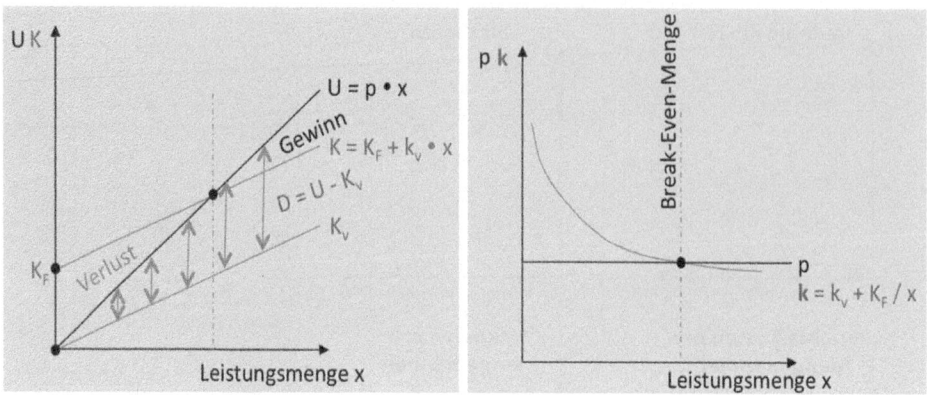

Abb. 3.4 Break-Even-Diagramm

Ein Unternehmen erzielt einen Gewinn, wenn die Umsatzerlöse die angefallenen Kosten übersteigen. Da variable Kostenbestandteile nur dann anfallen, wenn tatsächlich Leistungen abgesetzt werden, können diese direkt von den Umsatzerlösen subtrahiert werden. Der verbleibende Erlösteil wird Deckungsbeitrag (D) genannt (in Abb. 3.4 mit $\updownarrow$ bezeichnet). Der Deckungsbeitrag dient in erster Linie zur Deckung der fixen Kosten. Aus Abb. 3.4 kann man erkennen, dass der Deckungsbeitrag mit steigender Leistungsmenge zunimmt. Erreicht die Leistungsmenge den Break-Even-Punkt, sind sämtliche Fixkosten gedeckt, das Unternehmen schreibt weder Verlust noch Gewinn. Bei Leistungsmengen kleiner der Break-Even Menge ist $D < K_F$, das heißt es wird weniger Deckungsbeitrag generiert als zur Deckung sämtlicher Fixkosten notwendig wäre. Das Unternehmen erwirtschaftet einen Verlust in Höhe der nicht gedeckten Fixkosten. Bei Leistungsmengen grösser der Break-Even Menge ist $D > K_F$, das heißt es wird mehr Deckungsbeitrag generiert als zur Deckung sämtlicher Fixkosten notwendig wäre. Das Unternehmen erwirtschaftet einen Gewinn in Höhe des überschüssigen Deckungsbeitrags.

Die Kenntnis der Break-Even Menge ist eine wichtige Information bei Investitionsentscheidungen. Sie lässt sich berechnen indem die Leistungsmenge ermittelt wird, bei der sich Umsatz und Kosten entsprechen:

$$x \times p = K_F + x \times k_v$$

Formel 3-6 Gleichsetzung von Umsatz und Kosten bei getrennter Betrachtung fixer und variabler Kosten

Stellt man Formel 3-6 nach x um erhält man folgenden Ausdruck für die Break-Even Menge:

$$x = \frac{K_F}{p - k_v} = \frac{K_F}{d}$$

Formel 3-7 Break-Even Menge bei getrennter Betrachtung fixer und variabler Kosten

Damit lässt sich, wenn die voraussichtlichen Verkaufspreise und die variablen Kosten pro Leistungseinheit bekannt sind ermitteln, wie viele Leistungen abgesetzt werden müssen damit sich eine bestimmte Investition – die sich in höheren Fixkosten niederschlägt – rechnet.

Beispiel

Der Besitzer des Imbissstands aus dem vorigen Beispiel überlegt, ob er „Hot Dogs" in sein Angebotssortiment aufnehmen soll. Dazu wäre die Anschaffung eines Brötchen-Lochers erforderlich, der 250 GE kostet. Außerdem müssen Würstchen á 1,20 GE und Brötchen á 0,45 GE beschafft werden. Ein Grill zum Anbraten der Würstchen ist bereits vorhanden und wird auch für weitere Produkte (Hamburger, Currywurst) benutzt. Daher sind die Kosten des Grills für die zu treffende Entscheidung irrelevant. Das Standpersonal erhält eine Vergütung in Höhe von 10 % des Umsatzes. Ein „Hot Dog" kann zum Preis von 2,90 GE verkauft werden. Wie viele „Hot Dogs" müssen abgesetzt werden, damit sich die Investition in den Brötchen-Locher auszahlt?

Ermittlung von d:

Verkaufspreis für 1 „Hot Dog"		2,90 GE
minus variable Kosten:	- Vergütung Standpersonal 10%	0,29 GE
	- Wareneinkauf Würstchen	1,20 GE
	- Wareneinkauf Brötchen	0,45 GE
d		0,96 GE

Ermittlung von x:

Entscheidungsrelevante Fixkosten (Brötchenlocher)	250 GE
$x = K_F/d$	= 250 GE / 0,96 GE
x	261 Stück

Es müssen 261 „Hot Dogs" verkauft werden, damit die Kosten für den Brötchenlocher wieder herein gespielt werden (Der exakte Wert von 260,41666.. ist bei Formel 3-7 genauso wie bei Formel 3-3 aufzurunden – es geht ja darum, sich auf der positiven Seite der Nutzschwelle zu befinden).

Handelt es sich um größere Investitionen ist es eventuell auch von Interesse wie viele Leistungen pro Geschäftsjahr abgesetzt werden müssen um die jährliche Abschreibung zu verdienen. In diesem Fall ist nur der Abschreibungsbetrag als K_F anzusetzen. Die dann jedes Nutzungsjahr aufs neue zu erreichende Break-Even Menge entspricht der oben ermittelten Gesamtmenge dividiert durch die Anzahl der Nutzungsjahre.

3.4   Aufgaben zu Kapitel 3

3.1-1

Ein Imbissstand hat insgesamt jährliche Kosten von 30.000 GE für Wareneinkauf, Miete, Löhne etc. Es werden dort nur Bratwürste und Dosenbierverkauft. Eine Bratwurst wird um 3,50 GE, das Bier um 2,50 GE verkauft. Jährlich werden 10.000 Bratwürste und 6000 Dosen Bier abgesetzt. Wie viel verdient der Imbissstand im Jahr?

3.1-2

Die Kosten des Imbissstands aus 3.1-1 werden im Verhältnis 50: 50 auf die beiden Produkte Bratwurst und Dosenbier aufgeteilt.
Wie viel verdient der Imbissstand mit dem Verkauf von Bratwürsten? – Wie viel mit einer Bratwurst?
Wie viel verdient der Imbissstand mit dem Verkauf von Dosenbier? – Wie viel mit einer Dose Bier?

3.1-3

Der Imbissstand aus 3.1-1 und 3.1-2 nimmt neu auch alkoholfreies Dosenbier ins Sortiment auf. Wenn eine Palette (40 Dosen) beim Großhändler 29,90 GE kostet, welcher Preis muss dann mindestens für eine Dose verlangt werden, damit der Imbissstand damit keinen Verlust macht?

3.1-4

Der Imbissstand aus 3.1-1 kauft Bratwürste zum Preis von 0,60 GE/Wurst und Bier zum Preis von 0,80 GE/Dose ein. Kalkulieren Sie die Gesamtkosten (Wareneinkauf + übrige Kosten) für je eine Bratwurst und eine Dose Bier ...
a) ... indem Sie für die übrigen Kosten im Verhältnis 50 : 50 auf die beidenWarengruppen Wurst und Bier umlegen
b) ... indem Sie für die übrigen Kosten einen konstanten Pauschalbetrag pro Stück ansetzen
c) ... indem Sie für die übrigen Kosten einen prozentualen Zuschlag ansetzen
d) Vergleichen Sie Ihre Ergebnisse.
    Wo liegen die Vor- und Nachteile der drei Kalkulationsvarianten?

3.1-5

Der Pizzaservice „Gusto Grande" bietet nur 2 Pizzas (Margherita und Napoletana) an.

	Margherita normale	Margherita grande	Napoletana normale	Napoletana grande
Absatzmenge (Stück)	15.000	4.000	18.000	8.000
Grundrezept	250 g Mehl 200 g Tomaten 100 g Käse	500 g Mehl 400 g Tomaten 200 g Käse	250 g Mehl 200 g Tomaten 100 g Käse 20 g Sardellen 20 g Kapern	500 g Mehl 400 g Tomaten 200 g Käse 40 g Sardellen 40 g Kapern
	Hefe, Gewürze, Olivenöl, Wasser, …	Hefe, Gewürze, Olivenöl, Wasser, …	Hefe, Gewürze, Olivenöl, Wasser, …	Hefe, Gewürze, Olivenöl, Wasser, …

Folgende Kosten sind übers Jahr angefallen:

Wareneinsatz	Mehl	21.500 GE
	Tomaten	24.300 GE
	Käse	56.000 GE
	Sardellen	14.500 GE
	Kapern	11.000 GE
	Hefe, Gewürze, Olivenöl, Wasser	2.000 GE
Miete, Energie, Transport, Löhne		120.000 GE

Kalkulieren Sie die Gesamtkosten für die 4 Pizzen und die Stückkosten für jede der vier Pizzen unter der Annahme, dass sich die Kostenarten „Hefe, Gewürze, Olivenöl, Wasser,…" und „Miete, Energie, Transport, Löhne" zu gleichen Teilen jeder abgesetzten Pizza zurechnen lassen.

3.1-6

Würden Sie die folgenden Kostenarten eher als Einzel- oder als Gemeinkosten behandeln? – Gehen Sie davon aus, dass das Hotel Übernachtungsmöglichkeiten für Einzelreisende und Reisegruppen anbietet und über ein Hotelrestaurant verfügt. Geben Sie bei Einzelkosten jeweils den Kostenträger an.

	Einzelkosten	Gemeinkosten
Kauf eines Rehrückens fürs Hotelrestaurant	☐	☐
Gehalt des Hotelmanagers	☐	☐
Löhne für Küchenhilfen	☐	☐
Abschreibung (für den Hotellift)	☐	☐
Provisionszahlung für die Vermittlung einer Reisegruppe	☐	☐
Kosten für Lohnfertigung (externe Großbäckerei)	☐	☐
Kauf von Büromaterial für die Hotelverwaltung	☐	☐
Miete für das Hotelgebäude	☐	☐
Heizkosten	☐	☐
Werbekosten	☐	☐
Wartung einer Spülmaschine	☐	☐
Kosten für Gebäudebewachung (Wach- und Schließdienst)	☐	☐
Rechnung des Wirtschaftsprüfers	☐	☐
Kosten der Tischdekoration für eine Hochzeit	☐	☐
Kosten für die Reinigung von Gästehandtüchern und Bettwäsche	☐	☐

3.1-7

Ein Bustourveranstalter bietet drei Tagestouren A, B und C an. Die Kosten für die Busgarage, Löhne für die Chauffeure, den Unterhalt des Büros, Sekretariat etc. sind als Gemeinkosten anzusehen. Die Summe dieser Kosten ist 60.000 GE. Diese Kosten werden mittels eines einheitlichen Pauschalbetrags pro Tour weiter verrechnet. Die eigentlichen Fahrtkosten der Touren A, B, C – welche unterschiedliche Längen aufweisen – werden als Einzelkosten behandelt und direkt auf die Kostenträger – hier die Touren A, B und C gebucht. Dabei handelt es sich im wesentlichen um die Kosten für Dieselkraftstoff und die kilometerabhängige Abschreibung auf die Busse. Folgende Zahlen stehen zur Verfügung:

Tour	Anzahl Durchführungen	Fahrtkosten
A	40	20.000 GE
B	20	80.000 GE
C	15	15.000 GE

Ermitteln Sie die Gesamtkosten pro Tour A, B und C!

3.2-1

Lösen Sie Aufgabe 3.1-4 unter der Annahme dass die Zubereitung einer Bratwurst fünf Mal so viel Aufwand verursacht als der Verkauf einer Dose Bier. Verwenden Sie dazu die Äquivalenzziffernkalkulation zur Verrechnung der übrigen Kosten.

3.2-2

Die Ski- und Snowboardschule „Halfpipe Hero" bietet Skikurse und Snowboardkurse an. Ein Standardskikurs wird von einem Skilehrer durchgeführt, ein Standardsnowboardkurs von 1,5 Skilehrern (Anfangs zwei Skilehrer pro Kurs, später ein Skilehrer pro Kurs). Daneben werden auch Skiakrobatikkurse angeboten für die 4 Skilehrer erforderlich sind – jeder Teilnehmer wird individuell betreut. Insgesamt sind Kosten in Höhe von 62.730 GE angefallen.

Es wurden folgende Kurse durchgeführt:

Art	Anzahl Durchführungen
Standardskikurs	69
Snowboardkurs	28
Akrobatikkurs	3

Wie teilen Sie die Gesamtkosten auf Ski-, Snowboard- und Akrobatikkurse auf?

3.2-3

Ein Hotelexperte schätzt, dass der Zimmerservice für ein einfach belegtes Doppelzimmer ca. 1,1 mal so aufwändig ist, als bei einem Einzelzimmer und ein doppelt belegtes Doppelzimmer 50 % mehr Zimmerservice benötigt als ein Einzelzimmer. Wenn insgesamt ein jährliches Budget von 20.000 GE für den Zimmerservice verbraucht wird, an 365 Tagen im Jahr geöffnet ist, 5 Einzel und 12 Doppelzimmer betreut werden müssen und die Auslastung der Einzelzimmer 64 %, die der Doppelzimmer 90 % beträgt und nur jedes dritte Doppelzimmer auch tatsächlich doppelt belegt ist – Was berechnen Sie dann an Kosten für den Zimmerservice pro Belegungstag für.

a) .. ein Einzelzimmer
b) .. ein einfach belegtes Doppelzimmer
c) .. ein doppelt belegtes Doppelzimmer

3.2-4

Das Restaurant „Zum dicken Turm" ist bekannt für seine Spargelgerichte und den gut gefüllten Weinkeller. Die Analyse des Absatzes des vergangenen Monats ergab folgende Zahlen:

Speisen:	Anzahl:	Umsatz:
Spargelteller groß	240	8.400 GE
Spargelteller klein	80	2.000 GE
Spargelsuppe	90	1.350 GE

Weine:	Anzahl:	Umsatz:
Ersinger Simsegräbsler weiss (¼ l)	320	2.560 GE
Strümpfelbacher Sorgenbrecher rot (½ l)	40	400 GE

Bezüglich der Kosten liegen folgende Informationen vor:

Wareneinkauf Für den großen Spargelteller werden 500 g Spargel, für den kleinen Spargelteller und die Spargelsuppe werden je 300 g Spargel benötigt. Spargel wird auf dem Großmarkt zum Kilopreis von 9,50 GE eingekauft. Die Flasche (0,75 l) Ersinger Simsegräbsler kostet im Einkauf 8,50 GE; der Strümpfelbacher Sorgenbrecher kommt aus einem 250-Liter Fass, welches um 1.800 GE eingekauft wurde.

Service Insgesamt sind Kosten in Höhe von 2500 GE angefallen. Da ein Kellner auf einem Tablett 6 Weingläser, aber nur 2 Portionen Essen transportieren kann, sind die Servicekosten pro abgesetzter Einheit für Speisen drei Mal so hoch als für Getränke.

Küche Die Zubereitung des großen Spargeltellers bezeichnet der Küchenchef als ca. 1/3 aufwändiger als die des kleinen Spargeltellers. Spargelsuppe hingegen macht fast keine Arbeit: 10 Teller Spargelsuppe oder 1 großer Spargelteller machen für die Küche keinen wesentlichen Unterschied. Insgesamt sind Küchenkosten in Höhe von 7500 GE angefallen.

Sonstige Kosten sind in Höhe von 2200 GE angefallen. Da für diese keine Bezugsbasis gefunden werden kann, entscheidet der Restaurantinhaber, dass diese nach Tragfähigkeit verteilt werden sollen, d. h. diejenigen Artikel, die einen hohen Erfolg erwirtschaften, sollen entsprechend einen höheren Anteil dieser Kosten tragen.
Erstellen Sie eine Erfolgsrechnung für die fünf Produkte des Restaurants „Zum dicken Turm".

3.3-1
Die Gemeinde Holzrabringen hat seit Jahren alte Waffen, Werkzeuge, Fotos, Urkunden und ähnliches aus der mittlerweile 800-jährigen Geschichte der Jagd- und Forstwirtschaft am Ort in einem Lagerraum hinter dem Feuerwehrdepot gesammelt. Da in diesen Raum immer wieder Wasser eindringt und die wertvollen Erinnerungsstücke Schaden zu nehmen drohen, diskutiert man im Gemeinderat die Einrichtung eines ordentlichen Heimatmuseums. Leider ist die Ortskasse wie immer ziemlich leer, so dass sich dieses Museum alleine aus Eintrittsgeldern heraus finanzieren müsste. Geeignete Räumlichkeiten wären

im Rathaus vorhanden, diese müssten aber renoviert werden. Zudem müsste ein Experte angeheuert werden, der die Präsentation der Ausstellungsstücke fachgerecht konzipieren und umsetzten könnte. Beides zusammen würde ca. 12.000 GE kosten. Weitere Kosten würden keine anfallen, da der Verkauf der Eintrittskarten von der Gemeindesekretärin übernommen werden könnte, welche ohnehin vor Ort ist und die auch Reinigung und Ausstellungsaufsicht ohne Mehrkosten für die Gemeinde mit übernehmen könnte. Wie viele Eintrittskarten á 1,80 GE müssten verkauft werden, damit sich das Vorhaben rechnet?

3.3-2
Entscheiden Sie, ob es sich bei den folgenden Kostenarten um Einzel- oder Gemeinkosten sowie um fixe oder variable Kosten handelt:

a) Unternehmen: Tauchbasis

Kostenträger: Verleih von Flaschentauchausrüstung, komplett

	Einzelkosten	Gemeinkosten	variable Kosten	Fixkosten
Flaschenfüllung Atemgas	☐	☐	☐	☐
Abschreibung Tauchanzüge	☐	☐	☐	☐
Lohnkosten Personal	☐	☐	☐	☐
Haftpflicht-versicherung	☐	☐	☐	☐

Die Tauchanzüge werden unabhängig vom tatsächlichen Verschleiß in 3 Jahren abgeschrieben. Das Personal (Tauchlehrer) wird per geleisteter Stunde entlohnt, wobei neben dem Verleih auch Verkauf von Kursen, Exkursionen, Beratungsgespräche etc. durch das Personal geleistet werden. Bei der Haftpflichtversicherung handelt es sich um eine konstante Jahresprämie.

b) Unternehmen: Café

Kostenträger: 1 Tasse Kaffee mit Milch + Zucker

	Einzelkosten	Gemeinkosten	variable Kosten	Fixkosten
Kaffeebohnen	☐	☐	☐	☐
Leitungswasser	☐	☐	☐	☐
Miete Räumlichkeiten	☐	☐	☐	☐
Kondensmilch, Portionspackung	☐	☐	☐	☐

c) Unternehmen: Konzertagentur

Kostenträger: 1 Eintrittskarte „Neujahrskonzert"

	Einzelkosten	Gemeinkosten	variable Kosten	Fixkosten
Miete Kursaal	☐	☐	☐	☐
Druckkosten Eintrittskarten	☐	☐	☐	☐
15 % Vertriebsprovision	☐	☐	☐	☐
Gage der Philharmoniker	☐	☐	☐	☐

d) Unternehmen: Campingplatz

Kostenträger: 1 Übernachtung im Wohnwagen für 4 Personen

	Einzelkosten	Gemeinkosten	variable Kosten	Fixkosten
Reinigung Sanitärbereich	☐	☐	☐	☐
Warmwasser	☐	☐	☐	☐
Kurtaxe (Tarif pro Person)	☐	☐	☐	☐
Kosten für Landschafts-gärtner	☐	☐	☐	☐

e) Unternehmen: Airline

Kostenträger: 1 Flugticket Zürich → Hong Kong

	Einzelkosten	Gemeinkosten	variable Kosten	Fixkosten
Start- und Landegebühren	☐	☐	☐	☐
Treibstoffe	☐	☐	☐	☐
Ausbildung Piloten	☐	☐	☐	☐
% - Provision für Vertriebsagenturen	☐	☐	☐	☐

f) Unternehmen: Hotel

Kostenträger: 1 Übernachtung mit Frühstück

	Einzelkosten	Gemeinkosten	variable Kosten	Fixkosten
Frühstückseier	☐	☐	☐	☐
Abschreibung Hotellift	☐	☐	☐	☐
Löhne Zimmerservice	☐	☐	☐	☐
Reinigung Bettwäsche	☐	☐	☐	☐

Das Zimmerservicepersonal erhält einen konstanten monatlichen Lohn. Gebrauchte Bettwäsche wird täglich gereinigt.

3.3-3
Leiten Sie Formel 3-7 ab indem Sie nicht wie im vorliegenden Kapitel gezeigt, Umsatz und Kosten gleichsetzen (Formel 3-6 bzw. Abb. 3.4 oben), sondern indem Sie den Preis für eine Leistungseinheit und die Kosten pro Leistungseinheit gleichsetzen (Abb. 3.4 unten).

3.3-4
Ein Kino überlegt, einen Popcorn-Automaten anzuschaffen.
   Folgende Daten wurden dazu gesammelt:

Kaufpreis Popcorn-Automat	6.000 GE
Kaufpreis Mais (10 kg-Sack)	15 GE
Kaufpreis Zucker (1 kg)	3,5 GE

Weitere Kosten fallen keine an, da das Kassenpersonal den Popcornverkauf ohne zusätzliche Mehrkosten mit bestreiten könnte. Durch den Betrieb der Maschine ist auch kein nennenswerter Mehrverbrauch an elektrischer Energie zu erwarten. Eine Portion Popcorn besteht aus 150 g Mais und 20 g Zucker. Wenn man damit rechnen kann, pro Tag ca. 30 Portionen Popcorn zum Preis von 1,80 GE je Portion zu verkaufen, wie viele Tage werden dann benötigt, bis sich die Popcorn-Maschine selbst finanziert hat?

3.3-5

Wie verändert sich Ihr Ergebnis aus 3.3-4, wenn die Wartung des Automaten pro Monat 400 GE kostet?

3.3-6

Die Jive(4)U Konzertagentur plant ein Konzert in Chur an einem Donnerstagabend im März zu veranstalten. Jive(4)U ist darauf spezialisiert junge Newcomer-Bands bekannt zu machen. Zielpublikum sind vor allem ältere Jugendliche. Diese Marktnische gilt als außerordentlich risikoreich – und die Erfahrungen von Jive(4)U bestätigen diese Aussage. Einige der in der Vergangenheit von Jive(4)U veranstalteten Events endeten sowohl aus künstlerischer als auch aus wirtschaftlicher Sicht katastrophal. Andere hingegen erwiesen sich als große Erfolge.

Die Kostenplanung für das März-Event sieht folgendermaßen aus:

Saalmiete	5.000 GE
Werbung	3.000 GE
Druckkosten	2.400 GE
Gage der Band	15.000 GE
Löhne für Zeitarbeitskräfte für Auf- und Abbau	4.000 GE
Versicherung und Gebühren	2.000 GE

Jive(4)U plant die Eintrittskarten zu einem Preis von 30 GE zu verkaufen.

a) Wie viele Karten muss Jive(4)U verkaufen um mit dem März-Event keinen Verlust zu machen?
b) Jive(4)U plant 1500 Karten zu verkaufen. Wie hoch ist der geplante Erfolg?
c) Falls es Jive(4)U gelingt, die Band statt pauschal mit 15.000 GE mit 5000 GE plus 10 % der Umsatzerlöse zu entlohnen – Wie viele Karten müssten dann verkauft werden um keinen Verlust zu machen?
d) Wenn die Band dem in c) vorgeschlagenen Entlohnungssystem zustimmt; wie viele Karten müssen verkauft werden damit Jive(4)U einen Erfolg von 13.600 GE erzielt?
e) Bei Jive(4)U wird überlegt, den Eintrittspreis auf 25 GE zu senken. Welche Folgen hätte dies generell und bezüglich der Entscheidung die Band pauschal mit 15.000 GE bzw. Mit 5000 GE + 10 % zu der Eintrittsgelder entlohnen? Erläutern Sie mit Hilfe eines Break- Even-Diagramms!

3.3-7

Anlässlich Ihrer letzten Party haben Sie festgestellt, dass Sie einen geradezu sensationellen Obstsalat produzieren können. Das hat zu der Geschäftsidee geführt, tageweise einen Obstsalatstand auf diversen Märkten in der Region aufzustellen. In einer ersten Analyse haben Sie folgende Zahlen zusammengestellt:

Miete für einen Marktwagen	7.500 GE p.a.
Div. Betriebskosten (Strom, Gas, Versicherungen, ..)	1.000 GE p.a.
Standplatzmiete	500 GE pro Markttag
Wareneinsatz (frisches Obst)	800 GE pro Markttag
Kunststoffschälchen, Einwegbesteck	76,70 GE pro Markttag
Verkaufspreis pro Portionsschälchen Obstsalat	4,50 GE
geschätzte Absatzmenge pro Markttag	400 Portionen

a) Wie viele Tage im Jahr müssen Sie auf Märkten verbringen, um die oben angeführten Kosten decken zu können?

b) Wenn Sie zusätzlich Ihre eigene Arbeitskraft mit 400 GE pro Tag entlohnen wollen, wie viele Markttage sind dann nötig?

c) Da sie nur an 50 Tagen im Jahr Zeit haben, nehmen sie zusätzlich Getränke mit ins Sortiment auf. Sie kaufen diese um 1,00 GE/Liter und Sie verkaufen diese in 250 ml-Bechern (Becherkosten 0,02 GE) um 1,50 GE. Sie nehmen an, dass jeder zweite Salatkunde ein Getränk konsumiert. Was verdienen Sie jetzt pro Tag?

Rechtlich korrekt versus operativ zweckmässig: Abgrenzungsrechnungen

4

Bislang sind wir davon ausgegangen, dass alle im finanziellen Rechnungswesen erfassten Aufwände auch Kosten im Sinne des betrieblichen Rechnungswesens sind. Jedoch werden bei fast jedem Unternehmen Aufwände getätigt die in keiner Beziehung zum Geschäftszweck des Unternehmens stehen. In diese Kategorie nicht-betriebsnotwendiger Aufwände gehören zum Beispiel vorweihnachtliche Spenden an wohltätige Organisationen oder eine Provision, die beim Erwerb eines Aktienpaketes anfällt welches ein Touristikunternehmen kauft um überschüssige liquide Mittel kurzfristig anzulegen. Derartige Aufwendungen haben keine ursächliche Beziehung zum eigentlichen Geschäftszweck des Unternehmens. Sie werden getätigt um zum Beispiel den zu versteuernden Gewinn klein zu halten oder um Nebenerlöse auf dem Finanzmarkt zu erzielen. Für den Zweck des Betrieblichen Rechnungswesens, nämlich Informationen für die operative und strategische Steuerung des Kerngeschäfts zu generieren, sind solche Aufwendungen irrelevant. *Hier interessieren nur betrieblich verursachte Aufwände und Erträge, das heisst Kosten und Leistungen*. Deshalb müssen nicht betrieblich bedingte Aufwände und Erträge aus der Erfolgsrechnung entfernt werden bevor die Daten im betrieblichen Rechnungswesen Verwendung finden können. In der Regel unterscheidet sich deshalb der im betrieblichen Rechnungswesen ermittelte *Betriebserfolg* von dem im finanziellen Rechnungswesen ermittelten *Unternehmenserfolg* (Abb. 4.1).

Beispiel

Ein Hotel weist Aufwände in Höhe von 1.200.000 GE und Erträge in Höhe von 1.250.000 GE auf. Die Erträge stammen zu 80 % aus der Vermietung von Hotelzimmern, 20 % sind Zinserträge. Die Aufwände beinhalten 50.000 GE für eine Grossreparatur die alle 10 Jahre vorgenommen werden muss. Es wurden insgesamt 31.000 Übernachtungen verkauft.

© Springer Fachmedien Wiesbaden 2016

C. Benz, *Touristikkostenrechnung*, DOI 10.1007/978-3-658-08088-4_4

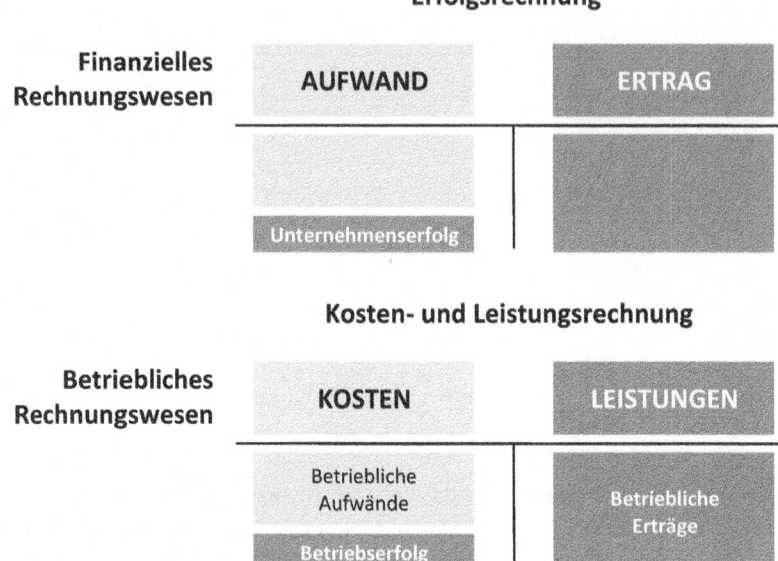

Abb. 4.1 Erfolgsrechnung im finanziellen und betrieblichen Rechnungswesen

Um zu ermitteln, was mit einer Übernachtung verdient wurde, müssen:

Die Erlöse um 20 % reduziert werden: Die Erzielung von Zinserträgen ist nicht Geschäftszweck des Hotels. Die Erlöse aus Übernachtungen betragen 1.000.000 GE.

Die Aufwände um 45.000 GE reduziert werden: Da die Grossreparatur nur alle 10 Jahre vorgenommen werden muss, fallen im Schnitt pro Jahr nur Kosten in Höhe von 5000 GE an.

Damit stehen Erlösen aus Zimmervermietung in Höhe von 1.000.000 GE Aufwände aus Zimmervermietung in Höhe von 1.155.000 GE gegenüber. Pro Übernachtung entstand ein Verlust in Höhe von 5,– GE.

Bevor Berechnungen wie sie im vorangegangenen Kapitel angestellt wurden überhaupt durchgeführt werden können, muss das von der Finanzbuchhaltung zur Verfügung gestellte Zahlenmaterial überarbeitet werden. Dabei ist insbesondere auf folgende Punkte zu achten:

• Betriebsfremde Aufwände/Erträge (Abschn. 4.1)
  Aufwände und Erträge die in keiner Beziehung zum Geschäftszweck des betreffenden Unternehmens stehen werden im betrieblichen Rechnungswesen grundsätzlich nicht betrachtet. Dies betrifft in der Regel Zinsaufwände beziehungsweise Erträge aus Wertpapiergeschäften etc. die dann zum sog. *Finanzerfolg* zusammengefasst werden sowie ausserordentliche Aufwände und Erträge die zum *Neutralen Erfolg* zusammengefasst werden. Der operative *Betriebserfolg* ergibt sich aus der Differenz Unternehmenserfolg minus Finanzerfolg minus neutraler Erfolg.

- Zusatzkosten: Kalkulatorische Zinsen (Abschn. 4.2)
  In bestimmten Fällen ist es angebracht Kostenarten im betriebliche Rechnungswesen zu berücksichtigen für die keine entsprechenden Aufwandsarten im finanziellen Rechnungswesen existieren. So zum Beispiel kalkulatorische Zinskosten für das Eigenkapital. Solche Kostenarten bezeichnet man als *Zusatzkosten*. Zusatzkosten bewirken, dass sich die Kosten des betrieblichen Rechnungswesens betragsmässig von den betrieblich bedingten Aufwänden des finanziellen Rechnungswesens unterscheiden.
- Anderskosten: Periodenfremde Aufwände/Erträge (Abschn. 4.3)
  Aufwände und Erträge werden im betrieblichen Rechnungswesen so weit als möglich in den Perioden berücksichtigt in denen der Wertverzehr beziehungsweise die Wertschöpfung stattfindet. Da im betrieblichen Rechnungswesen keine steuerlichen oder bilanzrechtlichen Vorschriften berücksichtigt werden müssen hat man hier die Möglichkeit weit über die diesbezüglich bereits im finanziellen Rechnungswesen vorgenommenen Abgrenzungen hinaus zu gehen. *Das Entstehen von stillen Reserven bzw. verdeckten Verlusten sollte dadurch weitgehend vermieden werden können*. Werden Aufwands- und Ertragspositionen zur Verwendung im betrieblichen Rechnungswesen verändert – betragsmässig erhöht oder vermindert – bezeichnet man diese Positionen als *Anderskosten*.
- Weitere Kalkulatorische Aufwände/ Erträge – Geschäftswertbeitrag (Abschn. 4.4)
  Erfolgsrechnungen die kalkulatorische Zusatz- und Anderskosten beinhalten weisen ein anderes Ergebnis aus als der rein auf Zahlen der Finanzbuchhaltung beruhende Betriebserfolg. Beispiel für eine solche Erfolgsgrösse die kalkulatorische Kostenelemente berücksichtigt ist der sog. *Geschäftswertbeitrag* (*Economic Value Added*). Zur Ermittlung des Geschäftswertbeitrags wird der Teil des Gewinns der über die normale (= branchenübliche) Abgeltung des unternehmerischen Risikos hinausgeht ausgewiesen.

4.1   Ermittlung des Betriebserfolgs

Das Ausklammern betriebsfremder und ausserordentlicher Aufwände und Erträge führt dazu dass der im finanziellen Rechnungswesen ausgewiesene Unternehmenserfolg nicht notwendigerweise mit dem Betriebserfolg übereinstimmen muss. Im Rahmen der sogenannten *Abgrenzungsrechnung* wird der Übergang vom finanziellen in das betriebliche Rechnungswesen transparent gemacht. Dazu sind folgende Schritte durchzuführen:

- Ausschluss betriebsfremder Aufwände und Erträge
  Aufwands- und Ertragspositionen die eindeutig keinen Bezug zum Unternehmenszweck aufweisen werden aus der Erfolgsrechnung herausgenommen. Dies betrifft sowohl reine Finanztransaktionen (Zinsen, Wertpapiererträge) deren Saldo als Finanzergebnis ausgewiesen wird als auch Aufwände bzw. Erträge von Nebenbetrieben wie z. B. aus der Vermietung von Personalunterkünften in einem Holiday Resort.

• Ausschluss ausserordentlicher Aufwände und Erträge

Aufwände und Erträge die ihrer Natur nach einmalig und nicht planbar beziehungsweise vorhersehbar sind werden im betrieblichen Rechnungswesen grundsätzlich nicht berücksichtigt. Es muss in solchen Fällen davon ausgegangen werden dass sich die zu Grunde liegenden Geschäftsvorfälle nicht wiederholen und damit für planerische Entscheidungen irrelevant sind. Beispiele für solche ausserordentliche Positionen sind Erträge oder Verluste aus dem Abgang von Anlagevermögen oder durch Naturkatastrophen verursachte Aufwände. Die Summe ausserordentlicher Erträge und Aufwände wird als neutrales Ergebnis bezeichnet.

Beispiel

Im folgenden ist die Erfolgsrechnung einer Airline dargestellt:

Aufwand (Mio. GE)		Ertrag (Mio. GE)	
Materialaufwand	14.000	Verkehrsleistungen	22.250
Personalaufwand	6.000	andere Betriebserlöse	5.000
Abschreibungen	1.300		
sonstige betr. Aufwendungen	5.000		
Zinsaufwendungen	400	Zinserträge	50
ausserordentliche Aufwendungen	400	Erträge aus Anlagenabgängen	550
Periodengewinn	900	Erträge a. d. Auflösung. v. Rückst.	150
	28.000		**28.000**

Ermittlung des Finanzergebnisses:

Zinserträge	50
minus Zinsaufwendungen	- 400
Finanzergebnis	- 350

Ermittlung des neutralen Ergebnisses:

Erträge aus Anlagenabgängen (betriebsfremd)	550
Erträge aus der Auflösung von Rückstellungen (periodenfremd)	150
minus ausserordentliche Aufwendungen (betriebsfremd)	-400
Neutrales Ergebnis	300

Der mit dem operativen Flugbetrieb erwirtschaftete Betriebserfolg beläuft sich auf:

Periodengewinn lt. finanziellem Rechnungswesen	900
minus Finanzergebnis	-(-350)
neutralem Ergebnis	-300
Betriebserfolg	950

Das Unternehmen hat mit dem Flugbetrieb 950 Mio. GE erwirtschaftet. Durch ausserordentliche Transaktionen (vor allem den Verkauf von Anlagen) wurden zusätzlich 300 Mio. GE erwirtschaftet. Von den erwirtschafteten Mitteln wurden 350 Mio. GE zur Deckung von Finanzierungsaufwänden benötigt.

4.2   Zusatzkosten: Kalkulatorische Zinsen

Die fixe Trennung des operativen Bereichs von der neutralen bzw. finanzwirtschaftlichen Sphäre schafft Klarheit bezüglich der operativen Effizienz der Unternehmen. Jedoch existieren Fragestellungen die nicht beantwortet werden können ohne die finanzwirtschaftliche Sphäre mit zu berücksichtigen. Sobald Investitionen getätigt werden fallen zwangsläufig Finanzierungskosten an da sowohl Fremd- als auch Eigenkapitalgeber konkrete Renditeerwartungen haben. Diese können im betrieblichen Rechnungswesen nicht unberücksichtigt bleiben:

Beispiel

Im folgenden sind die Bilanzen und Erfolgsrechnungen zweier Hotels dargestellt:

HOTEL 1: Credit-financed beach resort:

Aktiva (Mio. GE)		Passiva (Mio. GE)	
Anlagevermögen	15	Gezeichnetes Kapital	1
Umlaufvermögen	6	lfr. Finanzschulden	20
	21		**21**

Aufwand (Mio. GE)		Ertrag (Mio. GE)	
Materialaufwand	0,25	Betriebserlöse Hotel	3,5
Personalaufwand	1,00		
Abschreibungen	0,75		
Zinsaufwendungen	1,00		
Periodengewinn	0,50		

HOTEL 2: Sheik Yerbouti's private investment beach resort:

Aktiva (Mio. GE)		Passiva (Mio. GE)	
Anlagevermögen	15	Gezeichnetes Kapital	21
Umlaufvermögen	6		
	21		**21**

Aufwand (Mio. GE)		Ertrag (Mio. GE)	
Materialaufwand	0,25	Betriebserlöse Hotel	3,5
Personalaufwand	1,00		
Abschreibungen	0,75		
Periodengewinn	1,5		**3,5**

Offensichtlich arbeiten die beiden im Beispiel dargestellten Hotels operativ gleich effizient. Der Betriebserfolg beläuft sich in beiden Fällen auf:

Betriebserlöse Hotel		3,5
minus	Materialaufwand	−0,25
	Personalaufwand	−1,00
	Abschreibungsaufwand	−0,75
		1,5

Der Unterschied zwischen Hotel 1 und Hotel 2 liegt ausschliesslich auf der Finanzierungsseite: Während Hotel 1 weitgehend über langfristige Kredite finanziert ist, ist Hotel 2 komplett mit Eigenkapital finanziert. Dementsprechend unterschiedlich fallen Finanzergebnis und Periodengewinn aus:

Hotel 1:	
Betriebsgewinn	1,5
Finanzergebnis	−1,0
Periodengewinn	0,5

Hotel 2:	
Betriebsgewinn	1,5
Finanzergebnis	0
Periodengewinn	1,5

Ist es nun so, dass Hotel 2 wegen des höheren Periodengewinns als das besser geführte Unternehmen anzusehen ist? – Nein, die Betrachtung der Eigenkapitalrenditen zeigt sogar dass die Investition in Hotel 1 wesentlich profitabler ist:

Eigenkapital/Periodengewinn Hotel 1: 0,5 Mio./1,0 Mio. = 50 %

Eigenkapital/Periodengewinn Hotel 2: 1,5 Mio./21,0 Mio. = 7,14 %

Können wir davon ausgehen, dass Hotel 2 wegen der nicht vorhandenen Zinsbelastung seine Leistungen günstiger offerieren kann? – Legt man zu Grunde dass beide Hotels je 10.000 Übernachtungen verkaufen, ergibt sich tatsächlich ein Kostenvorteil für Hotel 2:

Hotel 1: 3,0 Mio./10.000 Übernachtungen = 300 pro Gast und Nacht

Hotel 2: 2,0 Mio./10.000 Übernachtungen = 200 pro Gast und Nacht

Dieser Vorteil ist jedoch einzig und alleine auf die Finanzierungsstruktur von Hotel 2 (kein zinspflichtiges Fremdkapital) zurückzuführen. Stellt man die Rechnung auf der Basis Betriebsaufwand an, ist kein Vorteil für Hotel 2 zu erkennen:

Hotel 1 + 2: 2,0 Mio./10.000 Übernachtungen = 200 pro Gast und Nacht

Der einzig relevante Unterschied zwischen Hotel 1 und Hotel 2 besteht darin, dass falls in einer Krisensituation der Übernachtungspreis auf 200 fallen würde, Hotel 1 einen Verlust in Höhe des Zinsaufwands von 1 Mio. verbuchen müsste, während Hotel 2 noch eine „schwarze Null" erzielen könnte. Eine „schwarze Null" im Fall des Hotels 2 würde aber auch bedeuten, dass der Eigenkapitalgeber Sheik Yerbouti keinen Ertrag für sein Investment von 21 Mio. erhalten würde. Da der Sheik diesen Geldbetrag aber sicher – wenn er nicht in das Hotel investiert hätte – an anderer Stelle hätte gewinnbringend anlegen können, entgehen Ihm in diesem Fall die entsprechenden Zinserträge. Derartige entgangene Erträge bezeichnet man als „Opportunitätskosten". Wenn der Sheik sein Geld in Hotel 2 investiert verliert er die Möglichkeit [= Opportunität] das Geld z. B. bei einer Bank in festverzinslichen Wertpapieren anzulegen. Der Betrag der Opportunitätskosten entspricht den dem Sheik entgangenen Habenzinsen. Wenn bei der Kalkulation der Übernachtungskosten diese Opportunitätskosten nicht berücksichtigt werden, wird zu Grunde gelegt dass der Eigenkapitalgeber keine Renditeerwartungen hat – was sicher nicht der Realität entspricht.

Die Zinsbelastung die ein Unternehmen tragen muss hängt – wie im obigen Beispiel dargestellt – ausschliesslich von der Kapitalstruktur (= Passivseite der Bilanz) ab. Die Effizienz der Leistungserstellung spiegelt sich dagegen im Zusammenspiel der Vermögensgegenstände (= Aktivseite der Bilanz) mit den betrieblichen Aufwänden und Erlösen. Deshalb werden – wie im vorangegangenen Abschnitt gezeigt – rein finanzielle Aufwände (= Zinsaufwände etc.) und rein finanzielle Erlöse (= Erträge aus Wertpapiergeschäften etc.) abgegrenzt und in einer separaten Finanzergebnisrechnung ausgewiesen.

Da aber grundsätzlich nicht davon ausgegangen werden kann dass Kapital unentgeltlich zur Verfügung steht, sollten im betrieblichen Rechnungswesen kalkulatorische Zinsen auf das gesamte betrieblich notwendige Vermögen angesetzt werden. Auf diese Weise wird grundsätzlich davon ausgegangen dass das gesamte investierte Kapital – unabhängig davon ob Eigen- oder Fremdkapital – Zinsen erwirtschaften muss. Die Auswirkungen unterschiedlicher Kapitalstrukturen auf den Betriebserfolg werden so eliminiert:

Beispiel

Da bei beiden Hotels die Investitionssumme 21 Mio. beträgt werden– nach Abgrenzung der tatsächlich zu bezahlenden Zinsen– in beiden Fällen 21 Mio. x 5 % = 1,05 Mio. kalkulatorische Zinsen angesetzt.

HOTEL 1: Credit_financed beach resort:

Aufwand (Mio. GE)		Ertrag (Mio. GE)	
Materialaufwand	0,25	Betriebserlöse Hotel	3,5
Personalaufwand	1,00		
Abschreibungen	0,75		
Zinsaufwendungen	1,00		
Periodengewinn	0,50		

Finanzaufwand (Mio. GE)		Finanzertrag (Mio. GE)	
Zinsaufwendungen	1,00	Finanzverlust	1,00

Betriebsaufwand (Mio. GE)		Betriebsertrag (Mio. GE)	
Materialaufwand	0,25	Betriebserlöse Hotel	3,5
Personalaufwand	1,00		
Abschreibungen	0,75		
kalkulatorische Zinsen	1,05		
Betriebsgewinn	0,45		

Beispiel

HOTEL 2: Sheik Yerbouti's private investment beach resort:

Aufwand (Mio. GE)		Ertrag (Mio. GE)	
Materialaufwand	0,25		
Personalaufwand	1,00		
Abschreibungen	0,75		
Periodengewinn	1,50		3,5

Finanzaufwand (Mio. GE)		Finanzertrag (Mio. GE)	
Zinsaufwendungen	0,00	Finanzertrag	0,00

Betriebsaufwand (Mio. GE)		Betriebsertrag (Mio. GE)	
Materialaufwand	0,25	Betriebserlöse Hotel	3,5
Personalaufwand	1,00		
Abschreibungen	0,75		
kalkulatorische Zinsen	1,05		
Betriebsgewinn	0,45		

In beiden Fällen werden 1,5 Mio. mit dem Hotelbetrieb (vor Zinsen) erwirtschaftet. Auch das eingesetzte Kapital ist in beiden Fällen mit 1,05 Mio. zu verzinsen. Der Unterschied zwischen Hotel 1 und Hotel 2 besteht jetzt darin, dass Hotel 1 eine Million der erwirtschafteten 1,5 Mio. als Zins an Fremdkapitalgeber abführen muss und 0,05 Mio. Eigenkapitalzinsen plus 0,45 Mio. Betriebsgewinn auf die eine Million eingesetztes Eigenkapital erwirtschaftet, wohingegen Hotel 2 für 21 Mio. eingesetztes Eigenkapital 1,05 Mio. Zinserträge plus 0,45 Mio. Betriebsgewinn erwirtschaftet.

Da das Investieren ins eigene Unternehmen meist riskanter ist als das Kapital einer Bank anzuvertrauen, ist es legitim für kalkulatorische Zinsen auf Eigenkapital einen Risikoaufschlag anzusetzen. Das heisst dass der kalkulatorische Zinssatz für Eigenkapital höher als der durchschnittliche Habenzins für sichere Anlagen im Bankensystem anzusetzen ist. Vermögensgegenstände welche mittels Fremdkapital finanziert wurden, müssen mindestens die anfallenden Zinskosten erwirtschaften. Da jedes Vermögensgut entweder mit Eigen- oder Fremdkapital finanziert worden sein muss, sind in jedem Fall kalkulatorische Zinsen anzusetzen. Die Höhe des Zinssatzes hängt dabei von der Bilanzstruktur ab. Beschränkt man sich im Fall der Eigenkapitalkosten auf die reinen Opportunitätskosten, das heisst den entgangenen Zinsgewinn bei sicherer Anlage des Kapitals auf einer Bank, gilt folgende Formel für den anzusetzenden Mischzinssatz (WACC – Weighted average cost of capital genannt):

$$\text{Mischzinssatz}(\%) = \text{Habenzins}(\%) \times \frac{\text{Eigenkapital}}{\text{Bilanzsumme}} + \text{Sollzins}(\%) \times \frac{\text{Fremdkapital}}{\text{Bilanzsumme}}$$

Formel 4-1: Mischzinssatz aus Fremd- und Eigenkapitalverzinsung

Falls ein Teil des Fremdkapital zinslos zur Verfügung steht (Lieferantenkredite), so ist dies ebenso in der Formel zu berücksichtigen.

Vermögensteile die zur Aufrechterhaltung des Geschäftsbetriebs nicht erforderlich sind werden üblicherweise bei der Bestimmung des Betrags der kalkulatorischen Zinsen nicht berücksichtigt (wenn z. B. nicht-betrieblich genutzte Grundstücke oder Gebäude vorhanden sind, wird deren Wert vom zu verzinsenden Kapital abgezogen).

Beispiel

Bratwurst-Willi: Bilanz

Aktiva		Passiva	
Kasse	300.- GE	Verbindlichkeiten	3.100.- GE
Bankkonto	17.470.- GE	Langfristige Kredite	12.400.- GE
Warenvorräte	230.- GE	Grundkapital	20.000.- GE
Betriebsausstattung	24.000.- GE	Gewinnrücklage	26.500.- GE
Grundstück(nicht genutzt)	20.000.- GE		
	62.000.- GE		62.000.- GE

In welcher Höhe sollte Bratwurst-Willi kalkulatorische Zinsen in seiner Kalkulation berücksichtigen, wenn Fremdkapital 5% kostet und die Bank für langfristige Anlagen 3% bietet?

Unverzinsliches Fremdkapital:
3.100 GE   5 % der Bilanzsumme   Zinssatz 0,00 %
Verzinsliches Fremdkapital:
12.400 GE   20 % der Bilanzsumme   Zinssatz 5,00 %
Eigenkapital:
46.500 GE   75 % der Bilanzsumme   Zinssatz 3,00 %
Mischzinssatz:
5% x 0,00% + 20% x 5,00% + 75% x 3,00% = 3,25 %

Zieht man den Wert des nicht genutzten Grundstücks ab, bleibt ein zu verzinsendes betriebsnotwendiges Vermögen in Höhe von 42.000.- GE. Somit sind insgesamt kalkulatorische Zinsen in Höhe von 42.000.- GE x 3,25 % = 1.365 GE anzusetzen.

Werden kalkulatorische Zinsen nur für einzelne Investitionen statt für gesamte Unternehmen berechnet muss berücksichtigt werden dass das sich das investierte Kapital im Verlauf der Nutzung der Investition durch den Abschreibungsprozess laufend verringert. Demnach sind zu Anfang der Nutzungsdauer eines Investitionsguts (= hohe Kapitalbindung) hohe kalkulatorische Zinsen anzusetzen, während gegen Ende der Nutzungsdauer (= geringe Kapitalbindung) fast keine kalkulatorische Zinsen mehr anfallen. Da diese über die Nutzungsdauer hinweg variable Höhe der kalkulatorischen Zinsen rechentechnisch schwierig zu handhaben ist, behilft man sich damit das durchschnittlich gebundene Kapital über die ganze Nutzungsdauer hinweg einheitlich zu verzinsen (Abb. 4.2). Damit

Realer Zinsverlauf: Sinkende jährliche Zinsbeträge

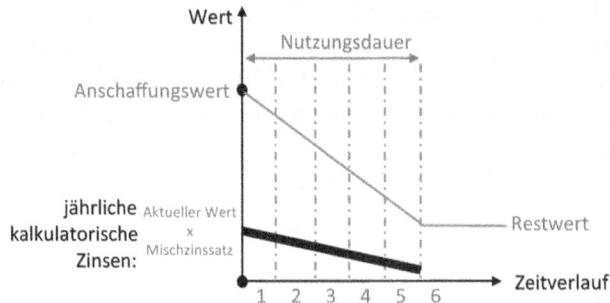

Kalkulierter Zinsverlauf: Konstante jährliche Zinsbeträge

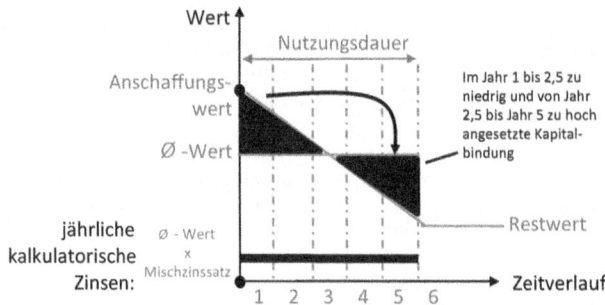

Abb. 4.2 Berechnung kalkulatorischer Zinsen für eine Einzelinvestition

werden zwar anfangs zu geringe und zum Schluss zu hohe kalkulatorische Zinsen verrechnet, der entstehende Fehler ist jedoch in Ländern mit moderater Inflationsrate gering.
Die Höhe der kalkulatorischen Zinsen für ein bestimmtes Investitionsobjekt berechnet
sich dann nach:

$$\text{Kalkulatorische Zinsen} = \frac{\text{Anschaffungswert} + \text{Restwert}}{2} \times \text{Mischzinssatz}\,(\%)$$

Formel 4-2: Berechnung kalkulatorischer Zinsen bei Einzelinvestitionen

Beispiel

Bratwurst-Willi kauft einen neuen Grill für 2500 GE. Er rechnet mit einer Nutzungs-
dauer von 8 Jahren und einem Restwert von 200 GE. Er setzt kalkulatorische Zinsen in
Höhe von 3,25 % an.
Jährliche Zinskosten nach Formel 4-2:
$(2500 + 200 \text{ GE})/2 \times 3,25 \% = 43,875 \text{ GE}$

4.3 Anderskosten: Kalkulatorische Abschreibungen

Im Unterschied zu kalkulatorischen Zusatzkosten, für die keine korrespondierende Aufwandsarten im finanziellen Rechnungswesen existieren, sind kalkulatorische Anderskosten auf definierte Aufwandsarten rückführbar die aus bestimmten Gründen in ihrer Höhe
verändert wurden. Solche Gründe sind zum Beispiel:

- Periodisierung:
  Im finanziellen Rechnungswesen werden Aufwände, deren Nutzen sich über mehrere Perioden verteilt, oft in der Periode voll verbucht in der sie angefallen sind. Zum
  Beispiel wird die in einem fünfjährigen Intervall durchzuführende Generalüberholung
  einer Seilbahn, da Sie in der Regel nicht als Werterhöhung der Seilbahnanlage auf der
  Aktivseite gebucht und dann abgeschrieben wird, im Jahr der Generalüberholung voll
  als Aufwand geltend gemacht. Um die Kosten einer Seilbahnfahrt zu kalkulieren, muss
  aber nur der tatsächliche Wertverzehr berücksichtigt werden, d. h. jedes Jahr $\frac{1}{5}$ des
  Generalüberholungsaufwands.
- Abweichungen zwischen tatsächlichen und steuerrechtlich zulässigen Nutzungsdauern:
  Im finanziellen Rechnungswesen werden Abschreibungen meist aufgrund steuerrecht-
  licher Vorgaben festgelegt. Wenn die tatsächliche Nutzungsdauer eines Anlageguts weit
  über- oder unterhalb der steuerrechtlichen Vorgabe liegt sind die Abschreibungen im
  betrieblichen Rechnungswesen niedriger bzw. höher anzusetzen als im finanziellen
  Rechnungswesen.
- Berücksichtigung der Geldentwertung:
  Abschreibungen dienen dazu den Wertverzehr eines Anlageguts abzubilden. Werden
  Abschreibungen in der Preiskalkulation berücksichtigt, wird die Investition in ein
  Anlagegut über die jeweilige Nutzungsdauer hinweg auf die abgesetzten Leistungen
  umgelegt. Bis zum Ende der Nutzungsdauer werden so freie Geldmittel in Höhe der
  ursprünglichen Investitionssumme generiert. Zu diesem Betrag kann jedoch meist –
  aufgrund der Geldentwertung – kein gleichwertiges neues Anlagegut beschafft werden.
  Das heisst dass langfristig die Substanz eines Unternehmens schwindet, wenn nicht
  über die regulären Abschreibungsbeträge hinaus mindestens der Betrag der allfälligen

Preissteigerung zur Wiederbeschaffung des Anlagevermögens nach Ende der Nutzungsdauer verdient wird. Deshalb verwenden manche Unternehmen im betrieblichen Rechnungswesen die voraussichtlichen Wiederbeschaffungswerte an Stelle der historischen Beschaffungswerte als Basiswerte zur Festlegung der Abschreibungsbeträge.

• Vereinheitlichung:
Zinsaufwand und kalkulatorische Eigenkapitalzinsen sind von ihrer Natur her beide als Kapitalkosten anzusehen. Gleiches gilt zum Beispiel für Mietaufwand und für kalkulatorische Mieten für selbst genutzte Gebäude: In beiden Fällen handelt es sich um Raumkosten. Es macht weder Sinn festzustellen ob eine einzelne Investition mit Fremd- oder mit Eigenkapital finanziert wurde, noch können einer einzelnen Abteilung mehr oder weniger Raumkosten verrechnet werden je nachdem ob sich die genutzten Räume im Eigentum des Unternehmens befinden oder nicht. Hier bietet sich die Verrechnung von kalkulatorischen Zins- bzw. Raumkosten an. Diese kalkulatorischen kosten sind unternehmensweit (oder zumindest standortweit) einheitlich festzulegen.

Die wichtigsten kalkulatorischen Anderskosten sind kalkulatorische Abschreibungen. Kalkulatorische Abschreibungen erfolgen in der Regel linear über der tatsächlichen Nutzungsdauer des betroffenen Anlageguts. Sie berechnen sich nach folgender Formel:

$$\text{Kalkulatorische Abschreibung} = \frac{\text{Anschaffungs} - \text{bzw. Wiederbeschaffungs wert} - \text{Restwert}}{\text{tats ä chliche Nutzungsdauer}}$$

Formel 4-3: Kalkulatorische Abschreibungen
Wie oben erläutert kommen als Abschreibungsbasis an Stelle der historischen Beschaffungswerte auch Wiederbeschaffungswerte in Betracht. Falls ein Rest- oder Schrottwert angenommen werden kann wird dieser vom Basisbetrag der Abschreibung subtrahiert; nur der realen Wertverzehr wird abgeschrieben (siehe Abb. 4.3).

Beispiel

Ein Sonnenstudio kauft ein Bräunungsgerät um 20.000 GE. Der Verkäufer erklärt sich vertraglich bereit dieses Gerät nach 5 Jahren zum Preis von 4000 GE zurückzunehmen, wenn ein Nachfolgemodell gekauft wird. Die übliche jährliche Preissteigerung für Bräunungsgeräte in den letzten Jahren belief sich auf circa 1,5 %. Das Sonnenstudio schreibt im betrieblichen Rechnungswesen die voraussichtlichen Wiederbeschaffungswerte ab.

Der jährliche Abschreibungsbetrag ermittelt sich folgendermassen:
Ermittlung der Abschreibungsbasis (Wiederbeschaffungswert)
$20.000 \text{ GE} \times (1 + 1,5\%)^5 = 21.546 \text{ GE}$
jährliche kalkulatorische Abschreibung nach Formel 4-3:
$(21.549 \text{ GE} - 4.000 \text{ GE})/5 \text{ Jahre} = 3.509 \text{ GE}$

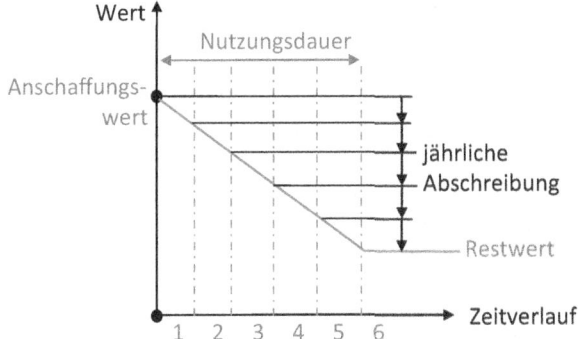

Abb. 4.3 Abschreibungsverlauf

An dieser Stelle sei darauf hingewiesen, dass es sich bei der Differenz zwischen Wiederbeschaffungs- und historischen Beschaffungswerten – streng genommen – um kalkulatorische Zusatzkosten handelt. Deshalb ist darauf zu achten dass die Wiederbeschaffungswerte nach einem unternehmensweit einheitlich geregelten, nachvollziehbaren und dokumentierten Verfahren ermittelt werden. Bestehen Unsicherheiten bei der Ermittlung der Wiederbeschaffungswerte, ist davon abzuraten diese zu verwenden. Oft ist es so, dass nach Ende der Nutzungsdauer eines Anlagegut die allfälligen Nachfolgemodelle auch technisch verbessert sind (… die neue Bräunungsanlage bräunt schneller, gesünder oder energiesparender), so dass der erhöhte Beschaffungspreis ohnehin gerechtfertigt ist. Ausserdem kann auch die voraussichtliche Nutzungsdauer nur geschätzt werden und bei den allermeisten Investitionsgütern ist der Effekt von nur einem Jahr längerer oder kürzerer Nutzungsdauer wesentlich grösser als der Effekt einer moderaten Preissteigerung.

4.4   Weitere kalkulatorische Kostenarten – Geschäftswertbeitrag (EVA)

Weitere gebräuchliche kalkulatorische Kostenarten sind z. B.:

- Kalkulatorischer Unternehmerlohn
  Bei kleineren inhabergeführten Unternehmen ist es manchmal der Fall dass der Inhaber selbst nicht bei seinem eigenen Unternehmen als Mitarbeiter angestellt ist, obwohl er dort arbeitet. In diesen Fällen bestreitet der Inhaberunternehmer seinen Lebensunterhalt aus dem Vermögen des Unternehmens über das er via Privatentnahmen verfügen kann. Um sicherzustellen dass diese Kapitalentnahmen auch verdient werden ist in diesem Fall bei der Kalkulation ein kalkulierter Unternehmerlohn zu berücksichtigen. Dazu verwendet man einen bestimmten, festgelegten Prozentsatz der Kosten oder des Umsatzes oder eine Pauschale pro abgesetzter Leistungseinheit.

• Kalkulatorische Wagniskosten
Unternehmerische Tätigkeit ist letztlich immer mit dem Risiko von Verlusten – im Extremfall dem Risiko dem Totalverlust des eingesetzten Kapitals – verbunden. Um dieses Wagnis abzugelten werden kalkulatorische Wagniskosten angesetzt. Zum Beispiel, wenn sich ein Unternehmen häufiger gezwungen sieht Forderungen abzuschreiben, kann ein möglicher Forderungsausfall durch einen Zuschlag auf die kalkulierten Preise berücksichtigt werden.

$$\text{Wagniszuschlag}(\%) = \frac{\text{Forderungsausfallrate}(\%)}{[100\%\text{-Forderungsausfallrate}(\%)]}$$

Formel 4.4: Wagniszuschlag bei häufigen Forderungsverlusten
Ist das Unternehmen in unterschiedlichen Marksegmenten tätig, kann dieser Zuschlag je nach Risiko des jeweiligen Segments angepasst werden (zum Beispiel bei Airlines welche im Charter- und Linienfluggeschäft tätig sind).

• Kalkulierte Miete
Nutzt das Unternehmen Räumlichkeiten die es selbst besitzt, kann die eingesparte Miete als Opportunitätskosten geltend gemacht werden.

Daneben findet sich in Literatur und Unternehmenspraxis eine Vielzahl weiterer kalkulatorischer Zusatzkostenarten. Alle diese Kostenarten haben gemeinsam, dass einerseits nachvollziehbare Gründe bestehen diese Kosten im Rahmen der Kalkulation in Ansatz zu bringen, andererseits jedoch immer die Gefahr besteht über das Ziel hinauszuschiessen. Da bei Zusatzkostenarten kein Kontrollinstrument in Form von buchhalterischen Belegen existiert, können kalkulatorische Kosten mehr oder weniger willkürlich festgelegt werden. Welche Zinsen genau auf das Eigenkapital erzielt werden müssen kann genauso wenig festgestellt werden, wie was für einen Lohn der Inhaberunternehmer wirklich verdienen sollte oder wie hoch das Risiko für ein bestimmtes Geschäft tatsächlich anzusetzen ist. Hat man letztlich Festlegungen getroffen, sind diese dauernden Schwankungen unterworfen: Jede Änderung der Kapitalstruktur und jeder neue Auftrag verändern die Risikostruktur des Unternehmens und schlagen damit auf die kalkulatorischen Kosten durch. Die einzelnen kalkulatorischen Kosten- und Zuschlagssätze aktuell zu halten ist dann mit nicht unerheblichem Aufwand verbunden. Zudem sind die einzelnen Zusatzkostenarten nicht trennscharf definiert: Was das eine Unternehmen unter risikoadäquater Eigenkapitalverzinsung versteht, wird anderswo als Unternehmerlohn und an dritter Stelle als Wagniszuschlag betrachtet. Kosten und Aufwände können im Bereich kalkulatorischer Zusatzkosten nicht nachvollziehbar ineinander übergeführt werden, wenn die Aufwandspositionen unbekannt (z. B. zukünftige Forderungsausfälle für die keine bilanziellen Rückstellungen gebildet wurden) oder nicht vorhanden (z. B. Zinsen auf Eigenkapital) sind. Werden mehrere kalkulatorische Zusatzkostenarten angesetzt, besteht die Gefahr sich „aus dem Markt heraus zu kalkulieren", indem mehr zugeschlagen wird als tatsächlich Aufwände anfallen

– und dann Kunden auf Grund überhöhter Preisforderungen zu verprellen. Kalkulatorische Zusatzkosten können allenfalls zur Beurteilung der Angemessenheit des Betriebsgewinns eingesetzt werden, bzw. sie haben Ihre Berechtigung im Rahmen von Einzeluntersuchungen z. B. beim Investitionsvergleich.

Beispiel

Chipolata-Charlybetriebt seit Jahren einen Imbissstand am GenferHauptbahnhof.

Seine Bilanz und Erfolgsrechnung sehen folgendermassen aus:

Aktiva		Passiva	
Kasse	1.300. - GE	Verbindlichkeiten	3100. - GE
Bankkonto	17.470. - GE	Langfristige Kredite	12.400. - GE
Warenvorräte	1.230. - GE	Grundkapital	10.000. - GE
Betriebsausstattung	42.000. - GE	Gewinnrücklage	36.500. - GE
	62.000. - GE		62.000. - GE

Aufwand		Ertrag	
Warenaufwand	65.080. - GE	Verkaufserlöse	139.000. - GE
Energieaufwand	2.800. - GE		
Mieten	24.000. - GE		
Versicherungen	1.300. - GE		
Zinsen	620. - GE		
Abschreibungen	8.700. - GE		
Gewinn	36.500. - GE		
	139.000. - GE		139.000. - GE

Wie ist der Gewinn in Höhe von 36.500.-GE zu beurteilen?

Da kein Personalaufwand verbucht wurde, muss berücksichtigt werden dass Chipolata-Charly selbst aus der Gewinnrücklage entlohnt werden muss. Ausserdem stecken 46.500GE Eigenkapital im Unternehmendie verzinst werden müssen:

Buchgewinn	36.500. - GE
minus 5 % Eigenkapitalzinsen	2.325. - GE
Rest = „Unternehmerlohn"	34.175. - GE

Wenn man die Fremdkapitalzinsen (620.-GE / 12.400.-GE = 5 %) als Anhaltspunkt für die geforderte Mindestverzinsung des Eigenkapitals heranzieht bleiben 34.175GE als jährlicher Verdienst übrig. Damit ist allerdings nicht nur die Arbeits-leistung von Chipolata-Charly abgegolten sondern auch das unternehmerische Risiko dem Chipolata-Charly ausgesetzt ist. Wenn man unterstellt, dass das jährliche Gehalt eines angestellten Imbissverkäufers circa 30.000 GE beträgt, erzielt Chipolata-Charly einen Risikozuschlag von gerade einmal 4.175.-GE / Jahr. Das heisst das investierte Kapital verzinst sich zu

(2.325 GE + 4.175 GE) / 46.500 GE   = 13,98 %.

Diese Rendite muss angesichts des hohen Konkursrisikos in der Gastronomie als gerechtfertigt angesehen werden.

Grundsätzlich macht es Sinn das Betriebsergebnis danach zu beurteilen inwieweit der betriebliche Erfolg die Kapitalkosten übersteigt. Ein Unternehmen muss sowohl die Zinsfor-
derungen der Fremdkapitalgeber als auch die Renditeforderungen der Eigenkapitalgeber
erfüllen (vgl. Formel 4-1). Erst wenn darüber hinaus noch Mittel erwirtschaftet werden
kann davon gesprochen werden, dass durch das unternehmerische Handeln tatsächlich
Wert geschaffen wird. Zur Bemessung der unternehmerischen Leistung wird daher die
Kennzahl Economic Value Added (EVA) herangezogen, welche den über die Kapitalkosten hinausgehenden Gewinn abbildet:

$$EVA = Gewinn - \left(Betrieblich\ notwendiges\ Vermögen \times Zinssatz \right)$$

Formel 4-5: Economic Value Added (EVA)

Beispiel

Im folgenden sind nochmals Bilanz und Erfolgsrechnung der Airline aus 4.1
dargestellt:

Aktiva (Mio. GE)		Passiva (Mio. GE)	
immaterielles Vermögen	1.000	Gezeichnetes Kapital	6.100
Flugzeuge	9.500	Kapitalrücklage	1.400
übrige Sachanlagen	2.000	Gewinnrücklagen	2.100
Finanzanlagen	1.200	Periodengewinn	900
Vorräte	600	Pensionsrückst.	1.400
Forderungen	3.000	sonstige Rückst.	300
kurzfristige Wertpapiere	2.000	lfr. Finanzschulden	3.200
Bankguthaben	900	kurzfristige Rückstellungen	1.900
		kurzfristige Finanzschulden	400
		Verbindlichkeiten	2.100
		erhaltene Anzahlungen	400
	20.200		**20.200**

Aufwand (Mio. GE)		Ertrag (Mio. GE)	
Materialaufwand	14.000	Verkehrsleistungen	22.250
Personalaufwand	6.000	andere Betriebserlöse	5.000
Abschreibungen	1.300	Zinserträge	50
sonst. Betr. Aufwendungen	5.000	Erträge aus Anlagenabgängen	550
Zinsaufwendungen	400	Erträge aus der Auflösung von	
ausserordentliche Aufwendungen		Rückstellungen	150
	400		
Periodengewinn	900		**28.000**
	28.000		

Aus 4.1 wissen wir dass das operative Ergebnis (Betriebserfolg) der Airline 950Mio. GE beträgt.

Aus der Passivseite der Bilanz lässt sich ablesen:

Bilanzsumme:	**20.200**	**100%**
davon:		
Gezeichnetes Kapital	6.100	
Kapitalrücklage	1.400	
Gewinnrücklagen	2.100	
Periodengewinn	900	
zu verzinsendes Eigenkapital	**10.500**	**52%**
Pensionsrückst.	1.400	
sonstige Rückst.	300	
kurzfristige Rückstellungen	1.900	
Verbindlichkeiten	2.100	
erhaltene Anzahlungen	400	
zinsfreies Kapital	**6.100**	**30%**
lfr. Finanzschulden	3.200	
kurzfristige Finanzschulden	400	
zu verzinsendes Fremdkapital	**3.600**	**18%**

Der von der Airline für durchschnittlich für Fremdkapital zu bezahlende Zinssatz lässt sich durch Vergleich der Summe des zu verzinsenden Fremdkapitals mit den Zinsaufwendungen errechnen:

$$\text{Fremdkapitalzinssatz} = \text{Zinsaufwendungen} / \text{zu verzinsendes Fremdkapital}$$
$$= 400 / 3.600 = 11{,}11\%$$

Da davon auszugehen ist dass sich die Eigenkapitalgeber (=Aktionäre) nicht mit einer niedrigeren Rendite abspeisen lassen (eher ist hier noch ein Risikozuschlag vorzusehen), werden die 11.11% hier auch als Eigenkapitalkosten (im Sinne einer Untergrenze) angesetzt.

Er ergibt sich folgender Mischzinssatz (WACC) für das gesamte Unternehmen:

$$52\% \times 11{,}11\% + 30\% \times 0{,}00\% + 18\% \times 11{,}11\% = 7{,}76\%$$

Ein Blick auf die Aktivseite der Bilanz offenbart nicht betriebsnotwendiges Vermögen in Höhe von mindestens 1.200 Mio. GE (Finanzanlagen). Damit verbleibt ein betriebsnotwendiges Vermögen in Höhe von 19.000 Mio. GE. Die Zinskosten für dieses betriebsnotwendige Vermögen belaufen sich demnach auf:

$$19.000 \text{ Mio. GE} \times 7{,}76\% = 1.474 \text{ Mio. GE}$$

Das operativ erwirtschaftete Ergebnis von 950 Mio. GE reicht bei weitem nicht um diesen Betrag zu decken. Der EVA beträgt 950 Mio. −1.474 Mio. = −524 Mio. d. h. das Unternehmen hat in der Betrachtungsperiode Werte in Höhe von 524 Mio. GE vernichtet!

4.5   Aufgaben zu Kapitel 4

4.1-1

a) Wobei handelt es sich bei folgenden Aufwands-/Erlösarten für ein Hotel?

	Betriebliche Aufwände/ Erträge	Betriebsfremde Aufwände/ Erträge	Ausserordentliche Aufwände/Erträge	Periodenfremde Aufwände/ Erträge
Instandhaltungsaufwand (Rechnung Dachdecker für die Beseitigung von Sturmschäden)	☐	☐	☐	☐
Umsatzerlöse Hotelbar	☐	☐	☐	☐
Instandhaltungsaufwand (Rechnung Kaminfeger)	☐	☐	☐	☐
Verluste aus Aktienspekulationsgeschäften	☐	☐	☐	☐
Wareneinkauf (Speisen und Getränke)	☐	☐	☐	☐

b) Wobei handelt es sich bei folgenden Aufwands-/Erlösarten für eine Reederei?

	Betriebliche Aufwände/ Erträge	Betriebsfremde Aufwände/ Erträge	Ausserordentliche Aufwände/Erträge	Periodenfremde Aufwände/ Erträge
Abschreibung Kaufpreis „Queen Mary II"	☐	☐	☐	☐
Hafentaxen	☐	☐	☐	☐
Zinseinnahmen	☐	☐	☐	☐

| Schiffsversicherung Lloyds | ☐ | ☐ | ☐ | ☐ |
| Sonstiger Aufwand (Vorbereitung des Fests zum 25-jährigen Jubiläum nächstes Jahr) | ☐ | ☐ | ☐ | ☐ |

c) Wobei handelt es sich bei folgenden Aufwands-/Erlösarten für einen Verkehrsverein?

	Betriebliche Aufwände/ Erträge	Betriebsfremde Aufwände/ Erträge	Ausserordentliche Aufwände/Erträge	Periodenfremde Aufwände/ Erträge
Mitgliedsbeiträge	☐	☐	☐	☐
Marketingkosten	☐	☐	☐	☐
Spendenaufwand (für eine politische Partei)	☐	☐	☐	☐
Personalkosten	☐	☐	☐	☐
Lottogewinn	☐	☐	☐	☐

4.1-2

Die Erfolgsrechnung der Kebab-Kette „Istanbul" für das vergangene Jahr weist folgende Positionen auf:

Aufwand (GE)		Ertrag (GE)	
Wareneinkauf	40.000.–	Verkaufserlöse „Döner Kebab" (22.000 Portionen)	99.000.–
Personal	35.000.–	Erlöse aus dem Abgang von Anlagevermögen (2 gebrauchte Grillanlagen)	600.–
Abschreibungen	5000.–	Steuerrückerstattung	2500.–
Zinsen	8000.–		

a) Welches Unternehmensergebnis und welches Betriebsergebnis wird erzielt?
b) Was verdient die der Kebab-Kette „Istanbul" mit dem Verkauf einer Portion „Döner Kebab"?
c) Der Wareneinkauf stellt die einzige variable Kostenposition dar. Wie viele Portionen „Döner Kebab" müssen verkauft werden, um sämtliche betrieblich verursachten Kosten decken? Wie viele Portionen um auch den Zinsaufwand zu decken?

4.2-1

Die Bilanz der Kebab-Kette „Istanbul" für das vergangene Jahr weist folgende Positionen auf:

Aktiva (GE)		Passiva (GE)	
Kasse, Bankkonto	18.900.–	Verbindlichkeiten	500.–
Warenvorräte	300.–	Hypothekarkredit	100.000.–
Anlagen	28.000.–	Grundkapital	25.000.–
Gebäude	92.400.–	Gewinnrücklage	14.100.–
SUMME	139.600.–	SUMME	139.600.–

a) Veranschlagen Sie 12 % kalkulatorischen Zins auf das Eigenkapital und den Zins auf Fremdkapital laut der in 4.1-2 dargestellten Erfolgsrechnung in Ihrer Kalkulation. Korrigieren Sie Ihr Ergebnis aus 4.1-2 b) entsprechend.
b) Welchen Durchschnittszins auf das gesamte in das Unternehmen investierte Kapital müssen Sie in Ansatz bringen, um sowohl die (kalkulatorischen) Eigenkapitalzinsen als auch die (pagatorischen) Fremdkapitalzinsen abzudecken?

4.3-1

Ein Saunacenter richtet die neue 95°-Fichtensauna „Kalevala" für 20 Personen ein. Die dazu notwendige Investitionssumme beläuft sich auf 45.000,– GE. Die Sauna ist übers ganze Jahr an 6 Tagen pro Woche geöffnet und wird im Schnitt von 12,5 Personen pro Tag besucht. Sie soll 10 Jahre genutzt werden.

a) Welcher jährliche Abschreibungsbetrag fällt an?
b) Welcher Abschreibungsbetrag muss mit dem Verkauf jedes einzelnen Eintrittstickets abgegolten werden?

4.3-2

Das Saunacenter aus 4.3-1 entwickelte sich erfreulich, so dass bereits zu Beginn des achten Jahres eine weitere auf 10 Jahre ausgelegte 95°-Fichtensauna für 20 Personen („Väinämöinen") errichtet werden konnte. „Väniämoinen" kostete 60.000,– GE und verbraucht nur halb so viel Strom wie „Kalevala". Der jährliche Stromverbrauch für „Kalevala" beläuft sich auf immerhin 5000 GE/Jahr. Eine Inspektion nach 10 Jahren ergibt, dass „Kalevala" noch gut in Schuss ist, und für mindestens weitere 5 Jahre betrieben werden kann. Die beiden Saunen werden nach Bedarf eingeheizt, das heisst der Bademeister muss entscheiden welche der beiden Saunen in Betrieb zu nehmen ist wenn sich weniger als 21 Saunabesucher anmelden.

Wie soll der Bademeister entscheiden.

a) im achten bis zehnten Jahr
b) nach dem zehnten Jahr

4.3-3

Das Saunacenter aus 4.3-1 möchte für die neue 95°-Fichtensauna „Kalevala" die kalkulatorischen Zinsen berechnen. Dazu wird zusätzlich zu den Angaben aus 4.3-1 angenommen, dass nach Ende der Nutzungsdauer ein Restwert von 100 GE (Verkauf der Sauna als Brennholz) erlöst werden kann. Der Berechnung soll ein Mischzinssatz in Höhe von 9 % zu Grunde gelegt werden.

a) Welcher jährliche Zinsbetrag fällt an?
b) Welcher Zinsbetrag muss mit dem Verkauf jedes einzelnen Eintrittstickets abgegolten werden?
c) Zusätzlich zum kalkulatorischen Zins müssen die Abschreibung, die Energiekosten (4.3-2) und der Lohn des Bademeisters (50.000 GE/Jahr) gedeckt werden. Der Eintrittspreis für „Kalevala" beträgt 29 GE. Was wird mit einem Ticket verdient?

4.3-4

Im folgenden sind Bilanz und Erfolgsrechnung der Skiarena Fluux dargestellt. Die Skiarena Fluux plant eine neue 6er-Sesselbahn (Investitionsvolumen 15 Mio. GE) zu errichten. Die Sesselbahn soll 40 Jahre lang betrieben werden. Sie wird durch den Verkauf eines Teils der vorhandenen Wertpapiere finanziert. In welcher Höhe sind für die Sesselbahn jährliche kalkulatorische Zinsen zu veranschlagen, wenn durch die Investition das Unternehmensergebnis der Skiarena langfristig erhalten bleiben soll?

Aktiva (in Mio. GE)		Passiva (in Mio. GE)	
Grundstücke	3	Grundkapital	50
Immobilien	45	Jahresgewinn	5
Sachanlagen	80	lfr. Finanzschulden	92
Wertpapiere	20	Verbindlichkeiten	5
Vorräte	1		
Forderungen	1		
Bankguthaben	2		
Summe	152	Summe	152

Aufwand (in Mio. GE)		Ertrag (in Mio. GE)	
Abschreibungen	15	Umsatzerlöse	25
Personal	1	Finanzerträge	2
Zinsen	4		
Sonstige betr. Aufwendungen	2		
Jahresgewinn	5		

4.3-5

Ein Taxiunternehmen beschafft 3 neue Taxen á 38.000 GE. Steuerlich sind diese Fahrzeuge in 8 Jahren voll abzuschreiben, intern wird mit einer Nutzungsdauer von 10 Jahren und einem Wiederverkaufswert von 1500 GE pro Taxe gerechnet. Berechnen Sie sie die jährlichen Abschreibungsbeträge im finanziellen und betrieblichen Rechnungswesen sowie den Betrag der Anderskosten.

4.3-6 Gegeben ist folgende Bilanz und Erfolgsrechnung eines Golfclubs:

Aktiva (GE)		Passiva (GE)	
Bank	11.560	Kreditoren	850
Debitoren	610	Darlehen	20.000
Betriebseinrichtung	3500	Jahresüberschuss	6770
Verlustvortrag	11.950		
Summe	27.620	Summe	27.620

Aufwand (GE)		Ertrag (GE)	
Büroaufwand	1800	Mitgliedsbeiträge	15.000
Porto + Versandkosten	200	Eintrittsgelder	1650
Aufwand Veranstaltungen	24.700	Sponsoring	13.600
Abgaben und Gebühren	1300	Einnahmen Veranstaltungen	4500
Golf Fee Card Gebühren	240	Golf Fee Card 440	440
Werbeaufwand	1400	Fördergelder	3000
Zinsen	240		
Abschreibungen	1540		
Jahresüberschuss	6770		

a) Ermitteln Sie den Betriebserfolg und neutralen Erfolg des Golfclubs unter der Annahme dass die Abschreibungen im finanziellen Rechnungswesen um ca. 50 % über der tatsächlichen Wertminderung des Betriebsvermögens liegen und dass es das erklärte Ziel des Clubs ist, auf das gesamte betriebsnotwendige Clubvermögen eine Verzinsung von 1,5 % zu erwirtschaften.

b) Welchen Beitrag muss jedes der 96 Vereinsmitglieder im nächsten Jahr bezahlen, um den Verlustvortrag vollständig zu beseitigen (angenommen sämtliche Aufwands- und Ertragspositionen bleiben im nächsten Jahr unverändert). Um wie viele Prozent verändert sich der Mitgliedsbeitrag?

4.4-1

Die aus 4.1-2 und 4.2-1 bekannte Kebab-Kette „Istanbul" wurde von dem ETH-Studenten Mehmet Özmir gegründet und wird bis zum heutigen Zeitpunkt von Herrn Özmir gemanagt. Da Herr Özmir zu Hause bei seiner Familie wohnen kann und er ein Stipendium zur Finanzierung seines Studiums erhält war es bislang nicht nötig Gewinne aus der Kebab-Kette zu entnehmen. Ebenso wenig erhält Herr Özmir ein Gehalt von seiner Firma. Er möchte jedoch sicher gehen dass seine Arbeitskraft (er arbeitet ungefähr 20 h pro Monat für das Unternehmen) angemessen entlohnt wird. Als „angemessen" würde er 30 GE pro Stunde ansehen.

a) Welchen Preis müsste die Portion Döner mindestens erzielen, damit sich die Vorstellungen Herrn Özmirs bezüglich des Werts seiner Arbeitskraft erfüllen? Berücksichtigen sie sämtliche Angaben der beiden Aufgaben 4.1-2 und 4.2-1.
b) Welche Eigenkapitalverzinsung verbleibt wenn Sie den kalkulatorischen Unternehmerlohn für Herrn Özmir als separate Kostenposition ausweisen? Wie beurteilen Sie Ihr Ergebnis?

4.4-2
Leiten Sie Formel 4-4 hier.

4.4-3
Die Privatbrauerei Emsbier-Dillingen beliefert vorzugsweise die in der Region ansässige Gastronomie. Zu kleineren Teilen werden auch Getränkegrosshändler beliefert beziehungsweise es erfolgt der Ausschank direkt im hauseigenen Brauereilokal. Wegen des grossen Risikos im Gastronomiebereich (letztes Jahr sind 3 der 13 belieferten Gaststätten insolvent geworden) erwägt die Geschäftsleitung, künftig einen Risikozuschlag in der Preiskalkulation zu berücksichtigen. Der Preis für den Hektoliter Bier wurde bislang im Gastronomie- und Grosshandelsbereich mit 28 GE und für das Brauereilokal mit 42 GE kalkuliert. Folgende Daten zum letzten Geschäftsjahr konnten zusammengestellt werden:

	Bestellwert (GE)	Zahlungseingänge (GE)	Abzuschreibende Forderungen (GE)	Zahlungsausfallrate (%)
Gastronomie	2.500.000	2.155.000	?	?
Grosshandel	1.300.000	?	13.000	?
Brauereilokal	?	139.300	?	ca. 0,5

Kalkulieren Sie die Gesamtkosten unter Berücksichtigung des Zahlungsausfallrisikos für einen Hektoliter Bier in den drei Segmenten!

4.4-4
Das Risiko beim Versuch der Besteigung des Mount Everest ums Leben zu kommen, liegt ungefähr bei 1: 125. Die Teilnahmegebühr für eine kommerziell durchgeführte Everest-Expedition beträgt 40.000,– GE pro Teilnehmer. Davon bleiben maximal 3000,– GE als Deckungsbeitrag für den Veranstalter, der Rest dient zur Finanzierung der direkten Kosten der Expedition.
Wenn Expeditionsveranstalter jährlich eine Expedition mit ca. 10 Teilnehmern organisiert, und wenn davon auszugehen ist, dass falls es zu tödlichen Unfällen kommt dieser Veranstalter für mindestens fünf Jahre aus dem Geschäft ist, und während dieser Zeit Fixkosten in Höhe von 20.000 GE pro Jahr weiter anfallen – sind dann die 3000 GE Deckungsbeitrag pro Teilnehmer angesichts des wirtschaftlichen Risikos als ausreichend anzusehen?

4.4-5
Im folgenden sind Bilanz und Erfolgsrechnung einer internationalen Airline dargestellt. Welche Eigenkapitalverzinsung wird hier erreicht bzw. welcher Wagniszuschlag konnte realisiert werden?

Aktiva (in Mio. GE)		Passiva (in Mio. GE)	
Flugzeuge	9.433	Gezeichnetes Kapital	1.172
sonst. Sachanlagen	1.931	Kapitalrücklage	1.366
Ausleihungen	475	Gewinnrücklagen	3.140
Vorräte	581	Jahresgewinn 599	599
Forderungen aus L. u. L.	3.015	Pensionsrückstellungen	2.400
Bankguthaben	740	Sonstige Rückstellungen	291
		Langfristige Finanzschulden	3.161
		Kurzfristige Finanzschulden	420
		Verbindlichkeiten	3.626
Summe	16.175	Summe	16.175

Aufwand (in Mio. GE)		Ertrag (in Mio. GE)	
Bestandsveränderungen	178	Verkehrsleistungen	19.998
Materialaufwand	13.707	Andere Betriebserlöse	3.550
Personalaufwand	5.692		
Abschreibungen	1.289		
Zinsaufwand	172		
Sonstige Aufwendungen	1.911		
Jahresgewinn	599		

4.4-6
Die Airline aus 4.4-5 schafft 100 Leihwagen zum Preis von 2.5 Mio. GE an. Die Wagen sollen 3 Jahre lang an Stammkunden verliehen werden und werden dann vom Händler zum Preis von 1 Mio. GE zurückgenommen. Welcher kalkulatorische Zins ist pro Wagen und Jahr anzusetzen, wenn eine Eigenkapitalverzinsung von 10,55 % angestrebt wird, Fremdkapital so viel kostet wie in der Vergangenheit und keine Verzinsung der bilanziellen Rückstellungen vorzusehen ist?

Komplexe Strukturen benötigen komplexe Modelle: Innerbetriebliche Leistungsverflechtungen

5

5.1 Umlagen und Leistungsverrechnungen

Bislang haben wir die dargestellten Unternehmen als eine in sich geschlossene Einheit betrachtet die Kosten verursacht und Leistungen für externe Kunden bereitstellt. Sämtliche Kosten in Beziehung zu extern vermarkteten Leistungen zu setzen macht jedoch nur dann Sinn, wenn die Kosten für unternehmensinterne Dienstleistungen von untergeordneter Bedeutung sind. Je grösser und komplexer ein Unternehmen wird desto weniger können diese internen Leistungsverflechtungen, die nur indirekt an der Schaffung von Kundennutzen beteiligt sind, im betrieblichen Rechnungswesen vernachlässigt werden.

Beispiel

Ein Hotel verfügt über einen umfangreichen Wellnessbereich und bietet neben einfachen Übernachtungen auch einen speziellen Wellnesstarif an, der Vollpension sowie freie Nutzung der Wellnessangebote umfasst. Zusätzlich wird der Wellnessbereich von externen Tagesgästen die Eintrittsgeld bezahlen genutzt. Zum Wellnessbereich gehört eine Wasseraufbereitungsanlage, welche hohe Abschreibungen und Betriebskosten verursacht und von zwei speziell geschulten Fachkräften bedient und gewartet werden muss. Es stellt sich die Frage, wie diese Kosten auf die beiden Leistungen (Hotelpauschale + Einzeleintritt) aufzuteilen sind.

Die Kosten könnten beispielsweise aufgeteilt werden:

- nach Anzahl Besucher aus den beiden Bereichen
- nach der Verweildauer der Besucher aus den beiden Bereichen im Wellnessbereich
- nach dem Umsatz mit Besuchern aus den beiden Bereichen
- 50: 50 auf beide Bereiche
- etc.

© Springer Fachmedien Wiesbaden 2016
C. Benz, *Touristikkostenrechnung*, DOI 10.1007/978-3-658-08088-4_5

Eine letztgültig „richtige" Lösung existiert für derartige Fragestellungen nicht. Jede Art der Kostenaufteilung weist Vor- und Nachteile auf. Ziel kann allenfalls sein diejenige Aufteilung zu finden, die zur Lösung des betreffenden kostenrechnerischen Problems (Finden der Preisuntergrenze, Vollkostenkalkulation, Investitionsentscheidung, Beurteilung der Profitabilität einzelner Bereiche etc.) am besten geeignet ist.

Grundsätzlich werden Kosten, die nicht *direkt* einer bestimmten Leistung zuzurechnen sind sondern *indirekter* Natur sind, zunächst nicht auf einen *Kostenträger* (eine vermarktbare Leistung) sondern auf eine *Kostenstelle* (einen Verantwortungsbereich innerhalb der Organisation) zugerechnet. Man bezeichnet diese Kosten als *Gemeinkosten*. Das bedeutet sie sind all *gemeiner* Natur.

Beispiel

Die Kosten für die Betankung eines Linienflugzeugs in Abu Dhabi bei einem Linienflug Zürich – Abu Dhabi – Zürich können direkt auf diesen Flug zugerechnet werden. Diese Kosten müssen aus den Erlösen dieses Flugs bestritten werden, andernfalls arbeitet die Linie (der Kostenträger/die Leistung bzw. das Produkt) sicher unwirtschaftlich. Die Kosten für die Weiterbildung der Piloten und Pilotinnen bei eben derselben Fluggesellschaft können nicht ohne weiteres auf die entsprechenden Kostenträger (Linienflüge) verteilt werden. Deshalb rechnet man diese Kosten zunächst einer Kostenstelle, im vorliegenden Fall zum Beispiel der Abteilung „Personalentwicklung", zu.

Die Kostenstellenstruktur einer Unternehmung deckt sich im allgemeinen mit dem Organigramm der Unternehmung. Aus abrechnungstechnischen Gründen kann es auch sinnvoll sein, eine Organisationseinheit in mehrere Kostenstellen zu unterteilen, zum Beispiel die Kostenstelle „Facility Management" in die Unterkostenstellen „Energieversorgung", „Gas und Wasser" und „Gebäude". Der umgekehrte Fall (eine Kostenstelle über mehrere organisatorische Bereiche hinweg) ist grundsätzlich zu vermeiden: Es muss für jede Kostenstelle genau eine verantwortliche Person geben. Diese Person ist dafür zuständig, dass sich Aufwand (i. e. Kosten) und Ertrag innerhalb der Kostenstelle die Waage halten (Abb. 5.1). Der Ertrag der Kostenstelle besteht aus Weiterverrechnungen an Kostenträger (Leistungen) oder an andere Kostenstellen. Solche Weiterverrechnungen werden als „*Sekundärkosten*" bezeichnet. Sekundärkosten sind Kostenarten die die unterschiedlichen Aufwandspositionen einer Kostenstelle in einer neuen Kostenart zusammenfassen, welche kein Pendant im finanziellen Rechnungswesen hat. So werden zum Beispiel auf der oben genannten Kostenstelle „Gebäude" sämtliche Mieten und Abschreibungen für Räumlichkeiten, Löhne und Gehälter des Hausmeisters und der Hausmeistergehilfen, sämtliche das Gebäude betreffende Handwerkerrechnungen, Material für Kleinreparaturen etc. verbucht. Die Weiterverrechnung erfolgt über die Sekundärkostenart „Gebäudekosten" die alle diese Kostenarten zusammenfasst und dazu dient, die Kostenstelle „Gebäude" zu entlasten und sämtliche Kostenstellen, die im betreffenden Gebäude angesiedelt sind, zu belasten.

Kostenstelle

SOLL	HABEN
Kosten der Kostenstelle: - Primärkosten (übergeleitet aus der Finanzbuchhaltung) - Sekundärkosten (Umlagen bzw. Leistungsverrechnungen anderer Kostenstellen)	**Leistungen der Kostenstelle:** Gutschriften für Umlagen bzw. Leistungsverrechnungen an andere Kostenstellen oder Kostenträger (Sekundärkosten)
Σ	=	Σ

Abb. 5.1 Die Kostenstelle als T-Konto

Grundsätzlich sind drei Arten von Kostenstellen möglich (Abb. 5.2):

- *Vorkostenstellen*
  Vorkostenstellen empfangen keine Leistungen von anderen Kostenstellen, sondern sie werden ausschließlich mit – entsprechend abgegrenzten (siehe vorangegangenes Kapitel) – Aufwandspositionen aus der Finanzbuchhaltung belastet. *Die Entlastung der Vorkostenstellen erfolgt* nicht direkt auf einzelne Leistungen (Kostenträger), sondern *grundsätzlich auf andere Kostenstellen*. Eine typische Vorkostenstelle ist zum Beispiel die oben beschriebene Kostenstelle „Gebäude" in einem Hotel.
- *Nebenkostenstellen*
  Nebenkostenstellen werden mit (kostenrechnerisch abgegrenzten) Aufwandspositionen aus der Finanzbuchhaltung belastet und *empfangen Leistungen von anderen Kostenstellen*, die als Sekundärkosten abgerechnet werden. *Die Entlastung der Nebenkostenstellen erfolgt* nicht direct auf einzelne Leistungen (Kostenträger), sondern *grundsätzlich auf andere Kostenstellen* in Form von Sekundärkosten. Eine typische Nebenkostenstelle wäre zum Beispiel ein hauseigener Sanitärmonteur in einem großen Hotelkomplex. Die Leistungen dieses Sanitärmonteurs (i. e. größere Reparaturen in den verschiedenen Bereichen im Hotelkomplex) werden separat den leistungsempfangenden Kostenstellen per Sekundärkostenverrechnung belastet.
- *Hauptkostenstellen*
  Hauptkostenstellen zeichnen sich gegenüber Nebenkostenstellen dadurch aus, dass sie ihre Kosten *grundsätzlich nicht an andere Kostenstellen* weiterverrechnen, sondern die entsprechenden Sekundärkostenarten gehen *direkt an die entsprechenden Kostenträger* (Leistungen). So sind in einem Hotel zum Beispiel Kostenstellen wie „Zimmer und Suiten", „Restaurant" oder „Hotelbar" als Hauptkostenstellen zu führen.

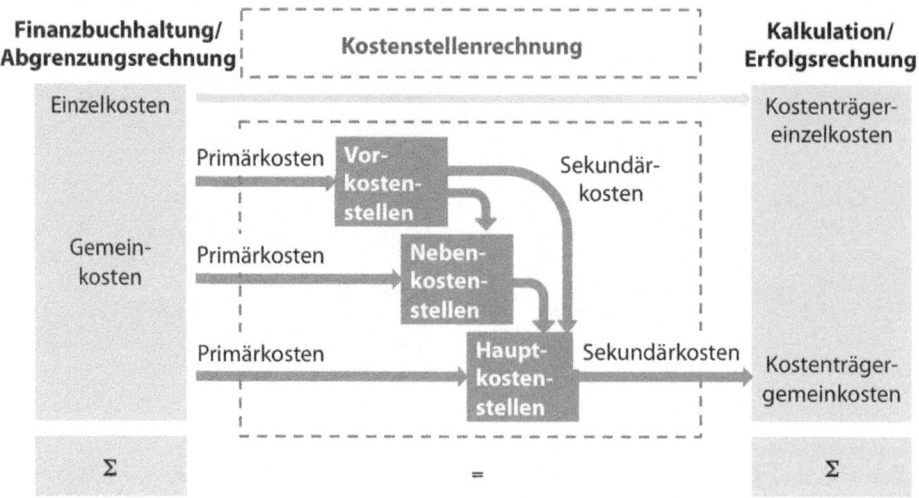

Abb. 5.2 Übersicht Kostenstellenrechnung

Die Verrechnung von Leistungen zwischen Kostenstellen beziehungsweise zwischen Kostenstellen und Kostenträgern kann auf zwei Arten erfolgen: Als *Umlage* oder als *Leistungsverrechnung*. Der Unterschied besteht darin, dass die leistungsempfangende Kostenstelle bei der Umlage nahezu keinen Einfluss auf die Höhe der umgelegten Kosten nehmen kann, wohingegen eine Leistungsverrechnung die bewusste Inanspruchnahme einer definierten Menge einer definierten Leistung voraussetzt und damit in weit stärkerem Masse vom Kostenstellenverantwortlichen beeinflusst werden kann.

Beispiel

Die Personalabteilung eines Ferienresorts stellt typischerweise keine vermarktbaren Leistungen für das Resort bereit sondern ist mit Personaleinstellungen und -entlassungen, der Lohn- und Gehaltsabrechnung, der Organisation von Personalentwicklungsmaßnahmen und ähnlichen Tätigkeiten beschäftigt. Diese Aktivitäten verursachen Kosten in der Kostenstelle „Personalabteilung". Die gesamten Kosten der Kostenstelle „Personalabteilung" werden auf Hauptkostenstellen („Hotel", „Appartementvermietung", „Restaurant" etc.) umgelegt. Als Schlüssel dazu dient die jeweilige Anzahl Mitarbeiter. Das heißt wenn zum Beispiel der Bereich Appartementvermietung über 5 Mitarbeiter verfügt und sämtliche anderen Hauptkostenstellen 45 Mitarbeiter beschäftigen erhält die Appartementvermietung eine Sekundärkostenumlage in Höhe von 10 % der Kosten der Personalabteilung.

Wenn der Bereich Appartementvermietung jedoch den hauseigenen Sanitärmonteur beauftragt einen Duschkopf auszuwechseln, stellt dieser eine (interne) Rechnung über seinen Zeitaufwand und das benötigte Material, welche vom Bereich Appartementvermietung per Leistungsverrechnung beglichen wird.

Im ersten Fall (Umlage Personalabteilung) bestehen nahezu keine Einflussmöglichkeiten seitens des Bereichs Appartementvermietung auf die verrechneten Kosten (. die einzige Möglichkeit wäre Mitarbeiterstellen zu streichen und so die Schlüsselung der Kosten zu verändern). Im zweiten Fall (Leistungsverrechnung Sanitärmonteur) bleibt es der Kosten stellenleitung überlassen, ob sie den Monteur beauftragen will, oder ob sie nach Möglichkeit mit eigenen Mitarbeitern den Duschkopfwechsel vornimmt und damit Kosten spart.

Die Umlage von Kosten hat den Vorteil, dass sie einfach durchzuführen ist und die leistungs abgebenden Kostenstellen zu 100 % entlastet. Sämtliche Kosten werden dadurch zwangsläufig zunächst auf die Hauptkostenstellen und von dort aus auf die Kostenträger umgelegt. Der kalkulierte Erfolg aller Leistungen entspricht dem Unternehmenserfolg. Den abrechnungstechnischen Vorteilen des Umlageverfahrens steht jedoch der gravierende Nachteil gegenüber dass die Anwendung dieses Verfahrens wenig geeignet ist das Kostenbewusstsein und die Kostenverantwortung in den Kostenstellen zu fördern weil sämtliche Kostenstellenkosten einfach auf nachgelagerte Kostenstellen übergewälzt werden.

Beispiel

Die Kostenstelle „Marketing und Werbung" des Reiseveranstalters XXL-Tours hat Kosten in Höhe von 400.000 GE verursacht. Diese Kosten werden nach dem Schlüssel „Anzahl Buchungen" auf die drei Hauptkostenstellen „Organisation und Verkauf – Pauschal", „Organisation und Verkauf – Individual" und „Organisation und Verkauf – Geschäftsreisen" aufgeteilt. Insgesamt wurden folgende Reisen verkauft:

Pauschalreisen	10.500 Buchungen
Individualreisen	3.500 Buchungen
Geschäftsreisen	21.000 Buchungen

Die Primärkosten der Kostenstellen „Organisation und Verkauf – Pauschal", „Organisation und Verkauf – Individual" und „Organisation und Verkauf – Geschäftsreisen" belaufen sich auf je 250.000 GE. Direkt auf die Kostenträger wurden Einzelkosten und Erlöse in folgender Höhe gebucht:

Leistung/Kostenträger	Einzelkosten	Umsatzerlöse
Pauschalreisen	1.600.000 GE	2.000.000 GE
Individualreisen	920.000 GE	1.200.000 GE
Geschäftsreisen	2.400.000 GE	2.900.000 GE

Wie viel wurde in den drei Bereichen Pauschal-, Individual-, und Geschäftsreisen verdient?

1) Umlage Kostenstelle „Marketing und Werbung"

Primäre Kostenstellenkosten		400.000 GE
Umlage an Kostenstelle „Organisation und Verkauf – Pauschal"		
10.500 Buchungen / 35.000 Buchungen	= 30 %	-120.000 GE
Umlage an Kostenstelle „Organisation und Verkauf – Individual"		
3.500 Buchungen / 35.000 Buchungen	= 10 %	-40.000 GE
Umlage an Kostenstelle „Organisation und Verkauf – Geschäftsreisen"		
21.000 Buchungen / 35.000 Buchungen	= 60 %	-240.000 GE
Saldo Kostenstelle „Marketing und Werbung"		Null GE

2a) Umlage Kostenstelle „Organisation und Verkauf – Pauschal"

Primäre Kostenstellenkosten	250.000 GE
Sekundäre Kostenstellenkosten (Umlage „Marketing und Werbung")	120.000 GE
Umlage an Kostenträger „Pauschalreisen"	-370.000 GE
Saldo Kostenstelle „Organisation und Verkauf – Pauschal"	Null GE

2b) Umlage Kostenstelle „Organisation und Verkauf – Individual"

Primäre Kostenstellenkosten	250.000 GE
Sekundäre Kostenstellenkosten (Umlage „Marketing und Werbung")	40.000 GE
Umlage an Kostenträger „Individualreisen"	-290.000 GE
Saldo Kostenstelle „Organisation und Verkauf – Individual"	Null GE

2c) Umlage Kostenstelle „Organisation und Verkauf – Geschäftsreisen"

Primäre Kostenstellenkosten	250.000 GE
Sekundäre Kostenstellenkosten (Umlage „Marketing und Werbung")	240.000 GE
Umlage an Kostenträger „Geschäftsreisen"	-490.000 GE
Saldo Kostenstelle „Organisation und Verkauf – Individual"	Null GE

3) Kostenträgererfolgsrechnung

Umsatzerlöse Pauschalreisen	2.000.000 GE
- Einzelkosten Pauschalreisen	-1.600.000 GE
- Gemeinkosten Pauschalreisen	-370.000 GE
= Erfolg Pauschalreisen	30.000 GE
Umsatzerlöse Individualreisen	1.200.000 GE
- Einzelkosten Individualreisen	-920.000 GE
- Gemeinkosten Individualreisen	-290.000 GE
= Erfolg Individualreisen	-10.000 GE
Umsatzerlöse Geschäftsreisen	2.900.000 GE
- Einzelkosten Geschäftsreisen	-2.400.000 GE
- Gemeinkosten Geschäftsreisen	-490.000 GE
= Erfolg Geschäftsreisen	10.000 GE
Erfolg Pauschalreisen	30.000 GE
Erfolg Individualreisen	-10.000 GE
Erfolg Geschäftsreisen	10.000 GE
Unternehmenserfolg	30.000 GE

Während bei der Kostenumlage sämtliche Kosten der umzulegenden Kostenstelle per Umlageschlüssel verteilt werden, arbeitet die Leistungsverrechnung mit einem *Tarif*, das heißt einem vorab zwischen den Kostenstellen vereinbarten *Preis für eine Leistungseinheit*. Die leistungs abgebende Kostenstelle ist damit gezwungen, entweder so viele Leistungen abzugeben, dass die resultierenden internen Erlöse ausreichen um die entstandenen Kosten zu decken, oder (bei rückläufigen Leistungsmengen) Kosten einzusparen. Da in der Regel weder die geplanten Leistungsmengen noch die geplanten Kosten exakt eingehalten werden können, verbleiben *Über- oder Unterdeckungen* auf den leistungsabgebenden Kostenstellen, welche bei der Ermittlung des Unternehmenserfolgs berücksichtigt werden müssen. Das bedeutet, dass bei der Anwendung des Leistungsverrechnungsverfahrens zwar ein wesentlich größerer Anreiz zu wirtschaftlichem Verhalten in vorgelagerten Kostenstellen gegeben ist, dafür jedoch keine einhundertprozentige Entlastung der Kostenstellen erfolgt. Das heißt dass in diesem Fall der kalkulierte Kostenträgererfolg vom Unternehmenserfolg abweicht.

Beispiel

Die Produktmanager für Individual- und Geschäftsreisen bei XXL-Tours (siehe vorangegangenes Beispiel) sind sehr unzufrieden mit der dargestellten Erfolgsrechnung. Sie
beklagen vor allem, dass die hohen Umlagen der Kostenstelle „Marketing und Werbung" nicht gerechtfertigt sind. Die Kostenverteilung aufgrund der Anzahl Buchungen
ist nach Ansicht der Produktmanager schon deshalb nicht zu rechtfertigen, weil der
Werbe-, Verkaufs- und Beratungsaufwand in den drei Bereichen höchst unterschiedlich
ausfällt. Nach Ansicht des Produktmanagements hat die Kostenstelle „Marketing und
Werbung" ihre Kosten auf folgende Werte zu beschränken:

  15 GE pro Buchung für Pauschalreisen

  25 GE pro Buchung für Individualreisen

  5 GE pro Buchung für Geschäftsreisen

Die Produktmanager machen deutlich, dass sie nicht bereit sind höhere Kosten zu ak-
zeptieren und bitten das Controlling eine neue Erfolgsrechnung zu erstellen.

1) Leistungsverrechnung Kostenstelle „Marketing und Werbung"

Primäre Kostenstellenkosten	400.000 GE
Leistungsverrechnung an Kostenstelle „Organisation und Verkauf – Pauschal" 10.500 Buchungen x 15 GE	-157.500 GE
Leistungsverrechnung an Kostenstelle „Organisation und Verkauf – Individual" 3.500 Buchungen x 25 GE	-87.500 GE
Leistungsverrechnung an Kostenstelle „Organisation und Verkauf – Geschäftsreisen" 21.000 Buchungen x 5 GE	-105.000 GE
Saldo Kostenstelle „Marketing und Werbung" (Unterdeckung)	50.000 GE

2a) Umlage Kostenstelle „Organisation und Verkauf – Pauschal"

Primäre Kostenstellenkosten	250.000 GE
Sekundäre Kostenstellenkosten (Leistungsverrechnung „Marketing und Werbung") 157.500 GE	
Umlage an Kostenträger „Pauschalreisen"	-407.500 GE
Saldo Kostenstelle „Organisation und Verkauf – Pauschal"	Null GE

2b) Umlage Kostenstelle „Organisation und Verkauf – Individual"

Primäre Kostenstellenkosten	250.000 GE
Sekundäre Kostenstellenkosten (Leistungsverrechnung „Marketing und Werbung") 87.500 GE	
Umlage an Kostenträger „Individualreisen"	-337.500 GE
Saldo Kostenstelle „Organisation und Verkauf – Individual"	Null GE

2c) Umlage Kostenstelle „Organisation und Verkauf – Geschäftsreisen"

Primäre Kostenstellenkosten	250.000 GE
Sekundäre Kostenstellenkosten	
(Leistungsverrechnung „Marketing und Werbung") 105.000 GE	
Umlage an Kostenträger „Geschäftsreisen"	-355.000 GE
Saldo Kostenstelle „Organisation und Verkauf – Individual"	Null GE

3) Kostenträgererfolgsrechnung

Umsatzerlöse Pauschalreisen	2.000.000 GE
- Einzelkosten Pauschalreisen	-1.600.000 GE
- Gemeinkosten Pauschalreisen	-407.500 GE
= Erfolg Pauschalreisen	-7.500 GE
Umsatzerlöse Individualreisen	1.200.000 GE
- Einzelkosten Individualreisen	-920.000 GE
- Gemeinkosten Individualreisen	-337.500 GE
= Erfolg Individualreisen	-57.500 GE
Umsatzerlöse Geschäftsreisen	2.900.000 GE
- Einzelkosten Geschäftsreisen	-2.400.000 GE
- Gemeinkosten Geschäftsreisen	-355.000 GE
= Erfolg Geschäftsreisen	145.000 GE
Erfolg Pauschalreisen	-7.500 GE
Erfolg Individualreisen	-57.500 GE
Erfolg Geschäftsreisen	145.000 GE
kalkulierter Kostenträgererfolg	80.000 GE
- Unterdeckung Kostenstelle „Marketing und Werbung"	-50.000 GE
Unternehmenserfolg	30.000 GE

Der Kostenträgererfolg von 80.000 GE wird durch die Unterdeckung in der Kostenstelle „Marketing und Werbung" stark geschmälert – die Kostenstelle kommt bei weitem nicht mit den geplanten Tarifen aus. Vorausgesetzt, dass diese Tarife realistisch sind zeigt sich außerdem dass nicht – wie mit dem einfachen Umlageverfahren ermittelt – der Bereich „Pauschalreisen" den größten Erfolgsbeitrag leistet, sondern dass sowohl Pauschal- als auch Individualreisen ein Defizit erwirtschaften, welches vom Erfolg der Geschäftsreisen überkompensiert wird.

Wie aus dem oben dargestellten Beispiel zu erkennen ist, führen sowohl das Umlage- als auch das Leistungsverrechnungsverfahren zum gleichen Unternehmensergebnis. Unterschiedlich sind jedoch die Zwischenergebnisse auf den einzelnen Kostenstellen und Kostenträgern. Falls realistische Tarife für die verrechneten Leistungen gefunden werden können, ist grundsätzlich das Leistungsverrechnungsverfahren zu bevorzugen. Am einfachsten geht das, wenn Marktpreise für die gelieferten Leistungen vorhanden sind, so zum Beispiel Vergleichsmieten für die Leistungen einer Vorkostenstelle „Gebäude" oder der Preis eines externen EDV-Dienstleisters für die Leistungen einer Nebenkostenstelle „EDV-Support". Es werden sich jedoch nie für sämtliche Vor- und Nebenkostenstellen eines Unternehmens eindeutige, hinsichtlich Menge und Tarif definierte Leistungen fin-

den lassen. Zum Beispiel die Tätigkeiten einer typischen Personalabteilung wie Personal-
planung, -beschaffung, -entwicklung, -verwaltung und -freisetzung sind so vielfältig, dass
es umständlich und unwirtschaftlich wäre für jede dieser Leistungen einen Tarif zu defi-
nieren und die einzelnen Leistungsmengen und -empfänger laufend zu erheben. Gleiches
gilt für den Bereich Finanz- und Rechnungswesen: Zwar könnte theoretisch ein Tarif für
jede einzelne Kreditoren- bzw. Debitoren- oder Anlagenbuchung festgelegt werden, aber
eine Leistung wie zum Beispiel die Erstellung des Jahresabschlusses könnte beim besten Willen nicht eindeutig auf einzelne Kostenträger weiterverrechnet werden. So bleibt
in solchen Fällen oft das Umlageverfahren die einzige Möglichkeit, die entsprechenden
Vor- bzw. Nebenkostenstellen zu entlasten und die entsprechenden Kosten auf die Kostenträger zu übertragen. Als generelle Regel zur Abbildung interner Leistungsverflechtungen
im betrieblichen Rechnungswesen kann festgehalten werden: *So viel Leistungsverrechnung wie möglich – so viel Umlagen wie nötig*. So setzen Unternehmen idealerweise eine
Mischform aus beiden Verfahren ein.

5.2   Kalkulation mit dem Betriebsabrechnungsbogen

Bislang sind wir davon ausgegangen, dass die Kostenstellen als Sammelstellen für nicht
direkt leistungsbezogene (indirekte) Kosten dienen und zum Periodenende zunächst die
Abrechnung der Kostenstellen untereinander und dann von den Hauptkostenstellen auf
die Kostenträger erfolgt. Wenn jedoch Kosten für neuartige Leistungen ermittelt werden
sollen (zum Beispiel bei der Festlegung von Angebotspreisen), kann nicht bis zum Periodenende abgewartet werden sondern es sollte möglich sein, kurzfristig auf der Basis
von Vergangenheits- oder Planzahlen die Kalkulation durchzuführen. Der Betriebsabrechnungsbogen (BAB) ist ein gängiges Hilfsmittel um den Leistungstransfer zwischen den
Kostenstellen untereinander und zwischen Hauptkostenstellen und Kostenträgern (angebotenen Leistungen) übersichtlich darzustellen. Aus dem Betriebsabrechnungsbogens
können betriebsübliche Kostensätze für Umlagen und Leistungsverrechnungen abgelesen
werden, welche dann in der Kalkulation Verwendung finden können (Abb. 5.3).

Abbildung 5.3 zeigt den Grundaufbau eines Betriebsabrechnungsbogens. Ganz links
sind die aus der Finanzbuchhaltung übernommenen Salden sämtlicher Aufwandskonten
aufgelistet. Die Spalte „Abgrenzungsrechnung" dient dazu Anders- und Zusatzkosten zu
erfassen (siehe Kap. 4). Dann wird entschieden, ob die so abgegrenzten Kosten direkt
einzelnen Leistungen zuordenbar sind (Einzelkosten), oder ob sie zunächst den kostenver-
ursachenden Stellen innerhalb der Organisation belastet werden (Gemeinkosten). Nach
der Abbildung innerbetrieblicher Leistungsverflechtungen im Rahmen der Kostenstellenrechnung (siehe den vorangegangenen Abschn. 5.1) erfolgt ganz rechts im BAB die

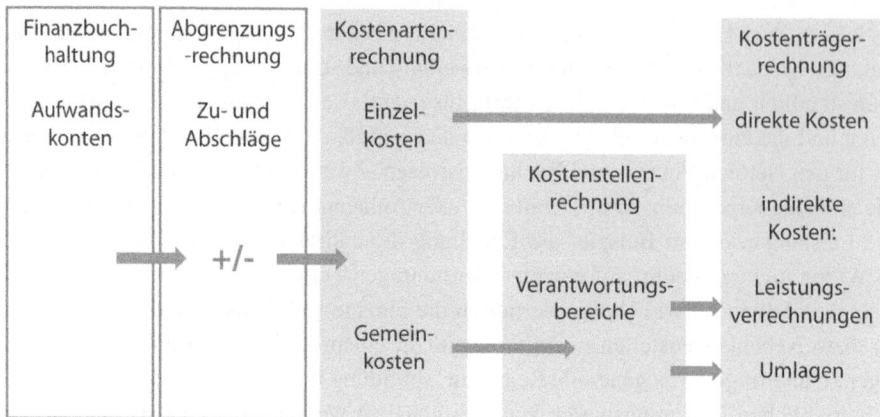

Abb. 5.3 Grundaufbau BAB

Kalkulation, bei der jedem Kostenträger neben den jeweiligen Einzelkosten ein Teil der indirekten Kosten zugeschlagen wird (siehe Kap. 3).

Je nach Ausbaustand des betrieblichen Rechnungswesens werden nicht alle Bereiche des BAB benötigt. Im einfachsten Fall, der so genannten *Cost-Plus-Kalkulation* wie sie z. B. im Gastronomiebereich häufig anzutreffen ist, wird auf die Abgrenzungsrechnung und die Kostenstellenrechnung komplett verzichtet. Im Rahmen der Kostenartenrechnung beschränkt man sich darauf die Wareneinkaufskosten von den übrigen Kosten zu trennen. Das heißt nur die Rechnungsbeträge für Lebensmitteleinkäufe, welche später in Form von Speisen und Getränken dem Gast serviert werden, werden als Einzelkosten behandelt, alle anderen Kosten gelten als Gemeinkosten. Da keine Kostenstellenrechnung durchgeführt wird existiert nur eine Kostenstelle: Der Betrieb als ganzes, dem diese Gemeinkosten belastet werden (Abb. 5.4).

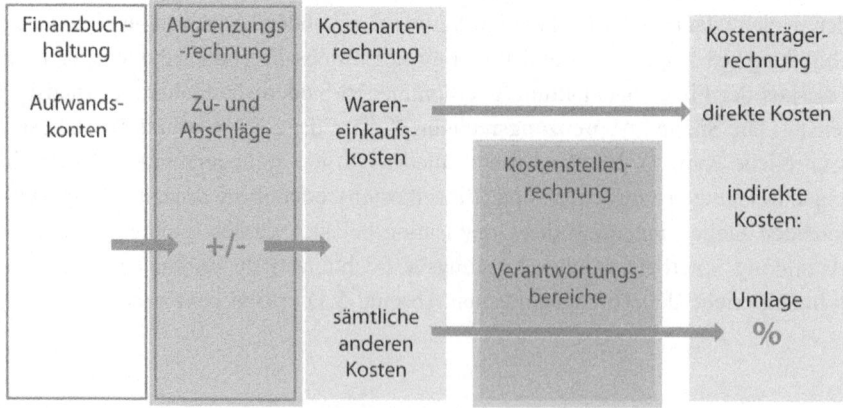

Abb. 5.4 BAB bei einfacher Cost-Plus-Kalkulation

Sind über einen repräsentativen Zeitraum die Kostendaten in dieser Form erhoben worden, kann die Relation zwischen Gemeinkosten und Einzelkosten (Wareneinkauf) ermittelt werden. Dieser Prozentsatz (der oft mehr als 100 % betragen kann) ist die Basis für die Kalkulation: Die Gesamtkosten für eine Leistung ergeben sich aus den Wareneinstandskosten plus Gemeinkostenumlage gemäß Prozentsatz. Im Kern handelt es sich dabei um eine modifizierte Divisionskalkulation (vgl. Kap. 3.1) wobei die gesamten Gemeinkosten durch die gesamten Wareneinkaufskosten dividiert werden und so ermittelt wird, wie viele Geldeinheiten Gemeinkosten pro Geldeinheit Wareneinkauf anzusetzen sind.

Beispiel

Kurtl Meck führt das Selbstbedienungsrestaurant „McSausage". Er hat nur drei Produkte im Programm: Coca-Cola, Mineralwasser und Hot Dogs. Folgende Daten hat Herr Meck letzten Monat gesammelt:

Produkt:	Umsatz:	Einkaufskosten:
Coca-Cola	4.600 GE	1.100 GE
Mineralwasser	3.000 GE	600 GE
Hot Dogs	5.500 GE	3.000 GE

Weitere Kosten:	
Personal	2.500 GE
Miete	1.000 GE
Versicherungen, Gebühren etc.	150 GE
Strom, Gas, Wasser	300 GE
Diverses	450 GE

Die Ermittlung von Kosten und Erfolg der drei Produkte unter Anwendung der Cost-Plus-Kalkulation sieht folgendermaßen aus:
Ermittlung der Einkaufskostensumme:

$$1.100\,\text{GE} + 600\,\text{GE} + 3.000\,\text{GE} = 4.700\,\text{GE}$$

Ermittlung der Summe der weiteren Kosten:

$$2.500\,\text{GE} + 1.000\,\text{GE} + 150\,\text{GE} + 300\,\text{GE} + 450\,\text{GE} = 4.400\,\text{GE}$$

Ermittlung des Zuschlagsatzes für die weiteren Kosten:

$$4.400 \text{ GE} / 4.700 \text{ GE} = 93,6\%$$

Kostenträgererfolgsrechnung:

Produkt:	Umsatz:	Einkaufskosten:	WeitereKosten: (= Einkaufskosten x 93.6%)	Erfolg:
Coca-Cola	4.600 GE	1.100 GE	1.029,79 GE	2.470,21 GE
Mineralwasser	3.000 GE	600 GE	561,70 GE	1.838,30 GE
Hot Dogs	5.500 GE	3.000 GE	2.808,51 GE	-308,51 GE

4.000 GE

Es zeigt sich, dass laut dieser Kalkulation die Hot Dogs nicht kostendeckend verkauft werden können.

Die einfache Cost-Plus-Kalkulation hat den Vorteil dass sie sehr einfach durchzuführen ist. Wenn jedoch der Zuschlag mehr als einige wenige Prozent ausmacht sind die Ergebnisse allenfalls als grobe Überschlagsbetrachtungen zu interpretieren, da die Kalkulation unterschiedliche Inanspruchnahmen einzelner innerbetrieblicher Leistungen nicht explizit abbildet sondern allein den Wareneinsatz als Bezugsbasis verwendet (Abb. 5.5).

Da neben dem Wareneinsatz die Personalkosten in den meisten Touristik-Unternehmen den größten Kostenblock ausmachen, sollte zumindest für diese Kostenart eine präzisere Verrechnung erfolgen. Insofern die durch die einzelnen Kostenträger verursachten Perso-

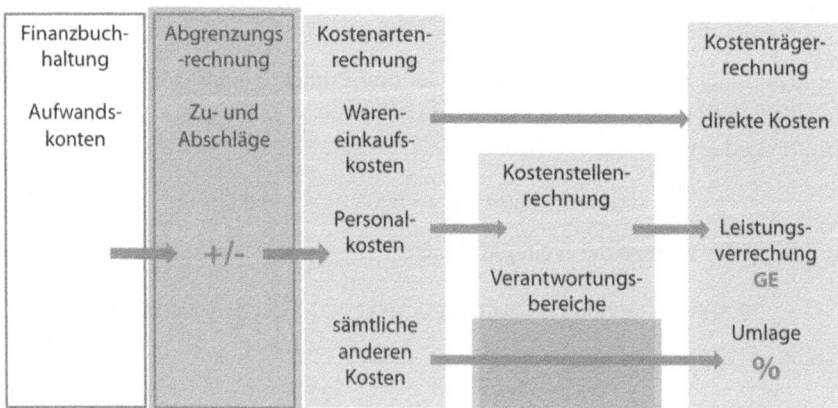

Abb. 5.5 BAB bei Primecost-Kalkulation

nalaufwände bekannt sind oder plausibel geschätzt werden können, bietet es sich an, hier eine Leistungsverrechnung durchzuführen. Die **Summe aus Wareneinsatz+verrechneten Personaleinzelkosten** wird auch als **Primecost** bezeichnet. Verteilt man die übrigen Kosten mittels eines Zuschlags prozentual auf Basis der Primecosts, wird diese Art der Kalkulation als **Primecost-Kalkulation** bezeichnet.

Beispiel

Kurtl Meck unterhält neben dem Selbstbedienungsrestaurant „McSausage" (siehe vorangegangenes Beispiel) noch die Gaststätte „Heiße Wurst". In der „Heißen Wurst" werden die selben Speisen und Getränke angeboten wie bei „McSausage", die Gäste werden jedoch im Unterschied zu „McSausage" von qualifiziertem Personal am Platz bedient.

Produkt:	Umsatz „McSausage"	Umsatz „Heiße Wurst"	Einkaufskosten:
Coca-Cola	4.600 GE (1.150 Stück)	6.000 GE (1.250 Stück)	2.500 GE
Mineralwasser	3.000 GE (1.000 Stück)	4.800 GE (1.200 Stück)	1.200 GE
Hot Dogs	5.500 GE (1.100 Stück)	8.304 GE (1.384 Stück)	6.000 GE

Weitere Kosten:	„McSausage"	„Heiße Wurst"	Gesamt
Personal	2.500 GE	5000 GE	7.500 GE
Miete	1000 GE	2000 GE	3.000 GE
Versicherungen, Gebühren etc.	150 GE	300 GE	450 GE
Strom, Gas, Wasser	300 GE	400 GE	700 GE
Diverses	450 GE	650 GE	1.100 GE

Bei „McSausage" verursacht die Zubereitung und das Servieren eines Hot Dogs ca. den 4-fachen Zeitaufwand im Vergleich zum Servierens eines Getränks. Bei der „Heißen Wurst" ist die Zubereitung und das Servieren eines Hot Dogs nur doppelt so aufwändig als das Servieren eines Getränks.

Die Primecost-Kalkulation wird folgendermaßen aufgebaut:

1. Aufteilung der Einkaufskosten auf der Basis der verkauften Stückzahlen:

Produkt:	Einkaufskosten „McSausage"	Einkaufskosten „Heiße Wurst"
Coca-Cola	1.198 GE	1.302 GE
Mineralwasser	545 GE	655 GE
Hot Dogs	2.657 GE	3.343 GE

2. Verrechnung der Personalkosten auf der Basis von Planzeiten oder Äquivalenzziffern: Da im vorliegenden Fall keine Planzeiten (. wie lange braucht üblicherweise eine Person um einen Hot Dog zuzubereiten oder ein Getränk zu servieren?) vorhanden sind, werden Äquivalenzziffern verwendet das heißt die abgesetzten Mengen Hot Dogs werden in äquivalente Mengen Getränke umgerechnet:

Produkt:	Äquivalente Mengen Getränk „McSausage"	Äquivalente Mengen Getränk „Heiße Wurst"
Coca-Cola	1.150 Stück 439 GE	1.250 Stück 1.198 GE
Mineralwasser	1.000 Stück 382 GE	1.200 Stück 1.150 GE
Hot Dogs	4.400 Stück 1.679 GE	2.768 Stück 2.652 GE
	6.550 Stück 2.500 GE	5.218 Stück 5.000 GE

3. Verrechnung der Restkosten über einen Zuschlag auf die Primecosts:

Bislang verrechnete Kosten:	
Einkaufskosten	9.700 GE
Personalkosten	7.500 GE
Summe	17.200 GE

noch zu verrechnen:	
Miete	3.000 GE
Versicherungen, Gebühren etc	450 GE
Strom, Gas, Wasser	700 GE
Diverses	1.100 GE
Summe	5.250 GE

Zuschlagssatz: 5.259 GE/17.200 GE = 30,5 %

Kostenträgererfolgsrechnung „McSausage"

Produkt:	Coca-Cola	Mineralwasser	Hot Dogs
Einkaufskosten:	1.198 GE	545 GE	2.657 GE
Personalkosten:	439 GE	382 GE	1.679 GE
Primecost:	1.637 GE	927 GE	4.336 GE
Weitere Kosten (30,5 %)	500 GE	283 GE	1.324 GE
Selbstkosten :	2.136 GE	1.210 GE	5.660 GE
Umsatz:	4.600 GE	3.000 GE	5.500 GE
Erfolg:	2.464 GE	1.790 GE	-160 GE

Kostenträgererfolgsrechnung „Heiße Wurst"

Produkt:	Coca-Cola	Mineralwasser	Hot Dogs
Einkaufskosten:	1.302 GE	655 GE	3.343 GE
Personalkosten:	1.198 GE	1.150 GE	2.652 GE
Primecost:	2.500 GE	1.804 GE	5.995 GE
Weitere Kosten (30,5 %)	763 GE	551 GE	1.830 GE
Selbstkosten :	3.263 GE	2.355 GE	7.825 GE
Umsatz:	6.000 GE	4.800 GE	8.304 GE
Erfolg:	2.737 GE	2.445 GE	479 GE

Werden neben den Personalkosten auch die übrigen Gemeinkostenarten über Kosten-stellen abgerechnet, ergibt sich eine voll ausgebaute *Zuschlagskalkulation* (Abb. 5.6). Basis sind dabei wie in der Cost-Plus Kalkulation die Wareneinkaufskosten. Werden wareneinkaufsbezogene Kostenstellen wie „Wareneingangskontrolle", „Kühlhaus" oder „Keller" geführt, können diese per so genanntem *Materialgemeinkostenzuschlag* auf die Wareneinkaufskosten umgelegt werden (in Abb. 5.6 nicht dargestellt). Im nächsten Schritt werden wie bei der Primecost-Kalkulation die direkten Personalkosten ermittelt und zugeschlagen. Dabei werden sinnvollerweise Gesamtkostensätze, die sowohl Löhne/ Gehälter als auch alle weiteren Kosten der leistungsabgebenden Kostenstelle beinhalten,

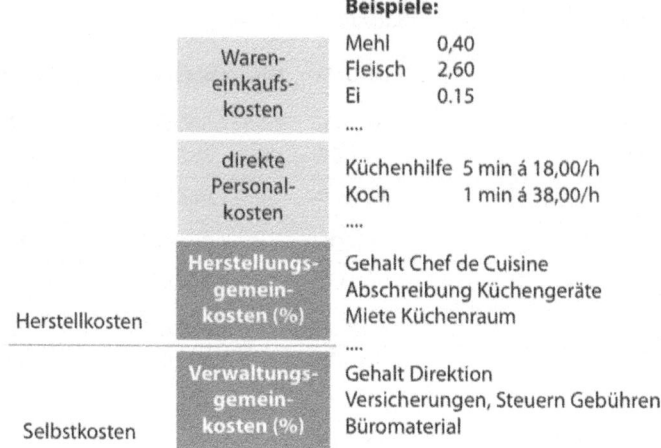

Beispiele:

| Waren-einkaufs-kosten | Mehl 0,40 · Fleisch 2,60 · Ei 0.15 |

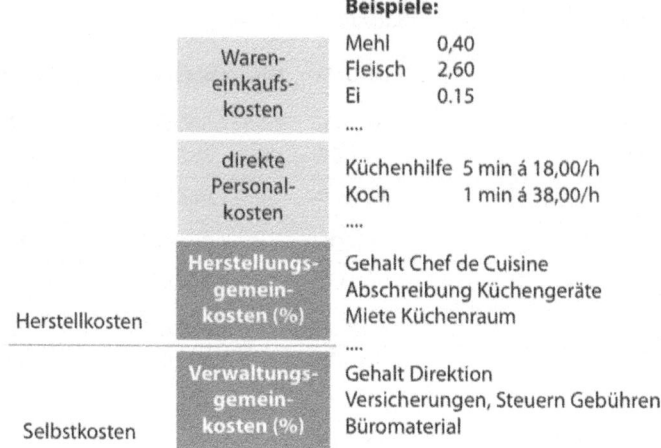

Abb. 5.6 Zuschlagskalkulation

verwendet. Kostenstellen die nicht direkt Leistungen liefern, aber dispositive Leistungen im Bereich der Leistungserstellung erbringen (Chef de Cuisine) oder Infrastruktur für die Leistungserbringung bereitstellen (Miete/Abschreibung für Produktionsanlagen etc.) werden als Fertigungs- bzw. *Herstellungsgemeinkostenzuschlag* zu den direkten Personalkosten zugeschlagen. Dabei werden – je nach System – nur die direkten Personalkosten als Zuschlagsbasis verwendet oder die Summe aus Wareneinkaufs- und den direkten Personalkosten. Die Zwischensumme aus Wareneinkaufskosten und den Kostenstellenumlagen/-verrechnungen der direkt an der Leistungserstellung beteiligten Kostenstellen wird als *Herstellkosten* bezeichnet. Existieren Hauptkostenstellen, die nicht per Leistungsverrechnung abgerechnet werden können (zum Beispiel eine Hauptkostenstelle „Allgemeine Verwaltung"), werden diese auf Basis der Herstellkosten per Umlage (*Vertriebs- und Verwaltungskostenzuschlag*) verteilt. Die Gesamtkostensumme wird als *Selbstkosten* bezeichnet.

Beispiel

Kurtl Meck hat die Zahlen für seine beiden Restaurants „McSausage" und „Heiße Wurst" neu geordnet, um eine Zuschlagskalkulation durchführen zu können:

Produkt:	Umsatz „McSausage"	Umsatz „Heiße Wurst"
Coca-Cola	4.600 GE (1.150 Stück)	6.000 GE (1.250 Stück)
Mineralwasser	3.000 GE (1.000 Stück)	4.800 GE (1.200 Stück)
Hot Dogs	5.500 GE (1.100 Stück)	8.304 GE (1.384 Stück)

	Einkaufskosten „McSausage"	Einkaufskosten „Heiße Wurst"
Coca-Cola	1.100 GE	1.400 GE
Mineralwasser	600 GE	600 GE
Hot Dogs	3000 GE	3000 GE

Weitere Kosten:	„McSausage"	„HeißeWurst"	Verwaltung Unternehmensgruppe Meck
Personal	1.250 GE	3.750 GE	2.500 GE
Miete	500 GE	2.000 GE	500 GE
Versicherungen, Gebühren etc.	-	-	450 GE
Strom, Gas, Wasser	300 GE	350 GE	50 GE
Diverses	-	-	1.100 GE

Bei „McSausage" verursacht die Zubereitung und das Servieren eines Hot Dogs ca. den 4-fachen Zeitaufwand als das Servieren eines Getränks, bei der „Heißen Wurst" ist die Zubereitung und das Servieren eines Hot Dogs nur doppelt so aufwändig als das Servieren eines Getränks.

Die Zuschlagskalkulation ist im vorliegenden Beispiel folgendermaßen aufgebaut:

Wareneinkaufskosten

+ direkte Kostenstellenkosten

Herstellkosten

+ Kosten Verwaltung Unternehmensgruppe (%)

Selbstkosten

1. Wareneinkaufskosten (gegeben – siehe oben)
2. Direkte Kostenstellenkosten:

Kostenstelle „McSausage":

Kostensumme	= 1.250 GE + 500 GE + 300 GE	= 2.050 GE
Leistungssumme (Äquivalente Summe Getränke) = 1.150 + 1.000 + 1.100 x 4		= 6.550

Kosten pro Getränk = 2.050 GE / 6.550 = 0,31 GE

	Getränkeäquivalente	Kostenstellenkosten „McSausage"
Coca-Cola	1.150	359,92 GE
Mineralwasser	1.000	312,98 GE
Hot Dogs	4.400	1.377,10 GE
	6.550	2.050,00 GE

Kostenstelle „Heiße Wurst":

Kostensumme	= 3.750 GE + 2.000 GE + 350 GE	= 6.100 GE
Leistungssumme (Äquivalente Summe Getränke) = 1.250 + 1.200 + 1.384 x 2		= 5.218

Kosten pro Getränk = 6.100 GE / 5.218 = 1,17 GE

	Getränkeäquivalente	Kostenstellenkosten „Heiße Wurst"
Coca-Cola	1.250	1.461,29 GE
Mineralwasser	1.200	1.402,84 GE
Hot Dogs	2.768	3.235,88 GE
	5.218	6.100,00 GE

3. Herstellkosten

Herstellkosten „McSausage":

	Coca-Cola	Mineralwasser	Hot Dogs
Einkaufskosten:	1.100,00 GE	600,00 GE	3.000,00 GE
Direkte Kostenstellenkosten:	359,92 GE	312,98 GE	1.377,10 GE
Herstellkosten:	1459,92 GE	912,98 GE	4.377,10 GE

Herstellkosten „Heiße Wurst":

	Coca-Cola	Mineralwasser	Hot Dogs
Einkaufskosten:	1.400,00 GE	600,00 GE	3.000,000 GE
Direkte Kostenstellenkosten:	1.461,29 GE	1.402,84 GE	3.235,88 GE
Herstellkosten:	2.861,29 GE	2.002,84 GE	6.235,88 GE

4. Verwaltungskostenzuschlag

Bislang verrechnete Kosten:

Einkaufskosten	9.700 GE
Kostenstellenkosten „McSausage" und „Heiße Wurst" 8.150 GE	
Summe	17.850 GE
noch zu verrechnen:	
Kostenstellenkosten „Verwaltung Unternehmensgruppe Meck"	4.600 GE

Zuschlagssatz: 4.600 GE / 17.850 GE = 25,8 %

5. Selbstkostenermittlung und Kostenträgererfolgsrechnung:

„McSausage":

	Coca-Cola	Mineralwasser	Hot Dogs
Herstellkosten:	1.459,92 GE	912,98 GE	4.377,10 GE
Verwaltungskostenzuschlag (25,8%)	376,23 GE	235,28 GE	1.127,99 GE
Selbstkosten :	1.836,15 GE	1.148,25 GE	5.505,09 GE
Umsatz:	4.600,00 GE	3.000,00	5.500,00 GE
Erfolg:	2.763,85 GE	1.851,75 GE	-5,09 GE

„Heiße Wurst":

	Coca-Cola	Mineralwasser	Hot Dogs
Herstellkosten:	2.861,29 GE	2.002,84 GE	6.235,88 GE
Verwaltungskostenzuschlag (25,8%)	737,36 GE	516,14 GE	1.607,00 GE
Selbstkosten :	3.598,65 GE	2.518,97 GE	7.842,88 GE
Umsatz:	6.000,00 GE	4.800,00 GE	8.304,00 GE
Erfolg:	2.401,35 GE	2.281,03 GE	461,12 GE

Im obigen Beispiel ist keine Abgrenzung zwischen Unternehmens- und Betriebsergebnis nötig, da keine betriebsfremden oder außerordentlichen Kosten bzw. Erlöse anfielen. Komplexe innerbetriebliche Leistungsflüsse finden nicht statt; die Verrechnung der Verwaltungskosten über einen Verwaltungskostenzuschlag auf die Herstellkosten ist relativ einfach. Im Gegensatz dazu zeigt Abb. 5.7 beispielhaft einen voll ausgefüllten BAB für ein komplexeres Unternehmen – in diesem Fall ein Hotel mit Restaurant und angegliedertem Golfplatz. Im mit ① gekennzeichneten Bereich warden zunächst oben (Zeilen 1–4) die Salden der Ertrags- und unten (Zeilen 5–16) die Salden der Aufwandskonten aus der Finanzbuchhaltung übernommen. Die Zeile 32/33 zeigt den aus diesen Zahlen resultierenden Unternehmenserfolg. Im Bereich ② wird die Überleitung vom Unternehmens auf den Betriebserfolg (sog. „sachliche Abgrenzung") vorgenommen. Erträge aus Wertpapieren werden als betriebsfremd und Erträge aus dem Abgang von Anlagevermögen werden als außerordentlich abgegrenzt und nicht in das betriebliche Rechnungswesen übernommen. Ebenso erfolgen aufwandsseitig Korrekturen: Die gesetzlich zulässigen und gebuchten Abschreibungen in Höhe von 550.000 GE werden intern als zu niedrig angesehen und um 100.000 GE heraufgesetzt. Der Zinsaufwand beruht auf der Finanzierungsstruktur des Unternehmens (Fremd-

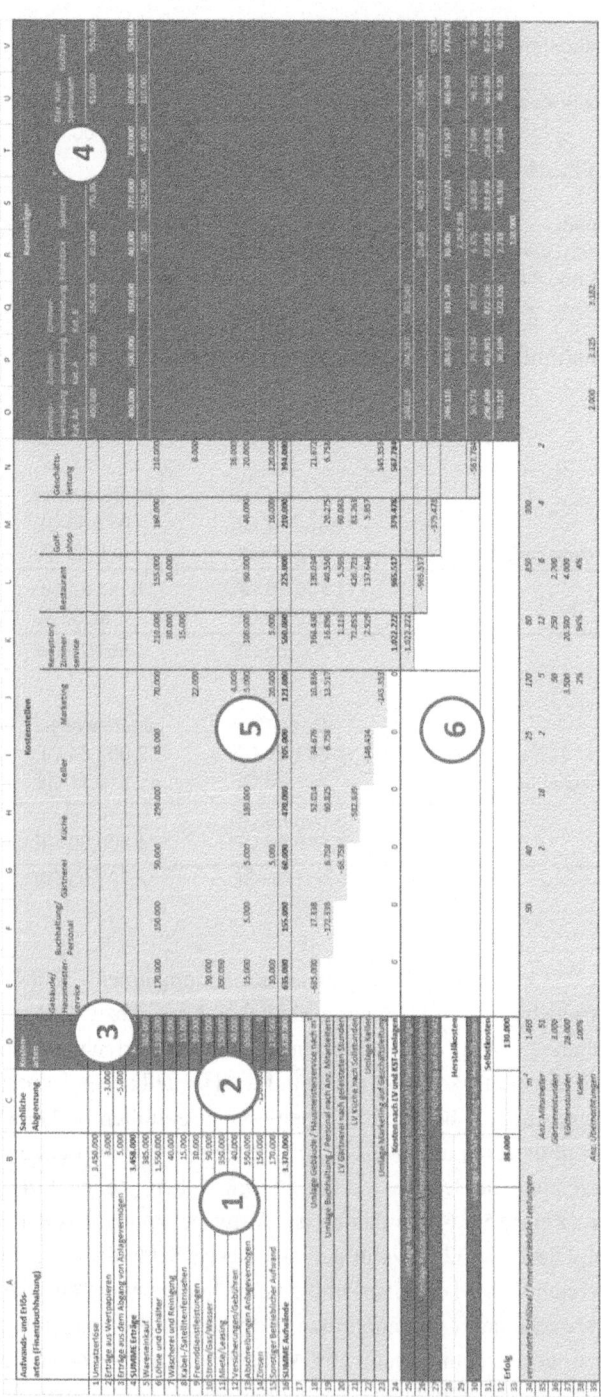

Abb. 5.7 BAB eines Hotels (Beispiel)

kapital) und wird als nicht-betrieblicher Aufwand heraus gerechnet. Der Bereich ③ (Spalte D) zeigt dann die betrieblichen Leistungs- und Kostenarten sowie den Betriebserfolg (Zeile 32/33). Im vorliegenden Fall ist der Betriebserfolg (130.000 GE) deutlich höher als der Unternehmenserfolg (88.000 GE) – ein großer Teil des im Hotel verdienten Geldes fließt durch Zinszahlungen an Fremdkapitalgeber wieder ab. Nach Abschluss der Kostenarten-rechnung werden die Leistungen und Kosten entweder direkt auf Kostenträger oder zu-nächst auf Kostenstellen (und anschließend indirekt auf die Kostenträger) zugeordnet. Im vorliegenden Fall existieren acht Kostenträger: Hotelübernachtungen in drei verschiedenen Zimmerkategorien, Frühstück, Speisen, Soft -Drinks, alkoholische Getränke und der Golf-platz. Direkte Zuordnung auf diese Kostenträger (in Abb. 5.7 mit ④ gekennzeichneter Be-reich) erfolgt bei den Umsatzerlösen (Zeile 1) aufgrund von Zahlungsbelegen und beim Wa-reneinkauf (Zeile 5) aufgrund von Lagerentnahmescheinen. Weitere direkte Zuordnungen von Leistungen oder Kosten sind nicht möglich, das heißt sämtliche übrigen Kosten werden zunächst auf Kostenstellen gebucht (mit ⑤ gekennzeichneter Bereich).

Bei Löhnen und Gehältern (Zeile 6) erfolgt dies aufgrund der Stammkostenstelle der entsprechenden Angestellten. Die Kosten für Wäscherei und Reinigung (Zeile 7) betreffen nur die Kostenstellen Rezeption/Zimmerservice und das Restaurant. Wenn die Wäscherei Bett- und Tischwäsche getrennt abrechnet dienen die entsprechenden Rechnungsbelege als Zuordnungsgrundlage; in unserem Fall werden aufgrund von Erfahrungswerten (bzw. Schätzung) die Kosten im Verhältnis 3:1 auf Rezeption/Zimmerservice bzw. Restaurant verteilt. Die Kostenart Kabel/Satellitenfernsehen (Zeile 8) betrifft ausschließlich die Ho-telzimmer und ist entsprechend zugeordnet. Fremddienstleistungen(Zeile 9) werden der Kostenstelle belastet, die die entsprechende Dienstleistung angefordert hat. Im vorliegen-den Beispiel war das das Marketing (z. B. Entwurf/Drucken eines Prospektes durch eine Werbeagentur) und die Geschäftsleitung (z. B. Prüfung des Jahresabschlusses durch einen Wirtschaftsprüfer). Die Abschreibungen im Anlagevermögen (Zeile 13) werden aufgrund der Angaben im Anlagenspiegel/Inventar zugeordnet. Das heißt für jedes Anlagegut wird zum Zeitpunkt der Beschaffung festgehalten in welcher Kostenstelle sich dieses befindet, und die Anschreibungen werden entsprechend gebucht. Sonstiger Betrieblicher Aufwand (Zeile 15) – meist beinhaltet diese Position Beschaffungen von Verbrauchsmaterial und kleineren, nicht aktivierten Anlagegütern – wird nach Rechnungsbelegen den jeweiligen aufwandsverursachenden Kostenstellen zugeordnet. Mit der(Summen-) Zeile 16 sind sämtliche indirekten Kosten den zehn Kostenstellen Gebäude/Hausmeisterservice, Buch-haltung/Personal, Gärtnerei, Küche, Keller, Marketing, Rezeption/Zimmerservice, Res-taurant, Golf-Shop und Geschäftsleitung zugeordnet.

Im Bereich ⑥ des dargestellten BAB erfolgt die Verrechnung der Kostenstellen unter-einander bzw. von den Kostenstellen auf die Kostenträger. Dabei hat nur die Kostenstelle Gebäude/Hausmeisterservice den Charakter einer reinen Vorkostenstelle, als Hauptkos-tenstellen fungieren Rezeption/Zimmerservice, Restaurant, Golf-Shop und Geschäftslei-tung, alle anderen Kostenstellen sind Nebenkostenstellen.

In Zeile 18 erfolgt zunächst die Umlage der Kosten für Gebäude/Hausmeisterservice auf Basis m². Wegen der vielen unterschiedlichen Aufgaben die die Hausmeister erfüllen müssen, wurde hier darauf verzichtet eine präzisere Leistungsverrechnung anzustellen.

Das würde nämlich voraussetzen, dass die Hausmeister jede Tätigkeit hinsichtlich Dauer und empfangender Kostenstelle aufzeichnen, und dass diese Aufzeichnungen regelmäßig von einem Mitarbeiter der Betriebsbuchhaltung ins Kostenrechnungssystem übertragen werden. In diesem Fall wurde der bürokratische Aufwand höher als der betriebswirtschaftliche Nutzen eingeschätzt.

Im nächsten Schritt erfolgt in Zeile 19 die Umlage der Kostenstelle Buchhaltung/ Personal auf die nachfolgenden Kostenstellen. Auch hier verwendet man einen Schlüssel – die Anzahl Mitarbeiter in den betreffenden Kostenstellen. Da auf die Kostenstelle Buchhaltung/Personal bereits Sekundärkosten aus Gebäude/Hausmeisterservice umgelegt wurden, verzichtet man im vorliegenden Fall darauf die Hausmeister wiederum mit Buchhaltungs-/Personalkosten zu belasten: Das würde nämlich dazu führen, dass wir wieder nach Zeile 18 zurückspringen müssten, um Gebäude/Hausmeisterservice vollständig zu entlasten, was wiederum zu einer Belastung bei Buchhaltung/Personal führen würde und so fort. Tatsächlich werden die so nachträglich umzulegenden Beträge immer kleiner, so dass nach wenigen Iterationsrunden nur noch Restbeträge in der dritten Stelle nach dem Komma auf den Kostenstellen stehen bleiben würden. Da die Iterationen – wenn kein EDV-System verwendet wird – einigen Rechenaufwand verursachen hat man im vorliegenden Fall die Kostenstellen in eine abrechnungstechnisch sinnvolle Reihenfolge gebracht und verzichtet auf Rückumlagen (Diese Vorgehensweise bezeichnet man als Treppenverfahren). Bestehen allerdings erhebliche Leistungsverflechtungen zwischen sämtlichen Kostenstellen, lassen sich Rückumlagen nicht mehr vermeiden. Dann sind entweder mehrere Iterationsschritte durchzuführen (sog. Iterationsverfahren) oder man ermittelt die korrekten, d. h. zu einem Saldo von Null bei sämtlichen Vorkostenstellen führenden Sekundärkostensätze vorab mathematisch (sog. Gleichungsverfahren). An vorliegender Stelle wird darauf verzichtet das Iterations- und das Gleichungsverfahren zu erläutern, da die meisten touristischen Dienstleitungsunternehmen so strukturiert sind, dass ein eindeutiger Leistungsfluss zwischen den Kostenstellen definierbar ist und ohne größere Genauigkeitsverluste das Treppenverfahren eingesetzt werden kann.

In Zeile 20 sehen wir die erste Leistungsverrechnung in diesem Betriebsabrechnungsbogen. In der Gärtnerei wird darüber Buch geführt, für welche Kostenstelle wie lange gearbeitet wurde. Die insgesamt 3000 Gärtnereistunden gehen zum größten Teil auf das Restaurant (Tischschmuck) und zu kleineren Teilen auf die Hauptkostenstellen Rezeption/ Zimmerservice bzw. Marketing. Der Tarif ermittelt sich aus der Gesamtsumme der Kostenstellenkosten Gärtnerei (Primär- und Sekundärkosten) geteilt durch die Gesamtsumme der geleisteten Stunden.

Im nächsten Schritt erfolgt in Zeile 21 die Leistungsverrechnung der Nebenkostenstelle Küche. Dabei liegen dem Tarif die Sollstunden der gelieferten Speisen zugrunde. Das bedeutet, dass in der Küche selbst keine Zeitaufzeichnungen geführt werden müssen. Da über das Abrechnungssystem aufgezeichnet wird, welche Speisen konsumiert worden sind, kann die Soll-Küchenzeit aus abgesetzter Menge x Soll-Zubereitungsdauer pro Gericht ermittelt werden. Sollte die Ist-Küchenzeit erheblich von dieser Soll-Zeit abweichen, muss dem natürlich nachgegangen werden, sonst erfüllt das Rechnungswesen seinen Kontrollzweck nicht. In diesen Fällen sind entweder die Soll-Zeiten falsch berechnet, oder es sind Küchenzeiten nicht für die Herstellung von Speisen verwendet worden. Werden der Kostenstelle Küche intern Soll-Erlöse im Rahmen der geleisteten Sollzeiten gutgeschrieben, kann die Wirtschaftlichkeit der Kostenstelle „Küche" daraus ersehen werden, ob sich am Periodenende ein Nullsaldo (wie im Beispiel) ergibt, ob ein Minussaldo stehenbleibt (Hinweis auf Unwirtschaftlichkeiten) oder ob sich ein Plussaldo ergibt (die Küche hat dann günstiger gearbeitet als dies die Sollzeiten und Rezepturen vorsahen).

In Zeile 22 sehen wir die Umlage der Nebenkostenstelle Keller. Diese erfolgt aus Gründen der Vereinfachung auf der Basis von %-Sätzen, welche Erfahrungswerte aus der Vergangenheit sind. Da ohnehin fast der gesamte Keller (94 %) auf das Restaurant umgelegt wird, ist diese Vorgehensweise hier vertretbar.

Ebenfalls aus Vereinfachungsgründen wird in Zeile 23 die Kostenstelle Marketing, welche typischerweise eine sehr heterogene Leistungsstruktur aufweist zu 100 % auf die Hauptkostenstelle Geschäftsleitung übertragen. Damit spart man sich in der Kostenträgerrechnung die zusätzliche Position „Umlage Marketing" welche hier in „Umlage Geschäftsleitung" inkludiert ist.

Mit Zeile 24 sind sämtliche Kostenstellenkosten auf die vier Hauptkostenstellen verteilt. Die vier Hauptkostenstellen Rezeption/Zimmerservice, Restaurant, Golfshop und Geschäftsleitung werden jetzt in die Kostenträgerrechnung (Kalkulation) übertragen. Die Leistungen von Rezeption/Zimmerservice werden nach Anzahl Übernachtungen auf die drei Kostenträger Zimmervermietung Kategorie AA, Zimmervermietung Kategorie A und Zimmervermietung Kategorie B verrechnet(Zeile 25). Falls erhebliche Unterschiede im Serviceaufwand zwischen den drei Zimmerkategorien bestehen würden, könnten an dieser Stelle Äquivalenzziffern eingebaut werden (siehe Abschn. 3.2).Offensichtlich ist dies aber hier nicht der Fall, so dass mit einem einheitlichen Servicetarif pro Übernachtung – egal in welcher Zimmerkategorie – gerechnet werden kann.

In Zeile 26 werden die Kosten der Kostenstelle Restaurant nach Umsatzerlösen auf die hier relevanten Kostenträger Frühstück, Speisen, Soft-Drinks und Bier, Wein, Spirituosen verteilt. Die Wahl des Umlageschlüssels „Umsatzerlöse" zeigt, dass hier das Tragfähigkeitsprinzip (Leistungen die viel Umsatz bringen, können auch einen hohen Kostenanteil tragen) im Vordergrund stand. Verursachungsgerechter wäre es Sollzeiten für das Servieren eines Frühstücks, einer Speise und eines nichtalkoholischen bzw. alkoholischen Getränks zu ermitteln und dann eine Leistungsverrechnung auf Basis der servierten Stückzahlen durchzuführen. Da jedoch fast die Hälfte der Restaurantkosten Sekundärkosten aus der Kostenstelle Küche sind, und man in der Küche davon ausgehen kann, dass ein teures Gericht auch entsprechend hohe Aufwände bei Wareneinkauf und Zubereitung verursacht, ist der Umsatzschlüssel an dieser Stelle angebracht.

In Zeile 27 wird der komplette Golfshop auf die Kostenstelle Golfplatz übertragen. Die Zeilen 28/29 zeigen die Herstellkosten der einzelnen Kostenträger. Herstellkostemmmmmmmn sind die Summe aus Kostenträgereinzelkosten und indirekten Kostenträgerkosten ohne Verwaltungskosten. Die Herstellkosten müssen ermittelt werden, um hergestellte aber noch nicht verkaufte Leistungen zum Bilanzstichtag bewerten zu können (in solch eine Bewertung dürfen nämlich aus bilanzrechtlichen Gründen keine Verwaltungskostenanteile einfließen). Da die allermeisten touristischen Unternehmen Dienstleistungsunternehmen sind, und bei Dienstleistungen typischerweise Herstellung und Konsumation zusammenfallen, ist die Größe Herstellkosten für die meisten im Tourismus tätigen Unternehmen – ganz im Gegensatz zum produzierenden Gewerbe – von geringer Relevanz. Im vorliegenden Fall werden die Herstellkosten ermittelt weil die Herstellkostensumme als Umlageschlüssel zur Verteilung der Kosten der (Verwaltungs-)Kostenstelle Geschäftsleitung verwendet wird (Zeile 30). Genauso wäre eine Verteilung der Geschäftsleitungskosten nach Umsatz (Tragfähigkeitsprinzip, siehe oben) möglich. Tatsächlich ist keine eindeutige, dauerhaft nachvollziehbare Beziehung zwischen den Leistungen der Geschäftsleitung und den einzelnen Kostenträgern vorhanden, so dass das Ziel der Umlage in Zeile 30 nur ist, sämtliche Kosten weiter zu verrechnen (Vollkostenrechnung – alle Kosten müssen nach Abschluss des BAB auf die Kostenträger zugerechnet sein). Da es für solche Verteilungen wie die der Kostenstelle Geschäftsleitung keinen „richtigen" Schlüssel gibt, ist der beste aller „falschen" Schlüssel zu wählen – im vorliegenden Fall hat man sich für die Herstellkosten entschieden.

Mit Zeile 30 sind sämtliche indirekten Kosten auf die Kostenträger übertragen und die Selbstkosten das heißt die Summe aus allen direkten und indirekten Kostenträgerkosten können in Zeile 31 ermittelt werden. Der Vergleich von Umsatzerlösen (Zeile 1) und Selbstkosten ergibt den Betriebserfolg. Dieser ist in Summe gleich wie der aus der Kostenartenrechnung (Feld D 31/32) ermittelte Betriebserfolg, jedoch wird jetzt der Beitrag der einzelnen Kostenträger (= Leistungen) zum Betriebserfolg sichtbar. Es ist zu erkennen, dass im wesentlichen die Zimmervermietung von Zimmern der Kategorie AA sowie der Golfplatz für den Betriebserfolg verantwortlich sind, wohingegen Speisen und vor allem Zimmer der Kategorie B Verlustbringer für das Hotel sind.

5.3   Erfolgsanalyse

Der Betriebsabrechnungsbogen ist wahrscheinlich das am weitesten verbreitete Instrument des betrieblichen Rechnungswesens. Leider werden die in ihm enthaltenen Informationen oft überinterpretiert. Er ist zwar das Instrument der Wahl zur Vollkostenkalkulation und zum Ausweis des Erfolgsbeitrags der einzelnen Bereiche eines Unternehmens, aber die in ihm enthaltenen Informationen reichen in der Regel nicht aus um Entscheidungen bezüglich des Leistungsspektrums zu treffen(Soll die eine oder andere Leistung zukünftig nicht mehr angeboten/durch andere Angebote ersetzt werden?) oder gar die Wirtschaftlichkeit einzelner Kostenstellen zu beurteilen.

Auf den ersten Blick sieht es in Abb. 5.7 so aus als ob die Kostenträger „Zimmervermietung Kat. B"und „Speisen" Verluste in Höhe von ca. 164.000 GE verursachen. Könnten diese 164.000 GE eingespart werden, wenn in Zukunft gar keine Zimmer der Kategorie B mehr vermietet und das Restaurant geschlossen werden würde? Bei solchen Entscheidungen ist zu beachten, dass durch den Verzicht auf die Vermietung der Kategorie B Zimmer bzw. den Verkauf von Speisen nicht nur Kosten eingespart werden sondern auch die zugehörigen Umsätze wegfallen. Abb. 5.8 zeigt beispielhaft den BAB aus Abb. 5.7 ohne die Zimmer der Kategorie B. Realistischerweise wurde angenom-men, dass durch diese Maßnahme Kosten eingespart werden, nämlich 1/3 der Kosten für Löh-ne und Gehälter, Wäscherei und Reinigung und Abschreibungen des Anlagevermögens im Bereich Rezeption/Zimmerservice und 1/3 der Kosten für Strom/Gas/Wasser sowie Miete/Leasing im Bereich Gebäude/Hausmeisterservice. Trotz dieser Einsparungen weist der BAB jetzt ein schlechteres Gesamtergebnis aus, als vorher mit den Zimmern der Ka-tegorie B (111.667 GE an Stelle von 130.000 GE). Jetzt stehen neben den Speisen die Zimmer der Kategorie A als Verlustbringer da. Grund für diese Entwicklung ist, dass die Kosten der indirekten Bereiche (sämtliche Nebenkostenstellen plus die Hauptkostenstelle Geschäftsleitung) jetzt auf weniger Kostenträger übertragen werden, und so die einzelne Leistung immer teurer wird. So besteht die Gefahr, dass man sich durch Fehlinterpretation des Betriebsabrechnungsbogens systematisch aus dem Markt heraus kalkuliert. Abgese-hen von Überlegungen außerhalb des betrieblichen Rechnungswesens (Ist ein Hotelbe-trieb ohne eigene Gastronomie überhaupt möglich? Braucht es die Kategorie B-Zimmer nicht, um zukünftige Kunden der Kategorien A und AA heranzuziehen?), muss der BAB anders gelesen werden, um derartige Entscheidungen zu begründen. In solchen Fällen bietet es sich an den Betriebsabrechnungsbogen nicht konventionell (ausgehend von den Kostenarten fortschreitend bis zum Erfolgsbeitrag der einzelnen Kostenträger) aufzu-bauen, sondern mit der Kostenträgerrechnung zu beginnen und von den mit den einzelnen Kostenträgern erzielten Erlösen die Kosten abzuziehen die den Kostenträgern eindeutig zuordenbar sind. Damit wird ein Zwischenergebnis (in Abb. 5.9, Zeile 6 als „Rohertrag Kostenträger" bezeichnet) ausgewiesen, welches den Erfolgsbeitrag der einzelnen Kos-tenträger transparent macht. Tauchen hier negative Zahlen auf wäre es tatsächlich besser, den Verkauf der entsprechenden Leistung so schnell als möglich einzustellen. Ein Blick in Abb. 5.9 sagt uns jedoch, dass auch die beiden Problemfälle „Zimmervermietung Kat. B" und „Speisen" hier hohe positive Werte zeigen. Oft ist der größte Teil der Kosten nicht eindeutig den einzelnen Kostenträgern zuordenbar (Im Beispiel in Abb. 5.9 konnte nur die Kostenart Wareneinkauf eindeutig zugeordnet werden). Jedoch besteht die Möglich-keit, dass wenn Kosten schon nicht einzelnen Kostenträgern eindeutig zuordenbar sind, sie zumindest einer Gruppe von Kostenträgern, einem Unternehmensstandort oder einem Unternehmensbereich zuzuordnen. In unserem Beispiel kann ein Teil der Kostenarten „Löhne und Gehälter", „Abschreibungen Anlagevermögen", „Fremddienstleistungen", „Kabel/Satellitenfernsehen" und „Sonstiger betrieblicher Aufwand" den drei Bereichen Rezeption/Zimmervermietung, Restaurant und Golfshop eindeutig zugerechnet werden – die Kosten die im klassischen BAB (Abb. 5.7) primär auf den entsprechenden Bereichs-kostenstellen gebucht wurden. Zieht man jetzt die Roherträge der Kostenträgergruppen „Zimmervermietung", „Restaurant" und „Golfplatz" zusammen (Abb. 5.9, Zeile 7) und subtrahiert die Kosten der jeweiligen Kostenträgergruppe, erhält man den Erfolgsbeitrag der gesamten Kostenträgergruppe (in Abb. 5.9, Zeile 12 und 13 als „Ertrag Kostenträger-gruppen" bezeichnet).

	A	B	C	D	E	F	G	H	I	J	K	L	M	N	O	P	Q	R	S	T	U	V
	Aufwands- und Erlösarten (Finanzbuchhaltung)		Sachliche Abgrenzung	Kostenarten	Kostenstellen										Kostenträger							
					Gebäude/ Hausmeisterservice	Buchhaltung/ Personal	Gärtnerei	Küche	Keller	Marketing	Reception/ Zimmerservice	Restaurant	Golfshop	Geschäftsleitung	Zimmervermietung Kat. AA	Zimmervermietung Kat. A	Zimmervermietung Kat. B	Frühstück	Speisen	Soft-Drinks	Bier, Wein Spirituosen	Golfplatz
1	Umsatzerlöse	3.100.000		3.100.000											400.000	500.000	0	40.000	770.000	230.000	610.000	550.000
2	Erträge aus Wertpapieren	3.000	-3.000	0																		
3	Erträge aus dem Abgang von Anlagevermögen	5.000	-5.000	0																		
4	**SUMME Erträge**	**3.108.000**		3.100.000											400.000	500.000	0	40.000	770.000	230.000	610.000	550.000
5	Wareneinkauf	385.000		385.000														7.500	222.500	45.000	110.000	
6	Löhne und Gehälter	1.480.000		1.480.000	170.000	150.000	50.000	290.000	85.000	70.000	140.000	155.000	160.000	210.000								
7	Wäscherei und Reinigung	30.000		30.000							20.000	10.000										
8	Kabel-/Satellitenfernsehen	10.000		10.000							10.000											
9	Fremddienstleistungen	30.000		30.000						22.000				8.000								
10	Strom/Gas/Wasser	60.000		60.000	60.000																	
11	Miete/Leasing	233.333		233.333	233.333																	
12	Versicherungen/Gebühren	40.000		40.000						4.000				36.000								
13	Abschreibungen Anlagevermögen	450.000	100.000	550.000	15.000	5.000	5.000	180.000	20.000	5.000	200.000	60.000	40.000	20.000								
14	Zinsen	150.000	-150.000	0																		
15	Sonstiger Betrieblicher Aufwand	170.000		170.000	10.000		5.000			20.000	5.000		10.000	120.000								
16	**SUMME Aufwände**	**3.038.333**		2.988.333	**488.333**	**155.000**	**60.000**	**470.000**	**105.000**	**121.000**	**375.000**	**225.000**	**210.000**	**394.000**								
17																						
18	Umlage Gebäude / Hausmeisterservice nach m²				-488.333	13.333		40.000	26.667	8.333	283.333	100.000		16.667								
19	Umlage Buchhaltung / Personal nach Anz. Mitarbeitern					-168.333	6.601	59.412	6.601	13.203	16.503	39.608	19.804	6.601								
20	LV Gärtnerei nach geleisteten Stunden						-66.601				1.110	5.550	59.941									
21	LV Küche nach Sollstunden							-569.412			71.176	416.891	81.345									
22	Umlage Keller								-138.268		2.765	129.972	5.531									
23	Umlage Marketing auf Geschäftsleitung									-142.536				142.536								
24	**Kosten nach LV und KST-Umlagen**				0	0	0	0	0	0	**749.888**	**917.020**	**376.620**	**559.804**								
25	Umlage Reception/Zimmerservice nach Anzahl Übernachtungen										-749.888				292.639	457.249	0					
26	Umlage Restaurant nach Umsatzerlösen Frühstück/Speisen/Getränke											-917.020						22.231	427.943	127.827	339.020	
27	LV Golfshop auf Golfplatz												-376.620									376.620
28	**Herstellkosten**														292.639	457.249	0	29.731	650.443	172.827	449.020	376.620
29																		2.428.529				
30	Umlage Geschäftsleitung nach Herstellkosten													-559.804	67.457	105.401	0	6.853	149.935	39.839	103.504	86.815
31	**Selbstkosten**														360.096	562.650	0	36.584	800.377	212.666	552.524	463.435
32	**Erfolg**	**69.667**		**111.667**											39.904	-62.650	0	3.416	-30.377	17.334	57.476	86.564
33																		111.667				
34	*verwendete Schlüssel / innerbetriebliche Leistungen*		*m²*	*1.465*		*50*	*40*		*25*	*120*	*80*	*850*	*300*									
35			*Anz. Mitarbeiter*	*51*			*2*	*18*	*2*	*5*	*12*	*6*	*4*	*2*								
36			*Gärtnereistunden*	*3.000*						*50*	*250*	*2.700*										
37			*Küchenstunden*	*28.000*						*3.500*	*20.500*	*4.000*										
38			*Keller*	*100%*						*2%*	*94%*	*4%*										
39			*Anz. Übernachtungen*												2.000	3.125	0					

Abb. 5.8 BAB Hotel ohne Zimmer der Kategorie B

Aufwands- und Erlös-arten (Finanzbuchhaltung)	B	Sachliche Abgrenzung (C)	Kosten-arten (D)	Kostenträger							
				Zimmer-vermietung Kat. AA	Zimmer-vermietung Kat. A	Zimmer-vermietung Kat. B	Frühstück	Speisen	Soft-Drinks	Bier, Wein Spirituosen	Golfplatz
1 Umsatzerlöse	3.450.000			400.000	500.000	350.000	40.000	770.000	230.000	610.000	550.000
2 Erträge aus Wertpapieren		3.000									
3 Erträge aus dem Abgang von Anlagevermögen	5.000	5.000									
4 SUMME Erträge	3.458.000		3.450.000	400.000	500.000	350.000	40.000	770.000	230.000	610.000	550.000
5 Wareneinkauf			-385.000				-7.500	-222.500	-45.000	-110.000	
6											
7 ROHERTRAG Kostenträger			3.065.000	400.000	500.000	350.000	32.500	547.500	185.000	500.000	550.000
					1.250.000			1.265.000			550.000
8 Löhne und Gehälter (Reception/Zimmerservice, Restaurant und Golfshop)			-525.000		-210.000			-155.000			-160.000
9 Abschreibungen Anlagevermögen (Reception/Zimmerservice, Restaurant und Golfshop)			-400.000		-300.000			-60.000			-40.000
10 Kabel-/Satellitenfernsehen			-15.000		-15.000						
11 Sonstiger Betrieblicher Aufwand (Reception/Zimmerservice und Golfshop)			-15.000		-5.000						-10.000
12					720.000			1.050.000			340.000
13 ERTRAG Kostenträgergruppen			2.110.000				1.770.000				
14 Wäscherei und Reinigung			-40.000				-40.000				
15 Löhne und Gehälter (Gebäude/Hausmeisterservice)			-170.000				-170.000				
16 Strom/Gas/Wasser			-90.000				-90.000				
17 Miete/Leasing			-350.000				-350.000				
18 Abschreibungen Anlagevermögen (Gebäude/Hausmeisterservice)			-15.000				-15.000				
19 Sonstiger Betrieblicher Aufwand (Gebäude/Hausmeisterservice)			-10.000				-10.000				
20							1.095.000				340.000
21 ERTRAG Bereiche (Hotel/Golfplatz)			1.435.000				1.435.000				
22 Löhne und Gehälter (übrige Bereiche)			-855.000				-855.000				
23 Fremddienstleistungen			-30.000				-30.000				
24 Versicherungen/Gebühren			-40.000				-40.000				
25 Abschreibungen Anlagevermögen (übrige Bereiche)			-235.000				-235.000				
26 Sonstiger Betrieblicher Aufwand (übrige Bereiche)			-145.000				-145.000				
27											
28 Betriebserfolg			130.000				130.000				
29 Zinsen		150.000									
30 Abschreibungen (Sachliche Abgrenzung)		100.000									
31 Unternehmenserfolg	88.000										

Abb. 5.9 Stufenweise Erfolgsrechnung Hotel

Ein Blick auf die Zahlen zeigt auch hier, dass alle drei Gruppen in unserem Beispiel einen positiven Erfolgsbeitrag liefern. Im nächsten Schritt wird noch weiter zusammengefasst, um weitere Kosten verursachungsgerecht subtrahieren zu können. Da die kostenmäßig umfangreiche Vorkostenstelle Gebäude/Hausmeisterservice offensichtlich nicht für den Golfplatz zuständig ist, erfolgt die Zusammenfassung in die zwei Bereiche Hotel (Zimmervermietung und Restaurant) und Golfplatz. Abb. 5.9, Zeile 20 weist die entsprechenden Bereichserträge aus. Beide Bereiche arbeiten profitabel, wobei der Vergleich zum Umsatz zeigt, dass die Umsatzrendite beim Golfplatz noch höher als im Bereich Hotel ist (62 % zu 38 % berechnet als Bereichsertrag/Umsatz).

Die verbleibenden (bislang noch nicht subtrahierten) Kosten betreffen die Geschäftsleitung und die weiteren indirekten Bereiche. Da hier keine seriöse Kostenspaltung möglich ist (nicht einmal auf der groben Ebene Hotel vs. Golfplatz), zieht man diese Kosten von der Summe der Bereichserträge pauschal ab und kommt so zum Betriebserfolg (Abb. 5.9, Zeile 28). Dieser ist identisch mit der via klassischem BAB ermittelten Größe (Abb. 5.7, Zeile 33), jedoch ist die hier dargestellte stufenweise Erfolgsrechnung weniger empfänglich für Fehlinterpretationen und als Entscheidungsgrundlage besser geeignet.

Auf dem hier gezeigten System basiert auch die Erfolgsrechnung nach dem in angelsächsischen Ländern und bei internationalen Hotelketten gebräuchlichen Uniform System of Accounts for the Lodging Industry (USALI). Dieses System basiert darauf die Kostenstellen eines Hotels in Profit Center(sog. „Operating Departments", welche Umsätze generieren) und Servicestellen zu separieren. Dabei sind folgende Profit-Center und Servicestellen vom USALI vorgesehen:

Profit-Center:

- Logis
- Speisen
- Getränke
- Telekommunikation
- Garagen und Parken
- Golfplatz
- Golf Shop
- Gästewäsche
- Fitness und Wellness
- Schwimmbad
- Tennisplätze
- Tennis Shop
- Sonstige Profit Center (z. B. Friseur, Zeitungskiosk, Boutique etc.)
- Vermietungen/Sonstiges

Servicestellen:

* Verwaltung/allgemeine Servicestellen
* Personalabteilung
* EDV
* Sicherheitsdienst
* Marketing
* Franchisegebühren
* Transport
* Reparaturen und Instandhaltung
* Energie und Wasser

Während die USALI Profit-Center klassische Hauptkostenstellen darstellen, zeigt sich bei näherer Betrachtung, dass die „Servicestellen" teilweise die Natur von Vor-/Neben-kostenstellen haben (Personalabteilung/Sicherheitsdienst) und andererseits das USALI auch klassische Kostenarten (Franchisegebühren, Energie und Wasser) als „Servicestellen" führt (Abb. 5.10).

Auch an anderen Stellen ist der Wechsel vom klassischen BAB ins USALI-Raster nicht ganz unproblematisch. Abbildung 5.10 zeigt die USALI-Ergebnisübersicht für das im vorangegangenen öfters herangezogene Hotelbeispiel. Zeile 2 zeigt die aggregierten Erlöse der Zimmervermietung in den drei Kategorien abzüglich des Personalaufwands der Kostenstelle Rezeption/Zimmervermietung sowie sonstigem Aufwand dieser Kostenstelle (30.000 GE für Wäscherei und Reinigung, 15.000 GE Kabel-/Satellitenfernsehen und 5000 GE sonstigem Betrieblichen Aufwand). Das Ergebnis für das Profit-Center Logis fällt nach USALI mit 990.000 GE deutlich besser aus, als in der in Abb. 5.9 gezeigten Stufenerfolgsrechnung (720.000 GE). Der Hauptgrund für die Abweichung liegt darin, dass nach USALI die Abschreibungen später im System pauschal abgezogen werden (Abb. 5.10, Zeile 34).

Zeile 3 im USALI zeigt den mit den Kostenträgern Frühstück und Speisen erzielten Erfolg. Der Personalaufwand in dieser Zeile setzt sich aus dem Personalaufwand in der Küche (diese ist nach USALI keine Servicestelle sondern Teil des Profit-Centers „Speisen") und dem halben Personalaufwand der Kostenstelle Restaurant zusammen (dieser muss zwischen den Profit-Centern „Speisen" und „Getränken" aufgeteilt werden, was im klassischen BAB nicht geschieht). Die selbe Vorgehensweise (Zuordnung 50:50 auf Speisen und Getränke) wurde für die Tischwäsche (Kostenart „Wäscherei und Reinigung") gewählt. Zur Ermittlung des Erfolgs des Profit-Centers „Getränke" wurde entsprechend vorgegangen, nur wurde der Personalaufwand der Küche durch den der Kostenstelle Keller ersetzt.

Nach USALI werden mit dem Verkauf von Speisen und Getränken insgesamt 725.000 GE erwirtschaftet. Dieser Wert liegt deutlich niedriger als der in Abb. 5.9, Zeile 13 ermittelte Wert von 1.050.000 GE, welcher zwar Abschreibungen beinhaltet, jedoch keine Küchenkosten. In Bezug auf den Golfplatz (Zeile 7 in Abb. 5.10 bzw. Zeile 12 in Abb. 5.9)

	A	B	C	D	E	F
		Erträge	Wareneinsatz	Personal-Aufwand	Sonstiger Aufwand	Ergebnis
1	**Operative Abteilungen**					
2	Logis	1'250'000		-210'000	-50'000	990'000
3	Speisen	810'000	-230'000	-367'500	-5'000	207'500
4	Getränke	840'000	-155'000	-162'500	-5'000	517'500
5	Telekommunikation	-	-	-	-	0
6	Garagen und Parken	-	-	-	-	0
7	Golfplatz	550'000		-160'000	-10'000	380'000
8	Golf Shop	-	-	-	-	0
9	Gästewäsche	-	-	-	-	0
10	Fitness und Wellness	-	-	-	-	0
11	Schwimmbad	-	-	-	-	0
12	Tennisplätze	-	-	-	-	0
13	Tennis Shop	-	-	-	-	0
14	Sonstige Profit Center	-	-	-	-	0
15	Vermietungen / Sonstiges	3'000	-	-	-	3'000
16	**Summe Operative Abteilungen**					**2'098'000**
17	**Serviceabteilungen**					
18	Verwaltung und Allgemeines		-	-220'000	-143'000	-363'000
19	Personalabteilung		-	-150'000	-	-150'000
20	EDV	-	-	-	-	0
21	Sicherheitsdienst	-	-	-	-	0
22	Marketing		-	-70'000	-42'000	-112'000
23	Franchisegebühren	-	-	-	-	0
24	Transport	-	-	-	-	0
25	Reparaturen und Instandhaltung	-	-	-	-	0
26	Energie und Wasser		-	-	-90'000	-90'000
27	**Summe Serviceabteilungen**					**-715'000**
28	**Betriebsergebnis nach Abzug Serviceabteilungen**					**1'383'000**
29	Managementvergütung					-210'000
30	Pacht/Mieten/Leasing, Betriebs- und Objektsteuern, Versicherungen					-390'000
31	**Betriebsergebnis vor Zinsen, Abschreibungen und Steuern**					**783'000**
32	Zinsen					-150'000
33	**Betriebsergebnis vor Abschreibungen und Steuern**					**633'000**
34	Abschreibungen					-550'000
35	Veränderungen des Anlagevermögens					5'000
36	**Betriebsergebnis vor Steuern**					**88'000**

Abb. 5.10 Ergebnisübersicht Hotel nach USALI

weisen beide Darstellungsformen einen ähnlichen Erfolg aus; der einzige Unterschied ist die oben erwähnte Nichtberücksichtigung von Abschreibungen beim USALI.

Da das USALI keine sachliche Abgrenzung kennt, finden sich die 3000 GE Erträge aus Wertpapieren(Abb. 5.7, Zeile 2) in Abb. 5.10, Zeile 15 (Vermietungen, Sonstiges) wieder.

In den Zeilen 17–27 des USALI erfolgt der Abzug der Kosten der Serviceabteilungen. Zeile 18 beinhaltet in unserem Beispiel den Personalaufwand der Kostenstellen Gebäude/Hausmeisterservice und Gärtnerei sowie als Sonstigen Aufwand den Sonstigen betrieblichen Aufwand aus eben diesen Kostenstellen (10.000 GE + 5000 GE) und der Geschäftsleitung (120.000 GE) sowie 8000 GE Kosten für Fremddienstleitungen aus der Kosten-

stelle Geschäftsleitung. In Zeile 19 wurden nur die Personalkosten der Kostenstelle Buch-
haltung/Personal eingestellt. Sämtliche Kosten der Kostenstelle Marketing finden sich in
Zeile 22– mit Ausnahme der Kostenarten Versicherung/Gebühren und Abschreibungen,
welche erst in den Zeilen 30 bzw. 34 ins USALI eingehen. Mit den Kosten für Energie
und Wasser (Zeile 26), welche auf die Kostenart Strom/Gas/Wasser (Abb. 5.7, Zeile 10)
zurückzuführen sind, ist die Darstellung der Serviceabteilungen abgeschlossen.

Da in vielen Hotels die das USALI-System anwenden das Betriebsergebnis nach Abzug der Kosten der Serviceabteilungen die Basis für den variablen Anteil der Manage-
mentvergütung darstellt, werden die Gehälter des Hotelmanagements (unsere Kostenstelle
Geschäftsleitung) erst in Zeile 29 abgezogen. Dabei wird vorausgesetzt, dass das Management keinen Einfluss auf Pacht/Mieten/Leasing, Betriebs- und Objektsteuern, Versicherungen hat. Deshalb kommen diese Positionen erst in Zeile 30 zum Abzug. Verträge
dazu werden in der Regel eine Hierarchieebene höher vom Management der gesamten
Hotelkette ausgehandelt. In unserem Beispiel sind das die Kosten für Miete Leasing und
Versicherungen/Gebühren (Abb. 5.7, Zeilen 11 und 12). Vom verbleibenden Betriebsergebnis werden noch die Zinsen (in der Darstellung in Abb. 5.7, Zeile 14 Bestandteil der
sachlichen Abgrenzung), Abschreibungen (Abb. 5.7, Zeile 13) und allfällige Veränderun-
gen im Anlagevermögen(Abb. 5.7, Zeile 3) subtrahiert, um zum Unternehmenserfolg zu
gelangen. Da im USALI nicht zwischen Betriebs- und Unternehmenserfolg unterschieden
wird, ist das Betriebsergebnis vor Steuern nach USALI (Abb. 5.10, Zeile 36) identisch
mit dem von uns ermittelten Unternehmenserfolg (Abb. 5.7, Zeile 32/33 zweite Spalte).
So führen beide Darstellungsformen letztlich zum selben Ergebnis. Die Anwendung der
USALI hat den Vorteil, dass einfacher Quervergleiche zwischen den einzelnen Hotels
einer Kette angestellt werden können als wenn jedes Hotel den BAB nach seinen indivi-
duellen Bedürfnissen aufbauen würde. Nachteilig wirkt sich aus, dass das standardisierte
USALI-Korsett nicht für jedes Unternehmen gleich gut geeignet ist – die vielen leeren
Felder in Abb. 5.10 belegen dies. Letztlich ist es eine Führungsentscheidung ob die Vor-
teile der Standardisierung überwiegen, oder ob durch individuell strukturierte Betriebsab-
rechnungen ein Maximum an Information für das Management jedes einzelnen Standorts
herausgeholt werden soll.

5.4   Aufgaben zu Kapitel 5

5.1-1

Im Hotel „Vier Jahreszeiten" wird eine Vorkostenstelle „Gebäude" geführt, auf welche folgende Kostenarten gebucht wurden

KOSTENARTEN KSt „GEBÄUDE"	KOSTEN (GE)
Mieten	150.000
Feuerversicherung	1.000
Gehälter (Hausmeister)	120.000
Diverse Kleinreparaturen	9.000
Summe	**280.000**

Die Vorkostenstelle „Gebäude" soll nach m^2 auf die folgenden Kostenstellen umgelegt werden:

KOSTENSTELLEN	FLÄCHENBEDARF (m^2)
Zimmer und Suiten	1.200
Rezeption/Lobby	200
Verwaltung	150
Restaurant	450
Summe	**2.000**

5.1-2

Auf der Kostenstelle „Restaurant" des Hotels „Vier Jahreszeiten" sind folgende Kosten angelaufen:

KOSTENARTEN KSt „RESTAURANT"	KOSTEN (GE)
Wareneinstand	170.000
Gehälter (Köche und Service)	310.000
Abschreibungen	27.000
Umlage KSt „Gebäude"	63.000
Summe	**570.000**

Da sämtliche Zimmer incl. Frühstück angeboten werden, erfolgt eine dementsprechende Leistungsverrechnung von der KSt „Restaurant" an die KSt „Zimmer und Suiten". Es sind insgesamt 13.664 Übernachtungen erfolgt. Intern wird ein Frühstück mit 4,80 GE verrechnet. Entlasten Sie die KSt „Restaurant" um den entsprechenden Betrag.

5.1-3
Das „Panoramahaus" in Bad Landfeld hat 20XX Umsätze mit folgenden Leistungen erzielt

LEISTUNGSARTEN	UMSATZ20XX
Hotelübernachtungen	500.000 GE
Speisen und Getränke im Restaurant	150.000 GE
Wellnessangebote	100.000 GE
Fitnessangebote	150.000 GE
Diverses im Bereich Night-Club/Diskothek/Bar	100.000 GE
Summe	**1.000.000 GE**

In den verschiedenen Abteilungen (=Kostenstellen) des Panoramahauses sind 20XX folgende Primärkostensummen angefallen:

HAUPTKOSTENSTELLEN	PRIMÄRKOSTEN 20XX
Hotel	200.000 GE
Restaurant	120.000 GE
Fitness und Wellness	30.000 GE
Night-Club/Diskothek/Bar	100.000 GE
VORKOSTENSTELLEN	
Geschäftsleitung	200.000 GE
Hausmeisterservice	150.000 GE
Küche	300.000 GE
Personalabteilung	70.000 GE
Marketing	80.000 GE
SUMME	**1.250.000 GE**

a) Legen Sie die Kosten der Vorkostenstellen auf Basis der folgenden Angaben auf die vier Hauptkostenstellen um:

Geschäftsleitung:	Zu gleichen Teilen auf die vier Hauptkostenstellen
Hausmeisterservice:	20 % auf Hotel, je 40 % auf Restaurant und Night-Club/Diskothek/Bar [die Bereiche Fitness und Wellness werden nicht betreut]
Küche:	Zu 90 % auf Restaurant, zu 10 % auf Night-Club/Diskothek/Bar
Personalabteilung:	Verteilung nach den Mitarbeiterzahlen der Hauptkostenstellen

Hotel	6 Mitarbeiter,
Restaurant	3 Mitarbeiter,
Fitness und Wellness	9 Mitarbeiter,
Night-Club/Diskothek/Bar	6 Mitarbeiter
Marketing:	Verteilung nach den Umsätzen der von den Hauptkostenstellen produzierten Leistungsträger [...dazu sind die Umsätze für Fitness und Wellness zusammenzufassen]

b) Der Vergleich von Umsatz und Kosten zeigt, dass die Panoramahaus AG 20XX einen Verlust von 250.000 erwirtschaftet hat. Wie kann dieser unter den 5 Leistungsarten aufgeteilt werden?

5.1-4
Der Reiseveranstalter TravelTours – Worldwide ist folgendermaßen organisiert:

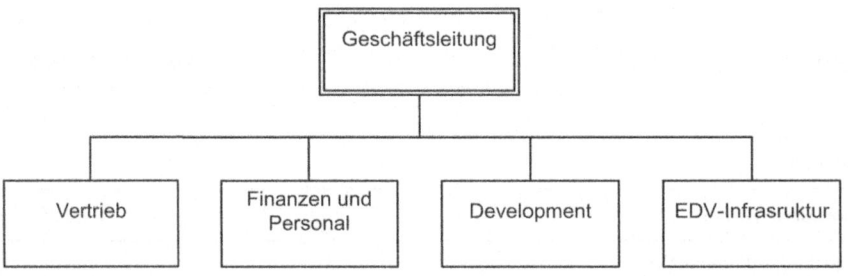

Folgende Informationen stehen zu den Kostenstellen von TravelTours – Worldwide zur Verfügung:

Kostenstelle	Primärkosten	Anz. PC-Arbeitsplätze
Geschäftsleitung	250.000 GE	30
Vertrieb	300.000 GE	80
Finanzen und Personal	150.000 GE	20
Development	400.000 GE	50
EDV-Infrastruktur	150.000 GE	-

Folgende Informationen stehen zu den angebotenen Leistungen (Kostenträger) von TravelTours – Worldwide zur Verfügung:

Kostenträger	Einzelkosten	Umsätze
Fernreisen	1.250.000 GE	2.005.000 GE
Busreisen	400.000 GE	830.000 GE
Kultur & Bildungsreisen	950.000 GE	1.004.000 GE

a) Ermitteln Sie den Erfolg der drei Kostenträger. Legen Sie dazu zunächst die Kosten der KSt „EDV-Infrastruktur" nach der Anzahl PC-Arbeitsplätze auf die übrigen Kostenstellen um. Verteilen Sie anschließend die Kostenstelle „Development" zu drei gleichen Teilen auf die drei Kostenträger. Im dritten Schritt verteilen Sie die verbleibenden Kosten proportional zum Umsatz auf die drei Kostenträger.

Die Geschäftsleitung von TravelTours – Worldwide wünscht sich ein aussagefähigeres Kostenrechnungssystem und bittet Sie deshalb folgende Änderungen vorzunehmen:

1. Für die Betreuung eines PC-Arbeitsplatzes ist der marktübliche Preis von 900 GE anzusetzen.
2. Die Kostenstelle „Development" arbeitet mit der Hälfte Ihrer Kapazität an einer neuen Produktlinie „Aktivurlaub". Die Aufwände hierfür sind nicht den Kostenträgern, sondern direkt dem Unternehmensergebnis zu belasten.

b) Welche Konsequenzen haben diese Änderungen im Vergleich zum Ergebnis laut a)?

5.1-5 Das Hotel Garni „Wochenend" bietet Übernachtungen mit Frühstück im Einzel- und Doppelzimmer an. Das Hotel verfügt über 5 Einzel und 8 Doppelzimmer. Für den vergangenen Monat liegen folgende Daten vor:

Leistung:	Verkaufte Menge:	Umsatz:
Übernachtung im Einzelzimmer	90	9.900 GE
Übernachtung im Doppelzimmer (einfach belegt)	150	16.500 GE
Übernachtung im Doppelzimmer (doppelt belegt)	20	3.200 GE

Kosten:	
Miete	8.000 GE
Lebensmittel (Frühstück)	1.400 GE
Personal	12.000 GE
Strom, Gas, Wasser, Telefon, ..	700 GE
diverse sonstige Kosten	2.000 GE

Kalkulieren Sie den Erfolg der 3 Leistungen. Bringen Sie dazu die Cost-Plus-Kalkulation zur Anwendung, indem Sie die Mietkosten als Basis verwenden und die übrigen Kosten per Zuschlag verteilen. Bei der Verrechnung der Miete ist zu berücksichtigen, dass ein Doppelzimmer die 1,5-fache Quadratmeterzahl eines Einzelzimmers aufweist.

5.1-6
Erstellen Sie eine Primecost-Kalkulation auf Basis der Angaben aus 5.1-5. Im Unterschied zur Miete, welche unabhängig von der Zimmerbelegung anfällt, sollen die Personalkosten anhand der Zimmerbelegung verteilt werden. Berücksichtigen Sie auch, dass der Personalaufwand (Zimmerservice) bei Doppelzimmern 1,2 mal so hoch angesetzt werden muss, als bei Einzelzimmern.

5.1-7
Berücksichtigen Sie zusätzlich zu den in 5.1-5 und 5.1-6 gemachten Angaben, dass jeder Gast genau 1 Frühstück konsumiert, und dass die Personalkosten 5000 GE für das Gehalt des Hotelchefs beinhalten, welche nicht über den Zimmerservice sondern nur per allgemeinem Verwaltungskostenzuschlag weiterverrechnet werden können.

5.1-8
Für eine Portion des Gerichts „Frische Crêpes auf Spargelbett mit Mandelspinat" kalkuliert der 3-Sterne Koch Krokus Lecker folgende Zutaten:

200 g	frischer Spargel	zu 3,50 GE
2	Bio-Eier	zu 1,00 GE
50 g	Vollkornmehl	zu 0,10 GE
150 g	Spinatblätter	zu 1,50 GE
25 g	Mandeln	zu 0,30 GE
	Gewürze, Bratfett, etc.	zu 0,20 GE

Die Zubereitung des Gerichts dauert 20 min. Der Stundensatz eines 3-Sterne Kochs ist 150 GE. Im Hause Lecker wird die Primecost-Kalkulation angewendet, der Gemeinkostenaufschlagssatz beträgt 33 %.
Kalkulieren Sie die Kosten für 1 Portion „Frische Crêpes auf Spargelbett mit Mandelspinat"!

5.2-1
Das Restaurant „Osolemio" bietet diverse italienische Speisen und Getränke an. Das „Osolemio" hat verfügt über die Kostenstellen Gebäude, Küche, Restaurant und Keller. Am Ende der Rechnungsperiode 20XX sind die folgenden Kosten aufgelaufen:

Kosten-/ Leistungsarten (GE)	VorKostenstelle (GE)	HauptKostenstellen (GE)				Kostenträger (GE)	
	Gebäude	Küche	Restaurant	Keller	Speisen	Getränke
Umsatzerlöse	400.000					220.000	180.000
Wareneinkauf (Einzelkosten)	180.000					135.000	45.000
Miete	24.000	24.000					
Strom, Gas, Wasser	4.000	4.000					
Löhne	150.000	-	80.000	70.000	-		
Abschreibungen	20.000	-	10.000	8.000	2.000		
sonstiges	5.000	2.000	1.000	1.000	1.000		
SUMME		30.000	91.000	79.000	3.000		

a) Die Vorkostenstelle ist nach Quadratmetern auf die Hauptkostenstellen weiter zu verrechnen. Aus dem Grundriss des Gebäudes ist abzulesen:

Größe	250 m^2
davon:	Küche 50 m^2
	Restaurant 180 m^2
	Keller 20 m^2

Berechnen Sie die Kostensummen der drei Hauptkostenstellen nach Verrechnung der Vorkostenstelle Gebäude!

b) Verteilung der Hauptkostenstellen (incl. der Verrechnung aus a.) auf die Kostenträger:

KSt Küche: Komplett auf Speisen zu übertragen

KSt Restaurant: Auf Basis Einzelkosten auf Speisen und Getränke zu verteilen.

KSt Keller: Komplett auf Getränke zu übertragen

Ermitteln Sie den Erfolgsbeitrag der beiden Kostenträger!

c) Das Osolemio wendet eine zwischen Speisen und Getränken differenzierende einstufige Zuschlagskalkulation auf Basis Wareneinkaufskosten an.

Ermitteln Sie den Zuschlagssatz für Speisen und den Zuschlagssatz für Getränke!

Kalkulieren Sie die Gesamtkosten für folgende Leistungen:

- Eine Portion Osso Buco (Wareneinkaufskosten 9,22 GE)
- Eine Flasche Barolo Classico**** (Wareneinkaufskosten 35,74 GE)

5.2-2

Das Busunternehmen Edelreisen AG hat Linienbusdienste, organisierte Tagesfahrten und einen Bus-Charterservice im Programm. Folgende Daten wurden im letzten Jahr zu diesen drei Leistungen gesammelt:

	Linienbusdienste	Tagesfahrten	Bus-Charterservice
Umsatzerlöse	1.050.000 GE	600.000 GE	650.000 GE
Fahrzeuge	6 Stadtbusse	5 Reisebusse	
Gefahrene km	220.000 km	80.000 km	120.000 km

Folgende Aufwände wurden gebucht:

Abschreibungen Fahrzeuge	150.000 GE
Miete Büro/Werkstatt/Busdepot	120.000 GE
Öl/Kraftstoffe	130.000 GE
Personalkosten Chauffeure	1.200.000 GE
Personalkosten Werkstatt/Busdepot	120.000 GE
Personalkosten Büro	200.000 GE
Abschreibungen Werkstatteinrichtung	20.000 GE
Abschreibungen Büroeinrichtung	10.000 GE
Lieferungen und Leistungen zum Fahrzeugunterhalt	25.000 GE
Versicherungen, Steuern, Gebühren	30.000 GE
Sonstiger Aufwand	50.000 GE

Informationen zur Kostenartenrechnung:
- Die 150.000 GE Abschreibungen Fahrzeuge sind der von der Finanzverwaltung vor-gegebene Wert, der auf einer Abschreibungsdauer von 10 Jahren basiert. Bei der Edel-reisen AG mussten die Busse in der Vergangenheit jedoch stets bereits nach 8 Jahren verschrottet werden.
- Die Position „Lieferungen und Leistungen zum Fahrzeugunterhalt", die im wesent-lichen die Kosten für Reparaturen enthält, die die Edelreisen AG nicht in Ihrer eige-nen Werkstatt durchführen kann, ist letztes Jahr ungewöhnlich niedrig ausgefallen. Es besteht die Gefahr dass nächstes Jahr einige große Reparaturen „nachgeholt" werden müssen. Der langjährige Durchschnitt dieser Position beträgt 40.000 GE.
- Der sonstige Aufwand beinhaltet 20.000 GE für ein großes Betriebsfest (40-jähriges Firmenjubiläum), welches nur alle 10 Jahre veranstaltet wird.

Informationen zur Kostenstellenrechnung:
- Folgende Kostenstellen werden geführt:
  - Büro
  - Werkstatt/Depot
  - Stadtbusse
  - Reisebusse
- Die Abschreibungen für Fahrzeuge werden auf Stadtbusse und Reisebusse nach Wert der Fahrzeuge gebucht. Ein Reisebus kostet ca. das 1,2-fache eines Stadtbusses.
- 1/5 der Miete geht auf das Büro, der Rest auf Werkstatt/Depot.

- Öl/Kraftstoffe werden auf Basis der gefahrenen km verteilt. Dabei ist zu berücksichtigen, dass die Stadtbusse ca. eineinhalb mal soviel Kraftstoff pro km verbrauchen als die Reisebusse.
- Die Kosten der Chauffeure werden nach Anzahl der Fahrzeuge verteilt, ebenso die Lieferungen und Leistungen zum Fahrzeugunterhalt.
- Versicherungen, Steuern, Gebühren und der sonstiger Aufwand werden auf die Kostenstelle Büro gebucht.
- Die Kostenstelle Werkstatt wird nach Anzahl Fahrzeugen auf die Kostenstellen Stadtbusse und Reisebusse umgelegt
  Die Kostenstelle Büro wird als Hauptkostenstelle (Verwaltungskostenstelle) geführt.

Informationen zur Kostenträgerrechnung:
- Die Kostenstelle Reisebusse wird nach gefahrenen Kilometern auf die Kostenträger Tagesfahrten und Bus-Charterservice verrechnet.
- Die Kostenstelle Büro wird auf Basis Herstellkosten auf die drei Kostenträger verteilt.

Erstellen Sie den vollständigen Betriebsabrechnungsbogen für die Edelreisen AG. Wie beurteilen Sie die Wirtschaftlichkeit der drei Leistungsarten?

5.2-3
Das Sportstudio „Super Arnold+" besteht aus den folgenden Abteilungen, die auch als Kostenstellen geführt werden:
- Geschäftsleitung (1 Person)
- Buchhaltung (1 Person)
- Marketing (1 Person)
- Empfang (1 Person)
- Solarium (3 Solarien)
- Fitnesstrainer (5 Personen)
- Lauftrainingsanlagen (30 Geräte)
- Krafttrainingsanlagen (45 Geräte)
- Sauna/Whirlpool/Duschen
- Gebäude
- Gymnastikhalle
- Hausmeister/Reinigungspersonal (2 Personen)
- Wach- &Schließdienst (2 Personen)

Bringen Sie diese Kostenstellen in eine abrechnungstechnisch sinnvolle Reihenfolge, damit ein BAB im Treppenverfahren aufgebaut werden kann. Treffen Sie hierzu notwendige Annahmen und begründen Sie die von Ihnen aufgebaute BAB-Struktur.

5.3-1

Sortieren sie die „Servicestellen" des USALI. Welche entsprechen eher klassischen Kostenarten, welche sind eher als Kostenstellen anzusehen?

5.3-2

Kann das „Panoramahaus" in Bad Landfeld (Zahlen siehe 5.1-3) durch die Beendung des
Angebots einer oder mehrerer der fünf angebotenen Leistungen sein Ergebnis verbessern?
– Erstellen Sie eine stufenweise Erfolgsrechnung!

Aus der Vergangenheit in die Zukunft: Planungsrechnungen

6

6.1 Analyse des Kostenverhaltens

In den vorangegangenen Kapiteln wurde in der Regel von bestehenden Strukturen ausgegangen, das heißt sämtliche für das betriebliche Rechnungswesen relevanten Daten waren bekannt. In den einfachen in Kap. 3 dargestellten Fällen konnte leicht zwischen fixen und variablen Kostenarten unterschieden werden. Im Falle einer Grillbude, die die Kosten für eine Portion Currywurst ermitteln will, ist es offensichtlich, dass die Einkaufskosten für Wurst von der Absatzmenge abhängig und z. B. die Miete oder die Kosten für Werbemaßnahmen von der Absatzmenge unabhängig sind. Wie stellt sich jedoch die Situation für ein Hotel dar, das die Abhängigkeit der Heizkosten von der Hotelbelegung ermitteln will? Zunächst ist jedes belegte Zimmer zu heizen; im Winter muss jedoch davon ausgegangen werden dass auch unbelegte Zimmer zumindest auf einer bestimmten Grundtemperatur gehalten werden müssen um Frostschäden zu vermeiden. Außerdem bestehen allgemein genutzte Räumlichkeiten (Lobby, Speisesaal etc.) welche solange sich auch nur ein Gast im Hotel auf hält grundsätzlich warm zu halten sind. Um entscheiden zu können, ob zum Beispiel das Hotel in der Nebensaison geschlossen werden soll, benötigt das Management Informationen zum Kostenverhalten. Natürlich besteht in solchen Fällen die Möglichkeit mit pragmatischen Schätzungen zu arbeiten, sofern jedoch Vergangenheitsdaten vorliegen sollten diese als Planungsgrundlage genutzt werden.

Abbildung 6.1 zeigt die Verläufe diverser Kostenarten eines Hotelbetriebs. Dazu wurden die einzelnen Kostenarten über ein Jahr hinweg monatlich erhoben und die Kostensumme in Abhängigkeit von der im jeweiligen Monat angefallenen Anzahl an Übernachtungen dargestellt. Im Fall der Kostenart „Reinigung Bettwäsche" ist eine klare Proportionalität erkennbar: Bei Null Übernachtungen würden Null Reinigungskosten anfallen

© Springer Fachmedien Wiesbaden 2016
C. Benz, *Touristikkostenrechnung*, DOI 10.1007/978-3-658-08088-4_6

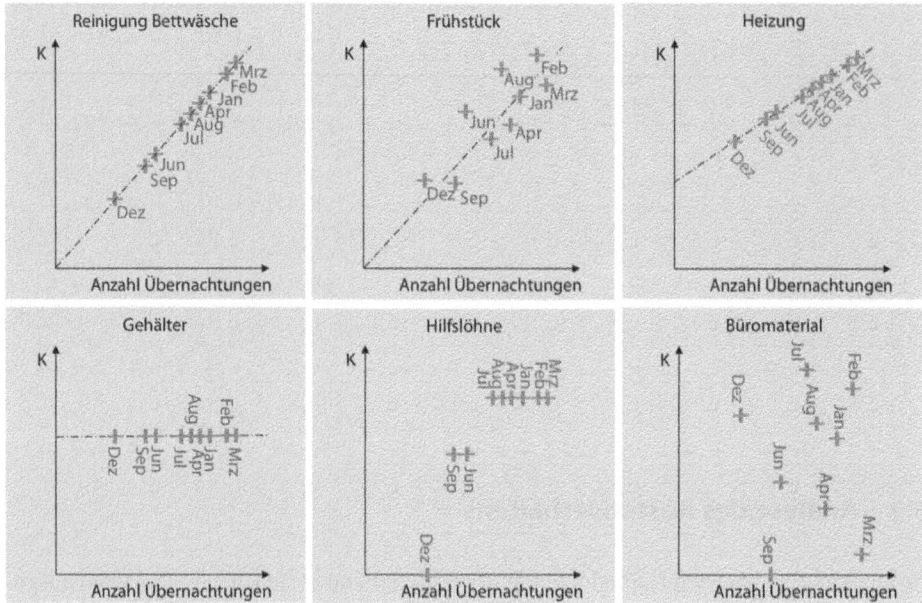

Abb. 6.1 Kostenverläufe diverser Kostenarten eines Hotels

und mit steigender Anzahl an Übernachtungen nehmen die Kosten dieser Kostenart linear zu. Offensichtlich handelt es sich hier um klassische *variable* Kosten (vgl. Abschn. 3.3). Auch die daneben dargestellten Frühstückskosten können aufgrund dieser Analyse als variabel angesehen werden. Die Datenpunkte liegen zwar nicht exakt auf einer Ursprungsgeraden, die Schwankungen sind jedoch betragsmäßig gering und höchstwahrscheinlich durch zufällige, nicht planbare und deshalb für Planungsrechnungen irrelevante Ursachen begründet. Die Datenpunkte der Kostenart Heizung zeigen wiederum einen eindeutig linearen Verlauf; die sich ergebende Gerade ist jedoch keine Ursprungsgerade sondern im Koordinatensystem nach oben verschoben. Dies bedeutet dass auch bei einer Nullbelegung Heizkosten anfallen, sich diese Kostenart also aus einem fixen Sockelbetrag und einer variablen Komponente zusammensetzt. Einen derartigen Kostenverlauf bezeichnet man als *„kombiniert"*. Die unten links dargestellte Kostenart „Gehälter" zeigt sich als komplett unabhängig von der Anzahl Übernachtungen und ist als *fix* anzusehen. Bezüglich der Hilfslöhne und des Büromaterials ist kein linearer Zusammenhang zwischen der Anzahl verkaufter Übernachtungen und der Höhe der jeweiligen Kosten zu erkennen. Die Hilfslöhne steigen offensichtlich bei höheren Übernachtungszahlen an, jedoch in Form einer nichtstetigen Treppenfunktion (in solchen Fällen redet man von *„sprungfixen"* Kosten). Bezüglich der Büromaterialkosten kann keine Beziehung zur Anzahl Übernachtungen festgestellt werden – diese Kostenart verhält sich entweder vollkommen zufällig oder deren Verhalten ist von einer anderen unabhängigen Variable (z. B. der Anzahl der in der Verwaltung gearbeiteten Mitarbeiterstunden oder ähnlichem) abhängig.

Falls aufgrund der graphischen Darstellung des Verlaufs einer bestimmten Kostenart ein linearer Zusammenhang zwischen Einflussgröße (in Abb. 6.1 die „Anzahl Übernachtungen") und Kostenanfall angenommen werden kann, kann man mittels der vorliegenden Vergangenheitsdaten die fixe und die variable Komponente der jeweiligen Kostenart rechnerisch bestimmen. Dazu sollen zwei mögliche Vorgehensweisen gezeigt werden: Die Schichthöhenmethode und die Berechnung der Regressionsgeraden (lineare Regression).

Bei der Anwendung der **Schichthöhenmethode** finden nur zwei Datenpunkte Berücksichtigung – der Datenpunkt mit der höchsten Ausprägung der Einflussgröße (Maximalauslastung) und der Datenpunkt mit der niedrigsten Ausprägung der Einflussgröße (Minimalauslastung). Die Kostendifferenz zwischen beiden Punkten ist auf den Auslastungsunterschied zurückzuführen und damit vollkommen variabel. Damit können die variablen Kosten pro Einheit mittels Divisionskalkulation (Kostenunterschied Maximal–Minimalkosten dividiert durch Mengenunterschied Maximal–Minimalauslastung) ermittelt werden. Die Fixkosten ergeben sich dann aus der Differenz der Gesamtkosten jedes Datenpunkts minus der jeweiligen variablen Kosten.

Beispiel

Eine Privatairline hat folgende Kosten bezgl. Catering gesammelt:

Monat	Anzahl Passagiere	Catering-Kosten
JAN	134	4461,60 GE
FEB	256	5974,40 GE
MRZ	108	4139,20 GE
APR	58	3519,20 GE
MAI	143	4573,20 GE
JUN	199	5267,60 GE
JUL	89	3903,60 GE

Die zweite Jahreshälfte ist aufgrund des Weihnachtsgeschäfts traditionell umsatzstärker, man plant mit insgesamt ca. 1200 Passagieren im Zeitraum AUG bis DEZ.

Wie hoch werden die Cateringkosten in der zweiten Jahreshälfte ausfallen?

Dazu ist zunächst zu ermitteln ob aufgrund des Kostenverlaufs vermutet werden kann dass ein linearer Zusammenhang zwischen der gewählten Einflussgröße (hier „Anzahl Passagiere") und den Cateringkosten vorliegt:

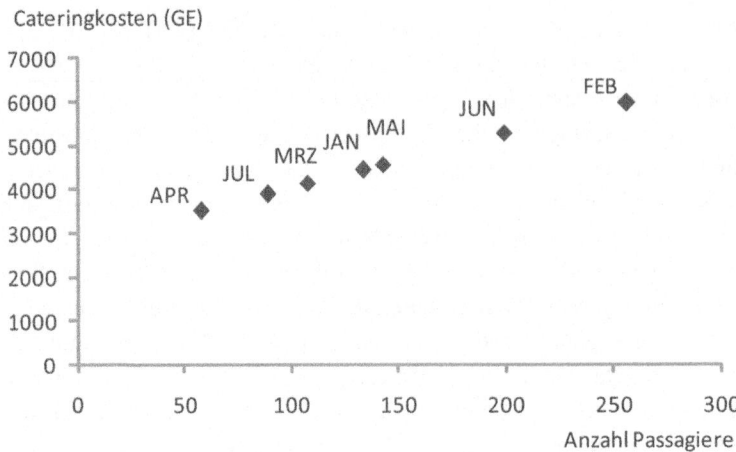

Die Grafik zeigt eindeutig einen linearen Kostenverlauf. Zur Berechnung werden die Werte für April (Minimum) und Februar (Maximum) herangezogen.

Der Auslastungsunterschied zwischen diesen beiden Monaten beträgt:

256 Passagiere (Februar) – 58 Passagiere (April)   *= 198 Passagiere*

Der Kostenunterschied zwischen diesen beiden Monaten beträgt:

5974,40 GE (Februar) – 3519,20 GE (April)   = 2544,20 GE

Damit betragen die variablen Kosten pro Passagier:

K_V = 2544,20 GE */198 Passagiere*   = 12,40 GE/Passagier

Der Fixkostensockel kann jetzt von jedem der beiden gewählten Datenpaare aus berechnet werden.

Es gilt für jedes Datenpaar $K_F = K - K_V = K - (k_V \times x)$

Im April: 3519,20 GE – (12,40 GE/Passagier × *58 Passagiere*) = 2.800 GE

Im Februar: 5974,40 GE – (12,40 GE/Passagier × *256 Passagiere*) = 2.800 GE

Damit ist für den Zeitraum von AUG bis DEZ mit folgenden Kosten zu rechnen:

Fixkosten	2.800 GE/Monat	insgesamt 14.000 GE
Variable Kosten	12,40 GE/Passagier	insgesamt 14.880 GE

Die Schichthöhenmethode kann nur dann angewendet werden, wenn die beiden Extrempunkte als repräsentativ für den Kostenverlauf gelten können. In Fällen wie den in Abb. 6.2 gezeigten führt sie zu wenig plausiblen Ergebnissen. Stellt einer der beiden Datenpunkte einen klaren Ausreißer dar (d. h. die Ursachen für die deutlich höheren Kosten beim Maximalpunkt in Abb. 6.2 links sind zufälliger und nicht systematischer Natur) ist dieser Datenpunkt nicht in die Berechnung einzubeziehen. In Abb. 6.2 links würde man dann mit dem niedrigsten und dem zweithöchsten Punkt arbeiten.

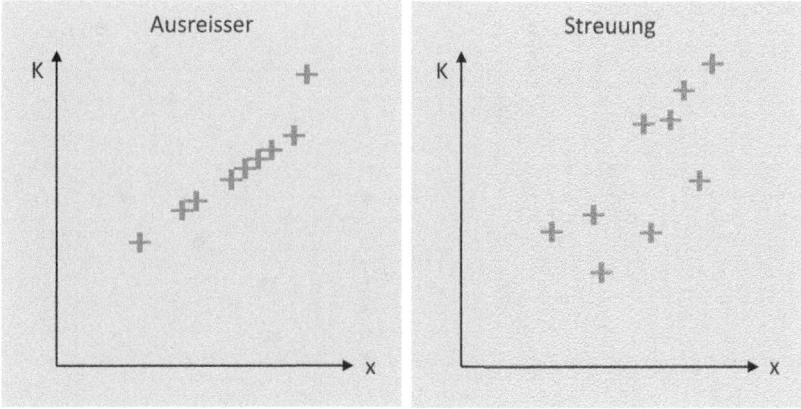

Abb. 6.2 Schichthöhenmethode: Kritische Datenverläufe

Streuen die Punkte jedoch so stark wie in Abb. 6.2 rechts dargestellt, fällt es schwer überhaupt noch „repräsentative" Datenpunkte auszumachen. Hier gibt eine frei Hand gezeichnete, möglichst nahe an allen Punkten liegende Gerade den Kostenverlauf offensichtlich besser wieder als die Verbindung irgendeines Punktepaars mittels Schichthöhenmethode. Anstatt eine derartige Gerade frei Hand zu zeichnen (was den Nachteil hat, dass dies nicht reproduzierbar ist – es gibt so viele unterschiedliche „Freihandgeraden" wie es Zeichner gibt, die sich daran versuchen) kann eine derartige Gerade mittels der auf den Mathematiker Gauß zurückgehenden Methode der ***linearen Regression*** exakt ermittelt werden. Grundidee dieser Methode ist, dass die Datenpunkte auf einer (gesuchten) Geraden liegen und Abweichungen von dieser Geraden nur zufälliger Natur sind.

Abbildung 6.3 zeigt neun Datenpunkte und die dazugehörige Regressionsgerade. Die Abstände ε_1 bis ε_9 stellen zufällige Abweichungen von der gesuchten Geraden dar. Wird die Gerade mit der allgemeinen Geradengleichung $y = a \cdot x + b$ beschrieben, können durch Einsetzen der x-Werte der einzelnen Datenpunkte ε_1 bis ε_9 berechnet werden.

$$\varepsilon_1 = y_1 - (a \times x_1 + b)$$
$$\varepsilon_2 = y_2 - (a \times x_2 + b)$$
$$\varepsilon_3 = y_3 - (a \times x_3 + b)$$
$$\varepsilon_4 = \ldots$$

Formel 6.1: Berechnung der Zufallsabweichungen ε

Da eine ideale Regressionsgerade möglichst nahe an den Datenpunkten verläuft, sind die Geradensteigung a und der y-Achsenabschnitt b der gesuchten Gerade so zu wählen, dass die Summe der Zufallsabweichungen ε möglichst klein wird. Um zu verhindern, dass sich positive und negative Abweichungen gegenseitig auf heben (in Abb. 6.3 sind ε_3, ε_5 und ε_8 negativ) sucht man nicht das Minimum der Summe über ε_1 bis ε_{max} sondern man minimiert

Abb. 6.3 Regressionsgerade

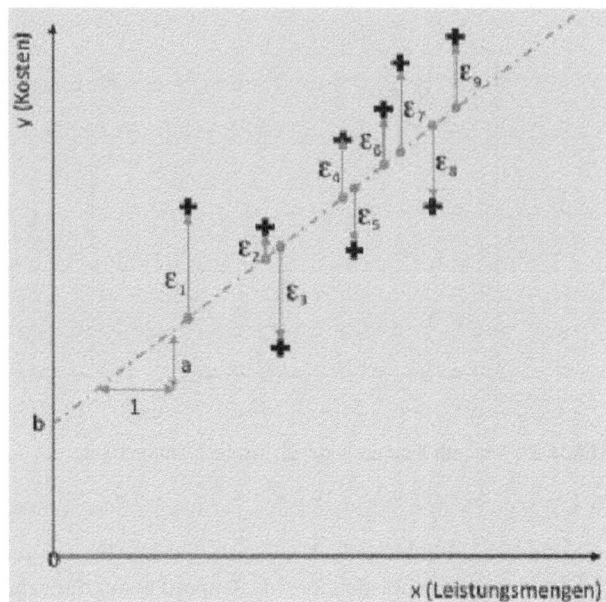

die Summe der Quadrate über ε_1 bis ε_{max}. Dies bewirkt zusätzlich den nützlichen Neben-effekt, dass Punkte die weiter von der gesuchten Gerade entfernt liegen stärker in die Be-rechnung einfließen. Formel 6.2 zeigt die vollständige Zielfunktion.

$$\sum_{i=1}^{max} [\varepsilon_i^2] \to MIN!$$

Formel 6.2: Grenzwertbedingung für die Regressionsgerade
Setzt man die ε-Werte aus Formel 6.1 in Formel 6.2 ein und ermittelt das gesuchte Mini-mum per erster Ableitung, lassen sich die gesuchte Geradensteigung a (in unserem Fall die variablen Kosten pro Leistungseinheit k_v) und der gesuchte y-Achsenabschnitt b (in unse-rem Fall der Fixkostensockel K_F) ermitteln. Es ergeben sich Formel 6.3 und Formel 6.4. Diejenigen Leser, welche sich für die ausführliche Herleitung dieser Formeln mittels Me-thoden der höheren Mathematik interessieren seien auf Statistik-Lehrbücher verwiesen. Wir beschränken uns an dieser Stelle darauf Formel 6.3 und Formel 6.4 anzuwenden.

$$a = \frac{\frac{1}{n}\sum_{i=1}^{n} y_i \times x_i - \left(\frac{1}{n}\sum_{i=1}^{n} x_i \times \frac{1}{n}\sum_{i=1}^{n} y_i\right)}{\frac{1}{n}\sum_{i=1}^{n} x_i^2 - \left(\frac{1}{n}\sum_{i=1}^{n} x_i\right)^2}$$

Formel 6.3: Steigung a der Regressionsgerade

$$b = \frac{1}{n} \sum_{i=1}^{n} y_i - \left(a \times \frac{1}{n} \sum_{i=1}^{n} x_i \right)$$

Formel 6.4: Y-Achsenabschnitt b der Regressionsgerade

$$R^2 = \left(\frac{\frac{1}{n} \sum_{i=1}^{n} (x_i - \bar{x}) \times (y_i - \bar{y})}{\sqrt{\frac{1}{n} \sum_{i=1}^{n} (x_i - \bar{x})^2 \times \frac{1}{n} \sum_{i=1}^{n} (y_i - \bar{y})^2}} \right)^2$$

Formel 6.5: Bestimmtheitsmaß R^2

Da Formel 6.3 und Formel 6.4 auch angewendet werden können wenn die zu untersuchenden Punkte offensichtlich nicht auf einer Geraden liegen, sollte immer auch das sog. „Bestimmtheitsmaß"R^2 ermittelt werden (Formel 6.5). R^2 gibt an wie gut die Werte durch eine Gerade angenähert werden können und kann Werte zwischen -1 und $+1$ annehmen. Ist der Betrag von R^2 grösser als 0,81 (R grösser als 0,9 oder kleiner als $-0,9$) kann mit ausreichend hoher Wahrscheinlichkeit davon ausgegangen werden, dass die Werte auf einer Geraden liegen. Dabei ergibt sich für eine fehlerfrei steigende Gerade der Wert von $R = 1$ und für eine fehlerfrei fallende Gerade der Wert $R = -1$. Ist der Betrag von R dagegen nahe Null, liegt kein linearer Zusammenhang zwischen der vermuteten Kosteneinflussgröße und den angefallenen Kosten vor.

Beispiel

Ein Berghotel hat folgende Daten bezüglich Auslastung und Löhnen für ungelernte Aushilfskräfte (Hilfslöhne) gesammelt:

Monat	Auslastung	Hilfslöhne
JAN	72%	38.000 GE
FEB	89%	38.500 GE
MRZ	74%	33.000 GE
APR	52%	25.500 GE
MAI	48%	24.000 GE
JUN	52%	24.000 GE

Es soll ermittelt werden inwieweit die Hilfslöhne von der Auslastung abhängig sind.

Da Formel 6.4 die unbekannte Geradensteigung a enthält, wird zunächst Formel 6.3 angewendet. Der in beiden Formelnhäufig vorkommende Ausdruck $\frac{1}{n}\sum_{i=1}^{n}(..)$ bedeutet, dass das arithmetische Mittel der Werte in der Klammer zu bilden ist.

Am übersichtlichsten arbeitet man, indem man die einzelnen Komponenten der Formeln in Form einer Tabelle da

N	x_i (Auslastung)	y_i (Hilfslöhne)	$x_i \times y_i$	x_i^2
1 (JAN)	$x_1 = 72\%$	$y_1 = 38.000$ GE	27.360	0,5184
2 (FEB)	$x_2 = 89\%$	$y_2 = 38.500$ GE	34.265	0,7921
3 (MRZ)	$x_3 = 74\%$	$y_3 = 33.000$ GE	24.420	0,5476
4 (APR)	$x_4 = 52\%$	$y_4 = 25.500$ GE	13.260	0,2704
5 (MAI)	$x_5 = 48\%$	$y_5 = 24.000$ GE	11.520	0,2304
6 (JUN)	$x_6 = 52\%$	$y_6 = 24.000$ GE	12.480	0,2704
Mittelwerte	$\bar{x} = 65\%$	$\bar{y} = 30.500$	20.551	0.4382

Mit Formel 6.3 ergibt sich für die Steigung der Regressionsgerade:

$$a = \frac{20.551 - (65\% \times 30.500)}{0,4382 - (0,65)^2} = 35.979,42$$

Ergebnis a eingesetzt in Formel 6.4 ergibt den y-Achsenabschnitt:

$$b = 30.500 - (35.979,42 \times 0,65) = 4971,27$$

Da heißt die Fixkosten betragen 4971,27 GE und die variablen Kosten betragen 359,79 GE pro Auslastungsprozentpunkt.

Ermittlung des Bestimmtheitsmaßes R^2:

N	$x_i - \bar{x}$	$y_i - \bar{y}$	$(x_i - \bar{x}) \times (y_i - \bar{y})$	$(x_i - \bar{x})^2$	$(x_i - \bar{x})^2$
1 (JAN)	7.5%	7.500	563	0.56%	56.250.000
2 (FEB)	24.5%	8.000	1960	6.00%	64.000.000
3 (MRZ)	9.5%	2.500	238	0.90%	6.250.000
4 (APR)	-12.5%	-5.000	625	1.56%	25.000.000
5 (MAI)	-16.5%	-6.500	1073	2.72%	42.250.000
6 (JUN)	-12.5%	-6.500	812	1.56%	42.250.000
		Mittelwerte	878	2.22%	39.333.333

Mit Formel 6.5 ergibt sich für R2:

$$R^2 = \left(\frac{878}{\sqrt{2,22\% \times 39.333.333}} \right)^2 = 0,8838$$

Da R^2 mit 0,8838 deutlich höher als der Grenzwert 0,81 ausfällt, kann der vermutete positive lineare Zusammenhang zwischen Hotelauslastung und Hilfslöhnen bestätigt werden.

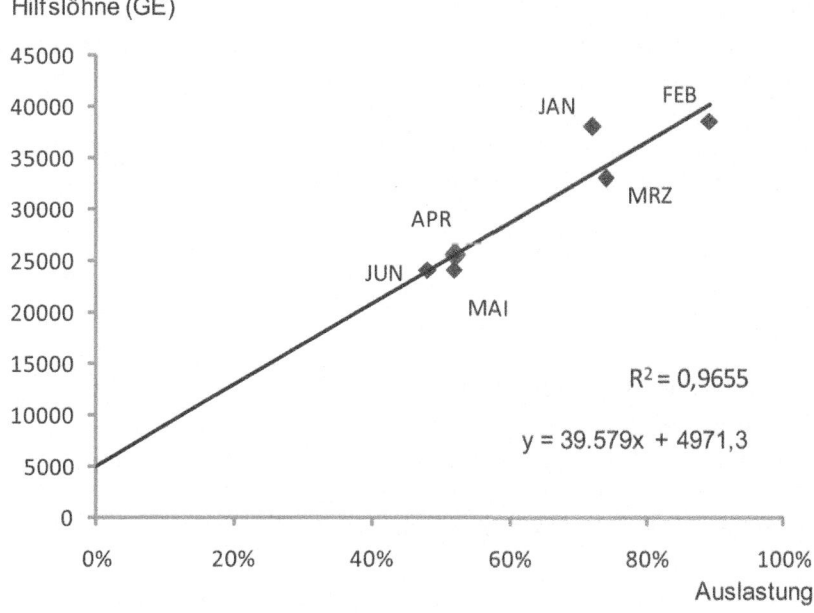

6.2 Deckungsbeitragsplanung bei Mehrproduktunternehmen

Sind sämtliche Kostenarten entweder als fix (= unabhängig von der Leistungsmenge) oder variable (= proportional zur Leistungsmenge) klassifiziert, können die in Abschn. 3.3 beschriebenen Break-Even-Berechnungen für eine bestimmte Leistung angestellt werden. Sehr oft weisen Touristik-Unternehmen jedoch ein heterogenes Leistungsspektrum auf. Das heißt es wird nicht eine oder wenige, mittels Äquivalenzziffern in einander überführbare, Leistungen angeboten sondern eine Vielzahl unterschiedlichster Leistungsarten – man denke etwa an den Katalog eines großen Reiseveranstalters. Da in solchen Fällen ein Großteil der Fixkosten nicht einzelnen Leistungen zuordenbar ist, macht eine Break-Even-Berechnung wie in 3.3 beschrieben nur in Ausnahmefällen Sinn (zum Beispiel bei Investitionsentscheidungen). Kann jedoch eine Beziehung zwischen Gesamtumsatz (als der Summe aller Leistungen) und den gesamten variablen Kosten hergestellt werden, kann die wichtige Frage beantwortet werden welchen Umsatz ein Unternehmen in einer bestimmten Periode erzielen muss um seine Fixkosten zu decken. Um diesen sog. Break-Even Umsatz zu ermitteln multipliziert man die Formel 3.7 (Break-Even Menge) mit dem Durchschnittspreis über alle Leistungen p:

$$U_{Break\,Even} = x_{Break\,Even} \times p = \frac{K_F}{p - k_v} \times p = \frac{K_F}{\dfrac{p - k_v}{p}} = \frac{K_F}{\dfrac{d}{p}} = \frac{K_F}{d_r}$$

Formel 6.6: Break-Even Umsatz

Die Größe d_r wird als „relativer Deckungsbeitrag" bezeichnet. Sie gibt an wie viel Deckungsbeitrag in einer abgesetzten Leistungseinheit enthalten ist. Liegt d_r nahe bei Eins müssen durch den Verkaufspreis nur wenig variable Kosten abgedeckt werden und es steht entsprechend viel Deckungsbeitrag zur Verfügung; liegt d_r nahe bei Null wird ein Großteil der Verkaufseinnahmen durch die variable Kosten aufgebraucht und es bleibt nur wenig Deckungsbeitrag übrig. Da $d \times x = D$ und $p \times x = U$ gilt für d_r:

$$d_r = \frac{p - k_v}{p} = \frac{d}{p} = \frac{d \times x}{p \times x} = \frac{D}{U} = \frac{U - K_v}{U}$$

Formel 6.7: Relativer Deckungsbeitrag d_r

Damit lässt sich d_r und in Folge der Break-Even Umsatz bestimmen wenn man die Summe der variablen Kosten, den dazugehörigen Umsatz und die Fixkosten kennt. Die Menge x ist hierzu nicht erforderlich! Das bedeutet es lässt sich der Break-Even Umsatz bestimmen ohne die entsprechende Break-Even Menge zu kennen – dass bei heterogenem Leistungsspektrum gar keine bestimmte Leistungsmenge x existiert sondern eine Vielzahl unterschiedlicher Leistungsmengen x_1, x_2, x_3, … x_n spielt keine Rolle. Die Variable x_n kürzt sich aus der Bestimmungsgleichung für d_r heraus.

Beispiel

Der Imbissstand aus Abschn. 3.3 bietet Hamburger, Currywurst und Hot Dogs an. Im vergangenen Monat wurde ein Umsatz von 12.000 GE erzielt, die gesamten variablen Kosten betrugen 7800 GE und die gesamten Fixkosten 3500 GE. Der Inhaber möchte wissen, welcher monatliche Mindestumsatz erzielt werden muss, um nicht in die Verlustzone zu geraten.

$D = U - K_v$	= 12.000 GE – 7.800 GE	=	4.200 GE
$d_r = D / U$	= 4.200 GE / 12.000 GE	=	35%
$U_{Break\ Even} = K_f / d_r$	= 3.500 GE / 35%	=	10.000 GE

Bei einem Umsatz von 10.000 GE sind sämtliche Kosten gedeckt. Da die Kasseneinnahmen wesentlich leichter zu verfolgen sind als die Anzahl der Bestellungen für die diversen Waren kann sich der Inhaber daran orientieren an welchem Tag des Monats diese Umsatzmarke überschritten wird – geschieht dies erst kurz vor Monatsende kann er keine großen Gewinne erwarten.

Der Grund dafür, dass auch ohne Mengenangaben nur aus der Umsatz- und Kostensituation heraus der Break-Even Umsatz ermittelt werden kann liegt darin, dass sämtliche Leistungen in Geldeinheiten abgerechnet werden. Der relative Deckungsbeitrag d_r ist dimensionslos (d *in Geldeinheiten* dividiert durch p *in Geldeinheiten* – die Geldeinheiten kürzen sich heraus, d_r wird meist als Prozentsatz wie im obigen Beispiel dargestellt). Damit gibt d_r nicht nur an wie viel Deckungsbeitrag anteilig mit einer bestimmten Leistung erzielt wird, sondern genauso wie viel Deckungsbeitrag in einer Geldeinheit Umsatz enthalten ist. Die Rechnung unterstellt, dass das Unternehmen nur eine Einheitsleistung, nämlich „Umsatz" produziert. Der Durchschnittsleistung werden die Durchschnittskosten gegenübergestellt. Dies lässt sich an Hand der Zahlen zeigen:

Beispiel

Der Imbissstand aus dem vorigen Beispiel hatte im letzten Monat folgende Umsatz-/ Kostensituation zu verzeichnen:

Produkt	Preis	Menge	Umsatz	k_v	K_v
Hamburger	3,20 GE	1.506	4.819,20 GE	1,53 GE	2.304,18 GE
Currywurst	3,40 GE	981	3.335,40 GE	2,98 GE	2.923,38 GE
Hot Dogs	2,90 GE	1.326	3.845,40 GE	1,94 GE	2.572,44 GE
Summen		3.813	12.000,00 GE		7.800,00 GE

$$\text{Durchschnittspreis} = 12.000 \text{ GE}/3813 \text{ Stück} = 3,15 \text{ GE/Stück}$$

$$\text{Durchschnittskosten} = 7800 \text{ GE}/3813 \text{ Stück} = 2,05 \text{ GE/Stück}$$

Break-Even Menge für Durchschnittspreis und Durchschnittskosten

$$x = K_f/d = 3500 \text{ GE}/(3,15 \text{ GE}-2,05 \text{ GE}) = 3177,50 \text{ Stück}$$

Break-Even Umsatz = Break-Even Menge x Durchschnittspreis

$$U_{\text{Break Even}} = 3177,50 \text{ Stück} \times 3,15 \text{ GE/Stück} = 10.000 \text{ GE}$$

Es ergibt sich das selbe Ergebnis wie oben.

Daraus folgt, dass summarisch über mehrere Leistungen ermittelte Break-Even Umsätze nur dann korrekt sind, wenn bei Umsatzveränderungen der Produktmix (die Zusammensetzung der „Durchschnittsleistung")unverändert bleibt. Treten Änderungen im Produktmix auf, kann der auf Basis des Ausgangsproduktmix ermittelte Break-Even Umsatz allenfalls als Richtwert dienen.

Beispiel

Der Imbissstand aus den vorigen Beispielen hatte einen Break-Even Umsatz von 10.000 GE abgeleitet.
Im Lauf des folgenden Monats wurde diese Umsatzsumme mit folgenden Absatzzahlen erreicht:

Produkt	Preis	Menge	Umsatz	k_V	K_V
Hamburger	3,20 GE	889	2.844,80 GE	1,53 GE	1.360.17 GE
Currywurst	3,40 GE	982	3.338,80 GE	2,98 GE	2.926,36 GE
Hot Dogs	2,90 GE	1.316	3.816,40 GE	1,94 GE	2.553.04 GE
Summen			10.000,00 GE		6.839,57 GE

Unter Berücksichtigung der Fixkosten in Höhe von 3500 GE ergibt sich der Betriebserfolg zu:

Umsatz − var. Kosten − Fixkosten = 10.000 GE − 6839,57 GE − 3500 GE = − 339,57 GE

Das heißt Break-Even ist noch nicht erreicht obwohl der Umsatz 10.000 GE beträgt! Der Grund dafür liegt im ungünstigen Leistungsmix. Wenn man die Deckungsbeiträge und Mengenanteile der drei Leistungen in der Ausgangssituation betrachtet ergibt sich folgendes Bild:

Produkt	Preis	k_V	d	Ausgangsmenge	Mengenanteil
Hamburger	3,20 GE	1,53 GE	1,67 GE	1.506	39%
Currywurst	3,40 GE	2,98 GE	0,42 GE	981	26%
Hot Dogs	2,90 GE	1,94 GE	0,96 GE	1.326	35%
Summen				3.813	100%

Tatsächlich sieht es so aus:

Produkt	Menge	Mengenanteil
Hamburger	889	28%
Currywurst	982	31%
Hot Dogs	1.316	41%
Summen	3.187	100%

Das heißt das deckungsbeitragsstärkste Produkt „Hamburger" ist deutlich weniger stark vertreten als im Ausgangsmix (28 % zu ursprünglich 39 %). Deshalb muss bei diesem Produktmix mehr Umsatz als in der Ausgangssituation gemacht werden, um die Break-Even-Situation zu erreichen. Im umgekehrten Fall (höherer Anteil „Hamburger" als im Ausgangsmix) wird der Break-Even-Punkt früher erreicht und bei einem Umsatz von 10.000 GE befindet sich der Imbissstand bereits in der Gewinnzone:

Produkt	Menge	Mengenanteil	U	K_V
Hamburger	1.293	40,5%	4.137,60 GE	1.978,29
Currywurst	757	20,0%	2.573,80 GE	2.255,86
Hot Dogs	1.134	29,5%	3.288,60 GE	2.199,96
Summen	3.187	100 %	10.000, 00 GE	6.434,11

Unter Berücksichtigung der Fixkosten in Höhe von 3500 GE ergibt sich in dieser Situation der Betriebserfolg zu:

Umsatz − var. Kosten − Fixkosten = 10.000 GE − 6434,11 GE − 3500 GE = 65,89 GE

Diese Erkenntnisse unterstreichen nochmals das bereits in Abschn. 5.3 zum Thema Erfolgsanalyse gesagte. Nicht nur die Verrechnung von Gemeinkosten auf Kostenträger nach willkürlich festgelegten Schlüsseln kann zu Fehlentscheidungen führen, auch die Ableitung von Deckungsbeiträgen aus Umsatzerlösen über ein pauschal angesetztes d_r ist oft nicht zielführend. Sofern es die Datenverarbeitungskapazitäten des jeweiligen Unternehmens ermöglichen ist es in jedem Fall besser, leistungsindividuell Umsätze und dazugehörige variable Kosten sowie die bis zu bestimmten Zeitpunkten aufgelaufenen Fixkosten zu erfassen und anhand dieser Daten zu ermitteln ob die Gewinnschwelle erreicht wird.

Die Kenntnis von d_r gibt allenfalls einen Anhaltspunkt bezüglich der Preisfestlegung für einzelne Leistungen. Um die Entscheidung zu treffen, ob eine bestimmte Leistung angeboten werden soll, sind in jedem Fall das individuelle d und eventuell zusätzlich anfallende Fixkosten zu ermitteln.

Beispiel

Der Imbissstand aus dem obigen Beispiel erzielt mit den drei Produkten Hamburger, Currywurst und Hot Dogs im Schnitt einen d_r von 35 %. Der Inhaber überlegt zusätzlich Coca-Cola und Nürnberger Würstel anzubieten:

Produkt	Preis	k_v	d	d_r
Coca-Cola	2,00 GE	0,80 GE	1,20 GE	60%
Nürnberger Würstel	4,00 GE	3,00 GE	1,00 GE	25%

Dem Inhaber gibt zu denken, dass um Coca-Cola anbieten zu können ein zusätzlicher Kühlschrank für 2000 GE angeschafft werden müsste und dass der relative Deckungsbeitrag d_r der Nürnberger Würstel mit 25 % unter dem bisherigen Durchschnittsdeckungsbeitrag des Imbissstands liegt. Wie ist zu entscheiden?

Coca-Cola:
Unabhängig davon wie weit d_r durch das Anbieten des Getränks gesteigert werden kann entstehen durch den Kühlschrank zusätzliche Fixkosten die durch den Getränkeverkauf gedeckt werden müssen. Angenommen es müssten nur die Anschaffungskosten von 2000 GE gedeckt werden (zusätzlicher Energie- und Flächenverbrauch nicht berücksichtigt), müssen mindestens 2000 GE/1,20 GE = 1667 Dosen Coca-Cola verkauft werden, bevor zusätzliche Gewinne entstehen. Wird diese Absatzmenge nicht erreicht verschlechtert sich das Gesamtergebnis des Imbissstands.

Nürnberger Würstel:
Unabhängig davon wie weit sich d_r durch das Anbieten von Nürnberger Würstel verschlechtert, entsteht mit jeder verkauften Portion ein Deckungsbeitrag von 1,00 GE der das Gesamtergebnis des Imbissstands verbessert. Solange der vorhandene Grill genutzt werden kann sind zusätzliche Fixkosten nicht zu berücksichtigen. Es ist allenfalls zu untersuchen ob durch die Nürnberger Würstel nicht das vorhandene Angebot kannibalisiert wird, das heißt dass Kunden durch das Ordern von Nürnberger Würstel es umgehen deckungsbeitragsstärkere Speisen zu konsumieren. Dies ist hier jedoch eher nicht der Fall:

Produkt	Preis	k_v	d
Hamburger	3,20 GE	1,53 GE	1,67 GE
Currywurst	3,40 GE	2,98 GE	0,42 GE
Hot Dogs	2,90 GE	1,94 GE	0,96 GE

Der Vergleich zeigt dass der Hamburger mit 1,67 GE tatsächlich einen deutlich höheren Deckungsbeitrag als die Nürnberger Würstel aufweist (1,00 GE). Jedoch die beiden Wurstspeisen „Currywurst" und „Hot Dogs", die wahrscheinlich eher in Gefahr stehen durch das Zusatzangebot „Nürnberger Würstel" Absatzeinbußen zu erleiden, liegen mit ihren Deckungsbeiträgen unter den Nürnberger Würsteln.

Damit kann die Aufnahme von „Nürnberger Würstel" ins Angebotssortiment uneingeschränkt befürwortet werden.

Letztlich entscheidet einzig und allein der individuelle Deckungsbeitrag d ob eine einzelne Leistung profitabel ist oder nicht. Falls keine zusätzlichen Fixkosten entstehen und die vorhandenen Fixkosten bereits anderweitig gedeckt sind entstehen zusätzliche Gewinne sobald die Kunden mehr für eine Leistung bezahlen als sie das Unternehmen kostet ($p > k_v$). Ist eine Auswahl zwischen mehreren Leistungen zu treffen, sind die Alternativen zu bevorzugen die zum höchsten Gesamtdeckungsbeitrag führen:

Beispiel

Das Speisenangebot unseres oben eingeführten Imbissstands sieht jetzt wie folgt aus:

Produkt	Preis	k_v	d
Hamburger	3,20 GE	1,53 GE	1,67 GE
Currywurst	3,40 GE	2,98 GE	0,42 GE
Hot Dogs	2,90 GE	1,94 GE	0,96 GE
Nürnberger Würstel	4,00 GE	3,00 GE	1,00 GE

Bei beschränktem Platz auf der Grillfläche (in den Hauptverkaufszeiten mittags und abends) sollten vorwiegend Hamburger verkauft werden, da diese den höchsten Deckungsbeitrag aufweisen. Entsprechend werden Hamburger extra beworben.

Dies gilt selbstverständlich nur wenn alle vier Speisen gleich lange gegrillt werden müssen – bei unterschiedlichen Garzeiten muss ermittelt werden wie viel Deckungsbeitrag pro Grillminute durch die einzelnen Speisen entsteht.

Bestehen mehrere Möglichkeiten eine Leistung zu erstellen, ist das Verfahren zu wählen welches die geringsten Kosten aufweist. Sobald zusätzliche Fixkosten ins Spiel kommen wird die Verfahrensentscheidung durch die vorgesehenen Leistungsmenge beeinflusst.

Beispiel

Der Imbissstand aus dem obigen Beispiel kann für das neue Angebot „Coca-Cola" entweder Coladosen zum Preis von 0,80 GE je Dose kaufen und selbst einen Kühlschrank für 2000 GE anschaffen, oder auf das Angebot eines Großhändlers eingehen, der für die Dose 0,85 GE berechnet, jedoch einen Kühlschrank kostenlos zur Verfügung stellt.

Produkt	Preis	k_v	d
Coca-Cola (eigener Einkauf)	2,00 GE	0,80 GE	1,20 GE
Coca-Cola (Großhändler)	2,00 GE	0,85 GE	1,15 GE

Der Großhändler ist offensichtlich pro Dose 0,05 GE teurer, jedoch würde man sich die Anschaffungskosten für den Kühlschrank sparen, wenn man auf dieses Angebot eingehen würde.

Bei welcher Menge würden die Mehrkosten pro Dose die Anschaffungskosten für einen eigenen Kühlschrank übersteigen? 2000 GE/0,05 GE=40.000 Dosen

Nur falls der Imbissstand damit rechnet innerhalb der Nutzungsdauer des Kühlschrankes mehr als 40.000 Dosen Coca-Cola abzusetzen lohnt sich der eigene Einkauf. Bei Mengen<40.000 Dosen ist das Angebot des Großhändlers vorteilhafter.

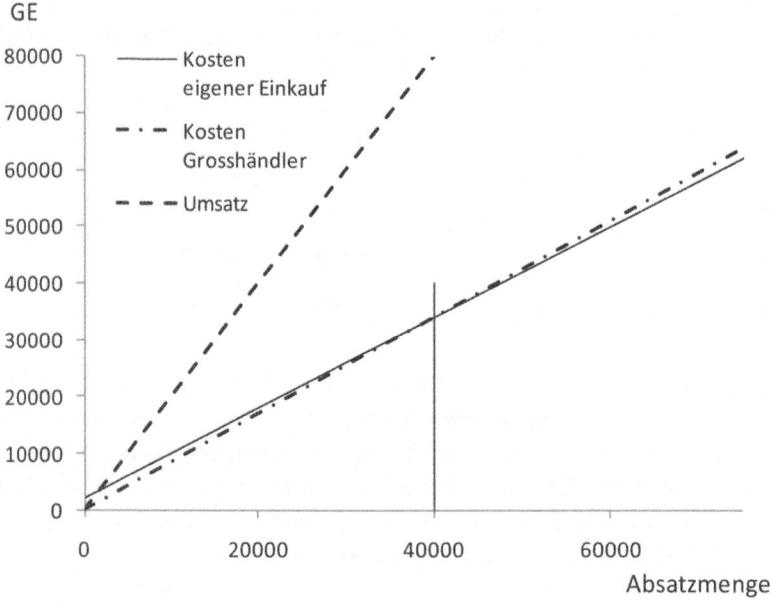

6.3   Aufgaben zu Kapitel 6

6.1.1

Die Piz Gruein AG, welche die 50-Personen Doppelkabinenbahn auf den Ski- und Aussichtsberg Piz Gruein betreibt, beendete das Geschäftsjahr 20XX mit einem erheblichen Verlust. Deshalb wurde kürzlich ein neues Managementteam berufen. Leider verfügt die

AG bis heute über kein betriebliches Rechnungswesen, so dass es sich als sehr schwierig erwies genaue Informationen über die Ursachen der Misere zu erhalten. In einem ersten Analyseschritt sammelte die neue Finanzchefin sämtliche verfügbaren Kosteninformationen aus dem vergangenen Jahr um einen Überblick zu gewinnen und die Basis zum Aufbau einer Deckungsbeitragsrechnung zu legen.

Das Ergebnis ihrer Datenerhebung sieht folgendermaßen aus:

	Seilbahnfahrten auf den Piz Gruein	Umsatz (GE)	Personal-kosten (GE)	Abschrei-bungen (GE)	Revisions-kosten (GE)	Strom-Kosten (GE)	Marketing Kosten (GE)	übrige Kosten (GE)
JAN	1.100	270.000	30.000	100.000	0	4.730	0	1.720
FEB	900	200.000	30.000	100.000	0	3.870	300	1.680
MRZ	1.200	320.000	30.000	100.000	0	5.160	0	1.740
APR	800	140.000	30.000	100.000	0	3.440	250	1.660
MAI	0	0	30.000	100.000	30.000	0	3.000	1.500
JUN	300	60.000	30.000	100.000	0	1.290	0	1.560
JUL	300	90.000	30.000	100.000	0	1.290	0	1.560
AUG	600	150.000	30.000	100.000	0	2.580	500	1.620
SEP	200	70.000	30.000	100.000	0	860	500	1.540
OKT	50	10.000	30.000	100.000	0	215	0	1.510
NOV	0	0	30.000	100.000	30.000	0	6.000	1.500
DEZ	400	70.000	30.000	100.000	0	1.720	1.000	1.580
Summen:								
Fahrten	5.850							
Umsatz		1.380.000						
Kosten		1.675.875	360.000	1.200.000	60.000	25.155	11.550	19.170
Gewinn (+), Verlust (-)		-295.875						

Stellen Sie fest, ob es sich bei den 6 Kostenarten (Personal, Abschreibungen, Revision, Strom, Marketing, übrige Kosten) um fixe, variable oder kombinierte Kosten in Bezug zur Anzahl Seilbahnfahrten handelt. Falls Sie keine Beziehung feststellen können, klassifizieren Sie die Kostenart als „nicht erkennbar " und begründen Sie kurz warum Sie in diesen Fällen keine Zuordnung vornehmen können.

6.1.2
Füllen Sie die folgende Tabelle auf Basis der Angaben aus 6.1.1 aus:

Kostenart	Summe (GE)	Fixer Anteil	Variabler Anteil	Variable Kosten pro Seilbahnfahrt
Personal	360.000			
Abschreibung	1.200.000			
Revision	60.000			
Strom	25.155			
Marketing	11.550			
übrige Kosten	19.170			

Wenn Sie eine Kostenart als „nicht erkennbar" klassifiziert haben, setzen sie diese zu 100 % fix.

6.1.3

Ein Busunternehmen möchte feststellen inwiefern die monatlichen Servicekosten (Öl, Scheibenreiniger, diverse Kleinreparaturen) mit den gefahrenen Kilometern zusammenhängen. Im vergangenen Jahr wurden folgende Daten für die gesamte Busflotte des Unternehmens gesammelt:

	Gefahrene Kilometer	Servicekosten
JAN	20.800	2.430 GE
FEB	17.500	2.390 GE
MRZ	22.100	2.600 GE
APR	19.600	2.310 GE
MAI	19.300	2.230 GE
JUN	20.400	2.480 GE
JUL	19.900	2.090 GE
AUG	23.300	2.530 GE
SEP	21.400	2.500 GE
OKT	22.000	2.900 GE
NOV	21.800	2.740 GE
DEZ	20.900	2.640 GE

a) Berechnen Sie die Fixkosten und die variablen Kosten pro Kilometer mittels der Schichthöhenmethode.
b) Stellen Sie die Datenpaare und die auf der Berechnung laut a) basierende Kostengerade in einem Diagramm dar. Was fällt auf?
c) Berechnen Sie die Regressionsgerade und zeichnen Sie diese in das Diagramm laut b) ein.

6.1.4

Eine Charterairline möchte die Kosten für Bordverpflegung planen und möchte wissen wovon die Höhe dieser Kosten eigentlich abhängt. Als mögliche kostenbeeinflussende Größen kommen die Anzahl beförderter Passagieren, die Anzahl durchgeführter Flüge, die geflogenen Kilometer oder die Gesamtdauer der Flüge in Stunden in Betracht. Folgende Daten wurden gesammelt:

	Verpflegungs-kosten	Anzahl Passagiere	Anzahl Flüge	Geflogene km	Geflogene h
JAN	80.000 GE	4.600	98	50.000	230
FEB	67.000 GE	3.450	81	48.000	205
MRZ	84.000 GE	5.800	104	51.000	220
APR	79.000 GE	5.950	99	46.000	190
MAI	81.000 GE	6.400	98	61.000	245
JUN	95.000 GE	7.400	115	58.000	235

Welche dieser Kosteneinflussgrößen ist auszuwählen?

6.1.5

Das Restaurant „Vier Jahreszeiten" weist stark saisonabhängige Umsätze auf. Ende Dezember des vergangenen Jahres stellte der Buchhalter des Restaurants folgende Erfolgsrechnung auf:

	QUARTAL			
	I.	II.	III.	IV.
Umsatzerlöse	144.000 GE	216.000 GE	288.000 GE	192.000 GE
Kosten:				
Wareneinstand	57.600 GE	86.400 GE	115.200 GE	76.800 GE
Löhne	60.000 GE	72.000 GE	96.000 GE	66.000 GE
Mieten, Versicherungen	7.200 GE	7.200 GE	7.200 GE	7.200 GE
Abschreibungen	19.200 GE	19.200 GE	19.200 GE	12.200 GE
Reparaturen	1.800 GE	2.400 GE	3.000 GE	1.800 GE
Gas, Strom, Telefon	4.200 GE	3.600 GE	3.000 GE	4.200 GE
diverses	600 GE	580 GE	660 GE	440 GE
Summe Kosten:	150.600 GE	191.380 GE	244.260 GE	175.640 GE
ERFOLG	-6.600 GE	24.620 GE	43.740 GE	16.360 GE

Anmerkungen zu den einzelnen Kostenpositionen:

- Wareneinstand
  Wird vom Restaurantmanagement bei 40 % der Umsatzerlöse gehalten.

- Löhne

  Beinhalten Gehälter für das ganzjährig fix angestellte Restaurantmanagement und umsatzabhängige Löhne für Aushilfskräfte.

- Mieten, Versicherungen

  Bestehen aus 5200 GE für Restaurantmiete (langfristig vertraglich vereinbart) und 2000 GE Versicherung (kurzfristig kündbar).

- Abschreibungen

  für Einrichtung, Mobiliar etc. werden nutzungsabhängig vorgenommen.

- Reparaturen

  Ein Sockelbetrag von 1200 GE pro Quartal wird für langfristig abgeschlossene Wartungsverträge verwendet, der Rest sind kurzfristig anfallende Kleinreparaturen.

- Gas, Strom, Telefon

  wird verbrauchsabhängig abgerechnet.

- diverses

  Diverse Kleinpositionen, die so aufgeführt sind wie sie angefallen sind.

Die Eigentümer erwarten dass sich im kommenden Jahrähnliche Zahlen ergeben werden. Sie wünschen den Erfolg des Restaurants zu verbessern und erwägen dazu das Restaurant im ersten Quartal geschlossen zuhalten.

Was halten Sie von diesem Vorschlag?

6.2.1

Der Imbissstand aus dem im Text angeführten Beispiel hatte bei monatlichen Fixkosten in Höhe von 3500 GE im letzten Monat folgende variable Stückkosten:

Produkt	Preis	k_V
Hamburger	3,20 GE	1,53 GE
Currywurst	3,40 GE	2,98 GE
Hot Dogs	2,90 GE	1,94 GE

Wo liegen die Break-Even-Umsätze für folgende Mengen Verhältnisse:

a) Hamburger:Currywurst:Hot Dogs = 1/3:1/3:1/3
b) Hamburger:Currywurst:Hot Dogs = 28 %:31 %:41 %
c) Hamburger:Currywurst:Hot Dogs = 40,5 %:20 %:29,5 %

6.2.2

a) Bei der Piz Gruein AG (Daten siehe 6.1.1 bzw. 6.1.2) entscheidet sich die neue Finanzchefin 1.650.000 GE als fix anzusehen und die restlichen Kosten als variabel. Können Sie Ihr dabei helfen herauszufinden, welche Umsatzzunahme erforderlich wäre um den Verlust zu stoppen?

b) Welche zusätzlichen Informationen sollten bei der Piz Gruein AG im Folgejahr erhoben werden um eine noch aussagefähigere Kostenrechnung aufbauen zu können?

6.2.3

Der Luxus-Flussdampfer „Ister" liegt in Wien vor Anker. Bei einer ausreichenden Anzahl von Buchungen fährt die Ister eine 1-wöchige Rundfahrt auf der Donau bis an die rumänische Grenze und zurück. Die Ister gehört der österreichischen Reederei Horváth & Androsch, wo man folgende Zahlen zusammengestellt hat:

Preis für eine Woche pro Passagier:	1.400 GE
Fixkosten für 1 Woche Fahrt:	230.000 GE
Variable Verpflegungskosten pro Passagier und Woche:	245 GE

a) Welchen Umsatz pro Rundfahrt müssen Horváth & Androsch mindestens erzielen, damit sich die Durch Führung der Rundfahrt lohnt?
b) Wie viele Buchungen sind nötig, wenn mit einer Rundfahrt ein Rohgewinn von mindestens 20.000 GE erzielt werden soll?
c) Wenn die „Ister" leer und unbenutzt am Pier liegt, fallen immer noch unvermeidliche Fixkostenin Höhe von 40.000 GE pro Woche an. Wie verändert diese Information Ihre Entscheidung aus a) Wie viele Buchungen benötigen Sie jetzt?
d) Aufgrund EU-Verordnung 2009/11-3618-12A müssen Reise veranstalter ab dem 01.01.20XX wenn Sie eine von Kunden bereits gebuchte Reise nicht durch führen, den Kunden eine Entschädigung in Höhe von 15 % des Reise Preises erstatten. Werden da durch Ihre Entscheidungen aus a) und c) beeinflusst?
e) Bis zu welcher Preisuntergrenze könnten die letzten freien Plätze auf der „Ister" an Last-Minute-Bucher, welche sich regelmäßig kurz vor Abfahrtstermin am Donauhafen einfinden, abgegeben werden?

6.2.4

Ein Reisebusunternehmen verfügt über zwei Komfort-Reisebusse und hat für die Woche von Montag 07. Juni bis Sonntag 13. Juni folgende Anfragen vorliegen:

- Samstag/Sonntag möchte ein Gleitschirmclub ins Wallis reisen. 1 Bus. Erlös 1500 GE, variable Kosten 800 GE.
- Am Mittwochnachmittag sind beide Busse vom Seniorenheim „Abendrot" für den Jahresausflug der Heimbewohner angefragt. Erlös 1200 GE, variable Kosten 300 GE.
- Ein Kegelclub plant eine Ausfahrt von Donnerstag bis Sonntag. 1 Bus, Erlös 2400 GE, variable Kosten 600 GE
- Da beim Stadtbus Grümpelstein mehrere Busse ausgefallen sind, fragt die Stadt Grümpelstein an, ob von Montag bis Samstag Liniendienst gefahren werden kann. Erlös 6000 GE, variable Kosten 2500 GE
- Donnerstagmorgen möchte eine Ballettgruppe zum Flughafen gebracht werden. 1 Bus, Erlös 300 GE, variable Kosten 50 GE.
- Am Dienstag soll ein Betriebsausflug mit 2 Bussen stattfinden. Gesamterlös 2400 GE, variable Kosten insgesamt 800 GE

- Eine Schulklasse möchte von Montag bis Samstag nach Paris reisen und benötigt über die ganze Zeit einen Bus. Erlös 5000 GE, variable Kosten 3600 GE
- Ausflug eines Schachclubs nach Freiburg/Breisgau von Freitag bis Sonntag. 1 Reisebus. Erlös 2400 GE, variable Kosten 600 GE.
- Außerdem können werktags jederzeit ganztägige Kaffeefahrten für Senioren angeboten werden, die pro eingesetztem Bus zu einem Erlös von 800 GE bei variablen Kosten von 200 GE führen.

Welche Anfragen sollen angenommen werden, welche muss das Unternehmen ablehnen?

6.2.5

Die Sommer, Strand & Sonne AG organisiert und vertreibt Pauschalreisen. Sie will das Produkt „1 Woche Cluburlaub am Marmarameer" in ihr Angebot aufnehmen. Sie hat dazu zwei Clubs in der engeren Auswahl, deren Kostenstruktur wie folgt aussieht:

	Club A	Club B
Pauschalkostenbeitrag/Jahr	70.000 GE	230.000 GE
variable Kosten je Buchung	250 GE je Woche	150 GE je Woche

Die Vertriebskosten (Provisionen für Reisebüros) sind sprung fix und belaufen sich bei A und B auf 90.000 GE pro 1000 angefangene Wochenbuchungen. Eine Marktuntersuchung hat ergeben, dass pro Jahr mit einem Absatz von 1700 Buchungen gerechnet werden darf und dass die Reise für 499 GE verkauft werden kann. Ferner könnte die Sommer, Strand & Sonne AG auf die eigenständige Organisation der Reise verzichten und über ein türkisches Partnerunternehmen die Reise zu folgenden Konditionen organisieren:

Einstandskosten	385 GE / Reise	(an den türkischen Partner zu bezahlen)
variable Gemeinkosten	40 GE / Reise	(entstehen bei der Sommer, Strand & Sonne AG)
fixe Gemeinkosten	40.000 GE	(entstehen bei der Sommer, Strand & Sonne AG)

Die Vertriebskosten sind hierin bereits enthalten da der türkische Partner in diesem Falle die der Sommer, Strand& Sonne AG entstehenden Vertriebskosten übernimmt.

a) Zu welcher Variante wird sich die Sommer, Strand&Sonne AG aufgrund obiger Kosten Daten entschließen und welche Zusatz Überlegungen sind zu machen?
b) Wo liegen die kritischen Absatzmengen
  - als Nutzschwelle (= Break-Even Menge) pro Variante?
  - zwischen den verschiedenen Varianten?

6.2.6

Hier sehen sie die Zahlen der beiden Restaurants „Nippon" und „Tokyo".

	Nippon	Tokyo
Umsatzerlöse	100.000 GE	100.000 GE
Fixe Kosten	60.000 GE	25.000 GE
Variable Kosten	25.000 GE	60.000 GE
Gesamtkosten	85.000 GE	85.000 GE
Erfolg	15.000 GE	15.000 GE

Vergleichen sie die beiden Restaurants hinsichtlich ihrer Erfolgsstabilität bei schwankender Nachfrage! Wo liegt jeweils der Break-Even Umsatz?

Systematisch automatisch: Organisation des betrieblichen Rechnungswesens

7

Während in den vorangegangenen Kapiteln die rechentechnische Verarbeitung des Zahlenmaterials im Vordergrund stand (Wie müssen betriebswirtschaftliche Zahlen analysiert und kombiniert werden um Antworten auf kostenrechnerische Fragestellungen zu erhalten?), ist das Ziel dieses Abschlusskapitels aufzuzeigen wie in der betrieblichen Praxis vorgegangen wird um sicherzustellen, dass analysier- und kombinierbares Zahlenmaterial zugänglich ist (Wie ist das betriebliche Rechnungswesen zu organisieren?). Dabei geht es einerseits um die Organisation der Nahtstelle zwischen Finanz- und Betriebsbuchhaltung und andererseits um den inneren Aufb au des betrieblichen Rechnungswesens selbst.

7.1 Erfassung von Kosten und Leistungen

Die in der Finanzbuchhaltung verwendeten Kontenrahmen sehen in der Regel Kontenklassen für betrieblich bedingten Aufwand (= Kosten) sowie für betriebliche Erträge (= Leistungen) vor. Abbildung 7.1 zeigt beispielhaft den Kontenrahmen 2006 der Schweizer Hotellerie und Gastronomie. In diesem Kontenrahmen wird der betriebliche Aufwand in die Kontenklassen 4, 5 und 6 gebucht und betriebliche Erträge in die Kontenklasse 3. Da die Aufwandskonti in der Regel kostenartenweise in Unterkonten gegliedert sind, sind die IST-Kostensummen der einzelnen Kostenarten im laufenden Geschäftsjahr direkt aus der Finanzbuchhaltung ersichtlich. Der Kontenrahmen gibt in der Regel nur die ersten Gliederungsebenen vor; die detaillierte Ausgestaltung bleibt dem einzelnen Unternehmen überlassen. Für jede Kostenart muss mindestens ein Aufwandskonto vorgesehen sein um die Daten für Kalkulationen jederzeit zur Verfügung zu haben. Die gewählte Gliederungstiefe determiniert die Möglichkeiten kostenrechnerischer Analysen. Wird zum Beispiel

© Springer Fachmedien Wiesbaden 2016
C. Benz, *Touristikkostenrechnung*, DOI 10.1007/978-3-658-08088-4_7

BILANZ

1 Aktiven
10 *Umlaufvermögen*
100 Flüssige Mittel
105 Kurzfristige Geldanlagen
110 Forderungen aus Lieferungen und Leistungen
114 Übrige Forderungen Dritte
115 Übrige Forderungen
    nahe stehende Personen und Gesellschaften
120 Warenvorräte
130 Aktive Rechnungsabgrenzung
10 *Anlagevermögen*
140 Sachanlagen
150 Finanzanlagen
160 Langfristige Forderungen
    nahe stehende Personen und Gesellschaften
170 Immaterielles und übriges Anlagevermögen
180 Aktivierter Aufwand und nicht einbezahltes
    Gesellschaftskapital

2 Passiven
20 *Kurz- bis mittelfristiges Fremdkapital*
200 Verbindlichkeiten aus Lieferungen und Leistungen Dritte
201 Verbindlichkeiten aus Lieferungen und Leistungen
    nahe stehende Personen und Gesellschaften
210 Kurzfristige Finanzverbindlichkeiten
220 Übrige Verbindlichkeiten
225 Übrige Verbindlichkeiten
    nahe stehende Personen und Gesellschaften
230 Passive Rechnungsabgrenzung
24 *Langfristiges Fremdkapital und Rückstellungen*
240 Langfristige Finanzverbindlichkeiten
250 Langfristige Finanzverbindlichkeiten
    nahe stehende Personen und Gesellschaften
260 Rückstellungen
28 *Eigenkapital inkl. Anteile Minderheitsaktionäre*
280 Eigenkapital/Gesellschaftskapital
285 Privateinlagen/Privatbezüge
290 Anteil Minderheitsaktionäre
    (Minderheitsanteile nur in Konzernrechnung)

ERFOLGSRECHNUNG

30 Ertrag
310 Ertrag Keller
320 Ertrag Küche
328 Ertrag Handelswaren
329 Ertrag Zusatzverkäufe
330 Ertrag nach Abteilungen/Verkaufsstellen
339 Ausgleich Spartenertrag
340 Ertrag Beherbergung
350/1 Ertrag Nebenleistungen
353 Ertrag Immobilien
390 Übriger Ertrag
    Gesamtertrag
40 Direkter Betriebsaufwand
410 Warenaufwand Keller
420 Warenaufwand Küche
428 Warenaufwand Handelswaren
429 Warenaufwand Zusatzverkäufe
430 Einkaufsabrechnung Warenaufwand
450 Warenaufwand Nebenleistungen
461 Personalaufwand Restauration
464 Personalaufwand Beherbergung
465/6 Personalaufwand Nebenleistungen
470 Direkter Betriebsaufwand Restauration
480 Direkter Betriebsaufwand Beherbergung
490/1 Direkter Betriebsaufwand Nebenleistungen
493 Direkter Betriebsaufwand Immobilien
    Brutto Betriebserfolg
40 Personalaufwand
510 Gehälter
520 Sozialaufwand
530 Übriger Personalaufwand
540 Personalaufwand Inhaber
590 Umlagen Personalaufwand

60 Übriger Betriebsaufwand
611 Personalaufwand Verwaltung
615 Übriger Verwaltungsaufwand
621 Personalaufwand Marketing
625 Übriger Marketingaufwand
631 Personalaufwand Unterhalt (durch eigene Handwerker)
635 Übriger Unterhaltsaufwand
640 Aufwand Energie/Entsorgung/Reinigung
650 Übriger Aufwand
    Brutto Betriebsgewinn
660 Liegenschafts- und Versicherungsaufwand
670 Aufwand Mieten und Leasing
680 Management- und Incentivehonorare
    Ergebnis vor Abschreibungen, Zinsen und Steuern
691 Veräusserungsgewinne/-Verluste auf Anlagevermögen
692 Abschreibungen auf Sachanlagen
693 Abschreibungen auf immaterielles und übriges
    Anlagevermögen
    Ergebnis vor Zinsen und Steuern
70 Finanzertrag und Finanzaufwand, ausserordentlicher
    und betriebsfremder Ertrag und Aufwand,
    Ertragssteuern Gesellschaft
710 Finanzertrag
720 Finanzaufwand
    Ordentliches Betriebsergebnis vor Steuern
750 Ausserordentlicher Ertrag
760 Ausserordentlicher Aufwand
770 Betriebsfremder Ertrag
780 Betriebsfremder Aufwand
    Ergebnis vor Steuern
790 Ertragssteuern Gesellschaft
    Unternehmensergebnis
80 Ergebnisanteil Minderheitsaktionäre
    (Minderheitsanteile nur in Konzernrechnung)
    Jahresergebnis
90 Ausgleichskonten Erfolgsrechnung

Abb. 7.1 Kontenrahmen 2006 der Schweizer Hotellerie und Gastronomie

nur ein Konto für „Warenaufwand Wein" geführt, kann nur eine „durchschnittliche" Flasche Wein kalkuliert werden, differenziert man über Weißwein/Roséwein/Rotwein bis zu einzelnen Rebsorten, Kellereien und Jahrgängen hinab, hat man zwar höheren Buchungsaufwand, kann aber auch jederzeit schnell detaillierte Analysen auf Basis der Ist-Zahlen durchführen.

Beispiel

Kontengruppe 40	Direkter Betriebsaufwand	29.000		
Kontengruppe 410	Warenaufwand Keller		14.000	
Konto 41020	Wein			4.000
Konto 41030	Bier			5.000
Konto 41040	Spirituosen			3.000
Konto 41050	Mineral			2.000
Kontengruppe 420	Warenaufwand Küche		13.000	
Kontengruppe 428	Warenaufwand Handelswaren		500	
Kontengruppe 429	Warenaufwand Zusatzverkäufe		400	
Kontengruppe 430	Einkaufsabrechnung Warenaufwand		100	
Kontengruppe 450	Warenaufwand Nebenleistungen		1.000	

Wenn die Ertragskonten kostenträgerweise in Unterkonten gegliedert sind, können die IST-Erlöse der einzelnen Kostenträger im laufenden Geschäftsjahr ebenfalls direkt aus der Finanzbuchhaltung entnommen werden.

Beispiel

Kontengruppe 30 Ertrag		39.000		
Kontengruppe 310	Ertrag Keller		15.000	
Kontengruppe 320	Ertrag Küche		20.000	
Konto 32020	Mahlzeiten Ertrag			13.000
Konto 32030	Gebäck Ertrag			1.000
Konto 32040	Glacen Ertrag			1.000
Konto 32050	Kaffee, Tee Ertrag			2.000
Konto 32060	Frühstück Ertrag			2.000
Konto 32070	Pension Ertrag			1.000
Kontengruppe 328	Ertrag Handelswaren		4.000	
Kontengruppe 329	Ertrag Zusatzverkäufe		5.000	

Einfache Kalkulationen wie in Kap. 3 gezeigt, können auf Basis der so erfassten Zahlen durchgeführt werden. Im folgenden wird ein Beispiel aus Abschn. 3.1 nochmals aufgegriffen und im Rahmen der im Kontenrahmen 2006 der Schweizer Hotellerie und Gastronomie vorgegebenen Struktur gelöst.

Beispiel

Ein Restaurant bietet diverse Speisen und Getränke an. Da jede Speise nach Standardrezept zubereitet wird und die Wareneinkaufspreise langfristig ausgehandelt wurden, kann der Wareneinsatz für jedes Menü relativ einfach ermittelt werden. Folgende Kosten sind in der vergangenen Geschäftsperiode aufgelaufen:

Konto 40	Direkter Betriebsaufwand (Direkter Warenaufwand):	300.000 GE
Konto 461	Personalaufwand Restauration	150.000 GE
Konto 670	Aufwand Mieten und Leasing	15.000 GE
Konto 640	Aufwand Energie/Entsorgung/Reinigung	2.000 GE
Konto 650	Übriger Aufwand	3.500 GE
SUMME		470.500 GE

Für die Divisionskalkulation bleiben die 300.000 GE für den Warenaufwand unberücksichtigt, da diese auf Basis der abgesetzten Leistungen und Standardmengen und -preisen für Zutaten laut Rezept zugerechnet werden können. Für die übrigen Kosten wird ein Durchschnittswert für jedes servierte Menü berechnet.
Wenn 45.000 Menüs verkauft wurden, beträgt dieser Durchschnittssatz:

Zu verteilende Kosten	170.500 GE
dividiert durch Leistungsmenge (Anzahl Menüs)	*/ 45.000*
Kosten pro Leistungseinheit (Menü)	3,79 GE

Wird nun ein bestimmtes Menü kalkuliert, wird der Wareneinsatz ermittelt und für sämtliche zusätzlich anfallenden Kosten ein Pauschalbetrag von 3,79 verrechnet. Zum Beispiel die Kalkulation für einen Teller Spaghetti würde so aussehen:

Wareneinsatz:	Spaghetti 125 g	0,40 GE
	Hackfl eisch 100 g	0,90 GE
	Tomatenmark 0,125 l	0,25 GE
	Gewürze, Diverses	0,50 GE
Weitere Kosten		3,79 GE
SUMME		5,84 GE

Da im Kontenrahmen keine Umlagekostenart „Weitere Kosten" vorgesehen ist, muss diese Kalkulation manuell erfolgen. Anhand des Kontenrahmens kann allenfalls geprüft werden, ob die Summen von Konto 31010 Ertrag Keller und 32020 Ertrag Mahlzeiten die Summen von Konto 41010 Warenaufwand Keller und 42010 Warenaufwand Küche um den entsprechenden Betrag und eine Gewinnmarge übersteigen.

Sobald jedoch kalkulatorische Kostenarten mit berücksichtigt werden sollen, ist der einfache Rückgriff auf die Aufwands- und Ertragskonten der Finanzbuchhaltung nicht mehr ausreichend. Die Finanzbuchhaltung kennt keine kalkulatorischen Kostenarten und dementsprechend existieren innerhalb der zur Finanzbuchhaltung verwendeten Kontenrahmen dafür keine Buchungskonten. Die Berücksichtigung von Zusatz- und Anderskosten kann nur innerhalb eines eigenen Systems zur Abwicklung der Betriebsbuchhaltung erfolgen (siehe Folgeabschnitt). Genauso problematisch ist die Durchführung der Kostenstellenrechnung (siehe Kap. 5) innerhalb vorgegebener nach finanzbuchhalterischen Kriterien aufgebauter Kontenrahmen. Der Erfassung von Einzel- und primären Gemeinkosten erfolgt dadurch, dass jedem betrieblich verursachten Aufwand zwingend ein Kostenträger oder eine Kostenstelle mitgegeben werden muss. So ist im Kontenrahmen 2006 der Schweizer Hotellerie und Gastronomie entweder die Kostenstelle durch die Kostenart bereits determiniert (Konto 461 Personalaufwand Restauration, Konto 464 Personalaufwand Beherbergung, Konto 4653 Personalaufwand Nebenleistungen Telefon, Konto 4654 Personalaufwand Nebenleistungen Kiosk, …) oder der Buchhalter legt durch eine durch einen Punkt von der Konto-Nr. getrennte Zahl im Moment der Buchung die Kostenstelle fest. Die meisten Finanzbuchhaltungssysteme können in ähnlicher Weise eingerichtet werden. Damit sind Einzel- und primäre Gemeinkosten erfasst, jedoch für Sekundärkostenarten d. h. Verrechnungen und Umlagen zwischen Kostenstellen und zwischen Kostenstellen und Kostenträgern sind innerhalb der Kontenrahmen der Finanzbuchhaltung keine Aufwandsarten vorgesehen. Derartige Weiterverrechnungen können nur außerhalb des Finanzbuchhaltungssystems vorgenommen werden.

7.2 Datenverarbeitung

Wenn genügend Konten zur Verfügung stehen [freie Sachkontennummern(-kreise) zur Abbildung der Betriebsbuchhaltung und freie Aufwandsnummern(-kreise) zur Abbildung von Sekundärkosten] ist grundsätzlich jedes Buchhaltungssystem in der Lage das betriebliche Rechnungswesen mit abzubilden. Da dann nur ein System benötigt wird bezeichnet man dieses Art der Organisation des betrieblichen Rechnungswesens als *Einkreissystem*. Kalkulatorische Kostenarten, Kostenstellen und Kostenträger werden in solchen Systemen als separate Buchungskonten mit Soll- und Habenseite abgebildet. Der gesamte betriebliche Aufwand und Ertrag wird vom finanziellen ins betriebliche Rechnungswesen transferiert, dort weiter verarbeitet und nachher an das finanzielle Rechnungswesen zurückübertragen. Um zu illustrieren wie dies funktioniert, wird an dieser Stelle das Hotelbeispiel aus Abb. 5.7 wieder aufgegriffen und kontenmäßig abgebildet (siehe Abb. 7.2).

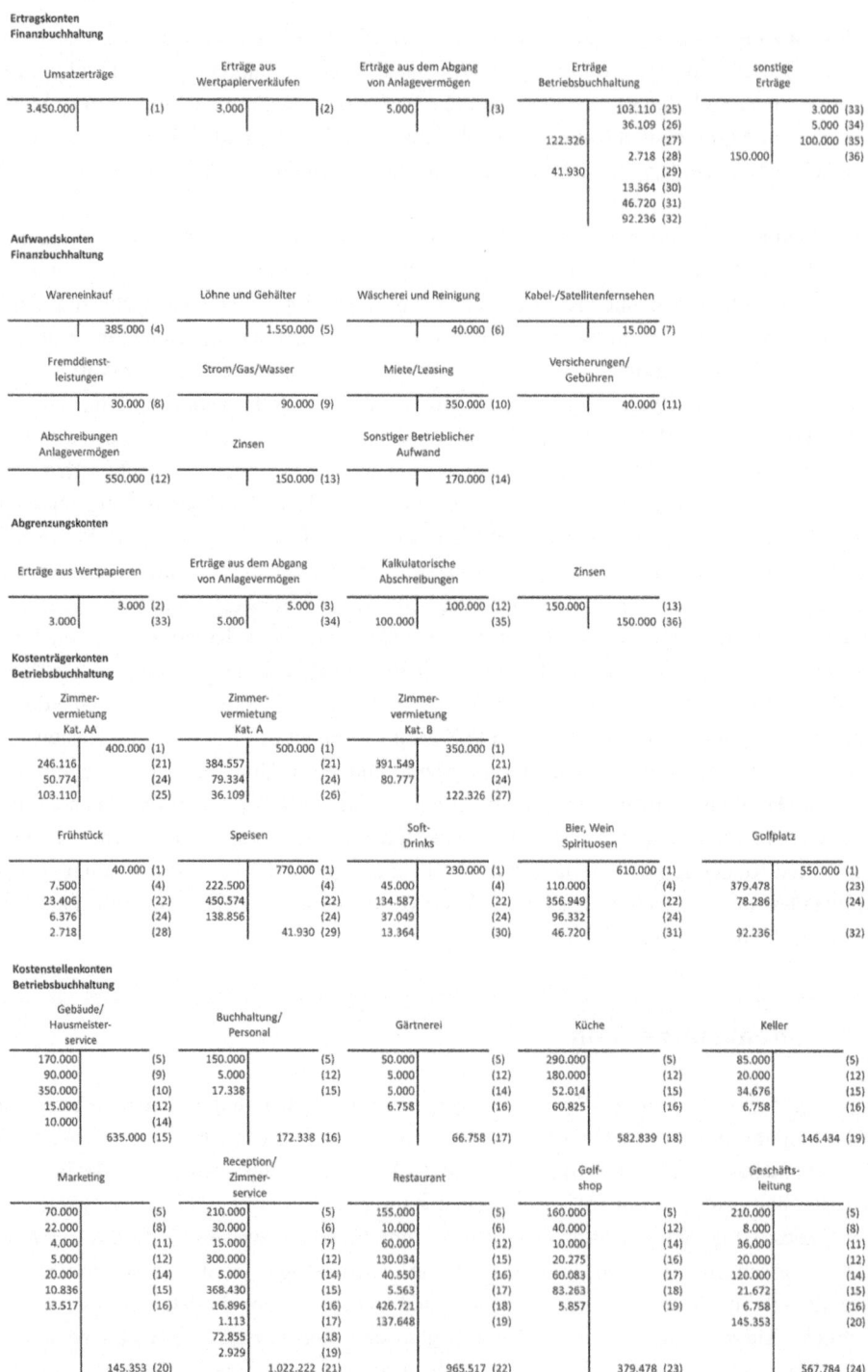

Abb. 7.2 BAB Hotel in Kontenform (Einkreissystem)

Verteilung der Erträge: Buchung (1), (2) und (3)
Betriebliche Erträge werden auf die einzelnen Kostenträgerkonten verteilt, nichtbetriebliche und/oder außerordentliche Erträge werden auf speziellen Abgrenzungskonten „geparkt".

Verteilung des Einzelkostenaufwands: Buchung (4)
Einzelkosten (im Beispiel der Wareneinkauf) werden auf die Kostenträgerkonten transferiert.

Verteilung des Gemeinkostenaufwands (Primärkosten): Buchung (5)–(14)
Die Gemeinkosten werden auf die verursachenden Kostenstellen umgebucht. Die zusätzlichen kalkulatorischen Abschreibungen (Buchung 12) werden vom Abgrenzungskonto „Kalkulatorische Abschreibungen" gezogen. Der Zinsaufwand wird auf dem Abgrenzungskonto „Zinsen" geparkt.

Kostenstellenrechnung (Sekundärkosten): Buchung (15)–(20)
Verrechnung der Vor- auf die Hauptkostenstellen im Treppenverfahren. Die dabei verwendeten Umlageschlüssel bzw. Verrechnungstarife können je nach Art des verwendeten Buchhaltungssystems im System hinterlegt werden (dann können diese Buchungen automatisiert erfolgen) oder die Buchungen müssen manuell eingegeben werden.

Kostenträgerrechnung (Sekundärkosten): Buchung (21)–(24)
Verrechnung der Hauptkostenstellen auf die Kostenträger. Bezüglich der dabei verwendeten Umlageschlüssel bzw. Verrechnungstarife gilt dasselbe wie oben zur Kostenstellenrechnung gesagt.

Betriebliche Erfolgsrechnung: Buchung (25)–(32)
Der Saldo der Kostenträgerkonten ergibt den Betriebserfolg der jeweiligen Kostenträger. Dieser wird an das Konto „Erträge Betriebsbuchhaltung" im finanziellen Rechnungswesen zurückgespielt.

Datenausgleich für das finanzielle Rechnungswesen: Buchung (33)–(36)
Die Saldi der Abgrenzungskonten werden in die finanzielle Erfolgsrechnung zurückgespielt (Konto „sonstige Erträge"). Damit ist der Rechnungskreis geschlossen. Die insgesamt aus dem finanziellen Rechnungswesen ausgebuchten Erträge (3.458.000 GE) und Aufwände (3.370.000 GE) führen zu einem Unternehmenserfolg von 88.000 GE der als Betriebserfolg (130.000 GE) und neutraler Erfolg (−42.000 GE) wieder zurückgebucht wird.

Rein von der Buchungssystematik her gesehen ermöglicht so die Technik der doppelten Buchführung die Abbildung des betrieblichen Rechnungswesens. Sogar ein Teilkostenrechnungssystem ist auf dieser Basis möglich indem für jede Kostenart, jede Kostenstelle und jeden Kostenträger zwei getrennte Konten für fixe und variable Kosten eingerichtet werden. Bedingung hierfür ist natürlich ein geeigneter Kontenrahmen. Der Kontenrahmen 2006 der Schweizer Hotellerie und Gastronomie (Abb. 7.1) ist dazu nicht geeignet. Als Beispiel für eine die Betriebsabrechnung im Einkreissystem unterstützende Kontenstruktur zeigt Abb. 7.3 den Gemeinschaftskontenrahmen der Industrie (GKR). Dieser Kontenrahmen ist auf die Bedürfnisse produzierender Unternehmen zugeschnitten und müsste für die Verwendung bei touristischen Dienstleistungsunternehmen erheblich angepasst werden. Die prozessorientierte Grundstruktur des GKR-Kontenrahmens unterstützt den von der Struktur des Unternehmens (Kontenklassen 0 und 1) über Abgrenzungstatbestände (Kontenklasse 2), betrieblichen Aufwand (Kontenklassen 3 und 4), Kostenstellen (Kontenklassen 5 und 6), Kostenträger (Kontenklasse 7) bis zur Erfolgsrechnung (Kontenklassen 8 und 9) vorgegebenen Wertefluss vom finanziellen ins betriebliche Rechnungswesen und zurück (Abb. 7.4).

Jedoch ist die Datenverarbeitung im Einkreissystem mit gravierenden Nachteilen verbunden. Durch die fixe Koppelung von betrieblichem und finanziellem Rechnungswesen sind unterjährige Betrachtungen of tohne Aussagekraft. Um präzise Zahlen zu erhalten muss der Jahresabschluss abgewartet werden. – Dann ist es für steuernde Eingriffe oft zu spät. Zudem kann in einem solchen System nur eine Art von Werten verarbeitet werden nämlich die vom finanziellen Rechnungswesen vorgegebenen IST-Zahlen. Für Planungs- oder Kontrollzwecke werden jedoch andere Werte benötigt, zum Beispiel Vergleichszahlen aus dem Vorjahr, budgetierte Planzahlen für das aktuelle Jahr oder Hochrechnungen zum Periodenende auf Basis der aktuellen IST-Werte (sogenannte „Forecasts"). Professionelle Rechnungswesensysteme sind deshalb als *Mehrkreissysteme* aufgebaut. Das heißt sie verfügen über mindestens zwei vollständig getrennte Rechnungskreise, je einen für das finanzielle und das betriebliche Rechnungswesen. Bereits im Moment der Buchung werden die Rohdaten gespiegelt und unabhängig voneinander im finanziellen und im betrieblichen Rechnungswesen weiter verarbeitet. Wird diese Spiegelung automatisch innerhalb der Buchhaltungssoftware vorgenommen, reduziert sich der Buchungsaufwand im Vergleich zum Einkreissystem, da sämtliche Buchungen die nur dem Zahlenübertrag vom einen ins andere System dienen wegfallen. Das Hotel-Beispiel aus Abb. 5.7 läuftim Zweikreissystem folgendermaßen ab (vgl. Abb. 7.5).

Verteilung der Erträge: Buchung (1), (2) und (3)
Die betrieblichen Erträge [Buchung (1)] sind zum Zeitpunkt der Buchung bereits den einzelnen Kostenträgerkonten zugeordnet. Abzugrenzende Erträge und Kosten werden auf das Konto „neutraler Erfolg" gebucht. [Buchung (2) und (3)]. Abbildung 7.5 zeigt auch die Gegenbuchung auf dem sog. „Betrieblichen Abrechnungskonto" welches im betrieblichen Rechnungswesen sämtliche Buchungen aufnimmt, die an sich in den Bereich des finanziellen Rechnungswesens fallen.

Auch der *Einzelkostenaufwand* (im Beispiel der Wareneinkauf) wird in einem derartigen System direkt auf die Kostenträgerkonten gebucht [Buchung (4)].

Klasse 0 — Anlagevermögen, langfristige Verbindlichkeiten, Eigenkapital, Rückstellungen, Rechnungsabgrenzung

- 00 Grundstücke und Gebäude
- 01 Technische Anlagen und Maschinen
- 02 Kraftfahrzeuge und sonstige Transportmittel
- 03 Betriebs- und Geschäftsausstattung
- 04 Im Bau befindliche Anlagen
- 05 Immaterielle Vermögensgegenstände
- 06 Finanzanlagen
- 07 Langfristige Verbindlichkeiten, langfristig erhaltene Anzahlungen
- 08 Eigenkapital
- 09 Rückstellungen, nicht eingeforderte Einlagen, Rechnungsabgrenzungsposten

Klasse 1 — Finanz- und Privatkonten

- 10 Kasse
- 11 Postgiro
- 12 Bank/Sparkasse Besitzschecks
- 13 Wertpapiere des Umlaufvermögens (einschließlich Besitzwechsel)
- 14 Forderungen aus Lieferungen und Leistungen
- 15 Andere kurzfristige Forderungen, Sonstige Vermögensgegenstände
- 16 Verbindlichkeiten aus Lieferungen und Leistungen
- 17 Schuldwechsel
- 18 Sonstige kurzfristige Verbindlichkeiten, ungeklärte und durchlaufende Posten
- 19 Privatkonten

Klasse 2 — Abgrenzungskonten

- 20 Bilanzielle Abschreibungen
- 21 Haus- und Grundstücksaufwendungen und -erträge
- 210 Haus- und Grundstücksaufwendungen
- 211 Haus- und Grundstückserträge
- 22 Zinsaufwendungen und -erträge und ähnliche Aufwendungen und -erträge
- 23 Steuern (soweit nicht periodenfremd oder Klasse 4)
- 24 Erträge und Aufwendungen aus Anlageabgängen, Gewinnen/Verlusten und Gewinnabführungsverträgen
- 25 Sonstige betriebliche Aufwendungen
- 26 Außerordentliche Aufwendungen und Erträge
- 27 Außerplanmäßige Abschreibungen und Zuschreibungen
- 28 Betriebsfremde Aufwendungen und Erträge
- 29 Verrechnete kalkulatorische Kosten
- 291 Verrechnete kalkulatorische Abschreibungen
- 292 Verrechneter kalkulatorischer Unternehmerlohn
- 293 Verrechnete kalkulatorische Zinsen
- 295 Verrechnete kalkulatorische Wagnisse

Klasse 3 — Einkäufe und Bestände an Waren und Stoffen

- 30-34 Einkauf Waren/Rohstoffe
- 35 Hilfs- und Betriebsstoffe
- 36 Lieferantennachlässe
- 37 Bezogene Leistungen
- 38 Geleistete Anzahlungen auf Vorräte
- 39 Bestände

Klasse 4 — Kostenarten

- 40 Stoffkosten, Verbrauch an bezogenen Leistungen
- 41 Löhne und Gehälter
- 415 Soziale Abgaben
- 42 Raumkosten, Kosten der Betriebs- und Geschäftsausstattung
- 43 Steuern, Beiträge, öffentliche Abgaben, Versicherungsprämien u.a.
- 44 Fahrzeugkosten
- 45 Werbekosten
- 46 Reise- und Vertriebskosten, Kosten für Warenabgabe und Zustellung
- 47 Allgemeine Verwaltungskosten
- 48 Sonstige Kosten
- 481 Sondereinzelkosten
- 49 Kalkulatorische Kosten
- 491 Kalkulatorische Abschreibungen
- 492 Kalkulatorischer Unternehmerlohn
- 493 Kalkulatorische Zinsen
- 495 Kalkulatorische Wagnisse

Klasse 5/6 — Kostenstellen

Klasse 7 — Kostenträgerbestände an Erzeugnissen und Leistungen

- 70 Unfertige Erzeugnisse, unfertige Leistungen
- 71 Fertige Erzeugnisse

Klasse 8 — Erlöse und andere Erträge

- 80-84 Erlöse
- 85 Erlösschmälerungen, sonstige Umsatzerlöse
- 86 Sonstige Erlöse
- 87 Eigenverbrauch bzw. unentgeltliche Lieferungen/ Leistungen an Gesellschafter
- 88 Aktivierte Eigenleistungen
- 89 Bestandsänderungen an Erzeugnissen

Klasse 9 — Abschluss

- 90 Bilanzkonto
- 901 Eröffnungsbilanzkonto
- 902 Schlussbilanzkonto
- 903 Gewinn- und Verlustkonto
- 91 Ergebniskonten
- 910 Betriebsergebnis
- 915 Verrechnungsergebnis Gewinnverteilung
- 916 Verrechnungsergebnis
- 917 Neutrales Ergebnis
- 918 Gesamtergebnis betriebliche Aufwendungen und Erträge
- 919 (z.B. Körperschaftsteuer) Gewinn- und Verlustkonto) Gesamtergebnis
- 92 Gewinnvortrag/Verlustvortrag aus Vorjahr
- 925 Gewinnvortrag/Verlustvortrag ins neue Jahr
- 93 Einstellung in Rücklagen
- 94 Entnahmen aus Rücklagen
- 95 Verwendung des Bilanzgewinnes

Abb. 7.3 GKR-Kontenrahmen

Klasse 0		Klasse 1		Klasse 2		Klasse 3		Klasse 4	
Immaterielle Vermögens-gegenstände und Sachanlagen		Finanzanlagen		Umlaufvermögen und aktive Rechnungsabgrenzung		Eigenkapital und Rückstellungen		Verbindlichkeiten und passive Rechnungsabgrenzung	
00	Ausstehende Einlagen	10	frei	20	Roh-, Hilfs- und Betriebsstoffe	30	Gezeichnetes Kapital	41	Anleihen
01	Aufwendungwen für die Ingangsetzung und Er-weiterung des Ge-schäftsbetriebs	11	Anteile an verbundenen Unternehmen	201	Vorprodukte/Fremd-bauteile	31	Kapitalrücklage	42	Verbindlichkeiten gegen-über Kreditinstituten
		12	Ausleihungen an ver-bundene Unternehmen	202	Hilfsstoffe	32	Gewinnrücklage	43	Erhaltene Anzahlungen
02	Konzessionen, gewerb-liche Schutzrechte und ähnliche Rechte und Werte sowie Lizenzen	13	Beteiligungen	203	Betriebsstoffe	321 323	Gesetzliche Rücklage Satzungsmässige Rücklagen	44	Verbindlichkeiten aus Lieferungen und Leistungen
		14	Ausleihungen an Unter-nehmen, mit denen ein Beteiligungsverhältnis besteht	21	Unfertige Erzeugnisse, unfertige Leistungen	324	Andere Gewinnrücklagen		
03	Geschäfts- oder Firmenwert			22	Fertige Erzeugnisse und Waren	33 331	Ergebnisverwendung Jahresergebnis des Vorjahres	45	Wechselverbindlichkeiten
		15	Wertpapiere des Anlagevermögens	23	Geleistete Anzahlungen auf Vorräte	332	Ergebnisvortrag aus früheren Perioden	46	Verbindlichkeiten gegen-über verbundenen Unternehmen
04	Geleistete Anzahlungen auf immaterielle Ver-mögensgegenstände	16	Sonstige Ausleihungen (sonstige Finanzanlagen)	24	Forderungen aus Liefer-ungen und Leistungen	333	Entnahmen aus Kapitalrücklage	47	Verbindlichkeiten gegen-über Unternehmen mit denen ein Beteiligungs-verhältnis besteht.
05 053	Grundstücke und Bauten Betriebsgebäude			25	Forderungen verbun-dene Unternehmen und gegen Unternehmen, mit denen ein Beteiligungs-verhältnis besteht	334 335	Veränderung der Gewinnrücklage vor Bilanzergebnis Bilanzergebnis (Bilanz-gewinn/Bilanzverlust)		
06	frei					336 337	Ergebnisausschüttung Zusätzlicher Aufwand oder Ertrag aufgrund Ergebnisverwendungs-beschluss	48	Sonstige Verbind-lichkeiten
07	Technische Anlagen und Maschinen			26	Sonstige Vermögens-gegenstände	338	Einstellung in Gewinn-rücklagen nach Bilanz-ergebnis	49	Passive Rechnungs-abgrenzung
08	Andere Anlagen, Betriebs- und Geschäftsausstattung			27	Wertpapiere	339	Ergebnisvortrag auf neue Rechnung		
084 086	Fuhrpark Büromaschinen, Orga-nisationsmittel und Kommunikationsmittel			28 285 288	Flüssige Mittel Postgiroguthaben Kasse	34	Jahresüberschuss/ Jahresfehlbetrag		
09	Geleistete Anzahlungen und Anlagen im Bau			29	Aktive Rechnungs-abgrenzung	37	Rückstellungen für Pensionen und ähnliche Verpflichtungen		
						38	Steuerrückstellungen		
						39	Sonstige Rückstellungen		

Abb. 7.4 IKR-Kontenrahmen

Verteilung des Gemeinkostenaufwands (Primärkosten): Buchung (5)–(14)

Die Gemeinkosten werden direkt auf die verursachenden Kostenstellen gebucht. Die Dif-ferenz zwischen kalkulatorischen und bilanziellen Abschreibungen wird auf dem Konto „neutraler Erfolg" gebucht [Buchung (12)]. Dieses Konto nimmt auch den Zinsaufwand auf [Buchung (13)].

Die *Kostenstellenrechnung* [Buchung (15)–(20)] und die *Kostenträgerrechnung* [Bu-chung (21)–(24)] erfolgt in gleicher Weise wie im Einkreissystem.

Betriebliche Erfolgsrechnung: Buchung (25)–(32)

Der Saldo der Kostenträgerkonten ergibt den Betriebserfolg der jeweiligen Kostenträger. Dieser wird im Konto „Betrieblicher Erfolg" dargestellt.

Abschlussbuchung (33)

Der Saldo des Betrieblichen Abrechnungskontos stimmt mit dem finanzbuchhalterischen Unternehmenserfolg überein, nur dass in diesem Konto der Gewinn im Haben statt im Soll ausgewiesen wird. Deshalb bezeichnet man das hier dargestellte System auch als Zwei-kreissystem mit Spiegelbildkonten. Die Gegenbuchung zum Unternehmenserfolg erfolgt auf den Konten „Betrieblicher Erfolg"und „Neutraler Erfolg", so dass das System voll-ständig ausgeglichen ist. Voraussetzung um das betriebliche Rechnungswesen in einem

Klasse 5	Klasse 6	Klasse 7	Klasse 8	Klasse 9
Erträge	Betriebliche Aufwendungen	weitere Aufwendungen	Ergebnisrechnung	Frei für Kosten- und Leistungsrechnung einschliesslich Abgrenzungsrechnung
51 Umsatzerlöse 510 Umsatzerlöse für eigene Leistungen 5101 Erlösschmälerungen bei eigenen Erzeugnissen 516 Skonti 517 Boni 52 Erhöhung oder Verminderung des Bestandes an unfertigen und fertigen Erzeugnissen 53 Andere aktivierte Eigenleistungen 54 Sonstige betriebliche Erträge 55 Erträge aus Beteiligungen 56 Erträge aus anderen Wertpapieren und Ausleihungen des Finanzanlagevermögens 57 Sonstige Zinsen und ähnliche Erträge 58 Ausserordentliche Erträge	60 Aufwendungen für Roh-, Hilfs- und Betriebsstoffe 600 Aufwendungen für Rohstoffe/Fertigungsmaterial 601 Aufwendungen für Vorprodukte und Fremdbauteile 602 Aufwendungen für Hilfsstoffe 61 Aufwendungen für bezogene Leistungen 62 Löhne 63 Gehälter 64 Soziale Abgaben und Aufwendungen für Altersversorgung und für Unterstützung 65 Abschreibungen 66 Sonstige Personalaufwendungen 67 Aufwendungen für die Inanspruchnahme von Rechten und Diensten 68 Aufwendungen für Kommunikation (Dokumentation, Informatik, Reisen, Werbung) 69 Aufwendungen für Beiträge und Sonstiges sowie Wertkorrekturen und periodenfremde Aufwendungen	70 Betriebliche Steuern 71-73 Sonstige Aufwendungen 710 Sonstige Aufwendungen 711 Leasingmietaufwendungen 714 Frachten und Fremdlager 720 Fremdleistungen 730 Versicherungen 74 Abschreibungen auf Finanzanlagen und auf Wertpapiere des Umlaufvermögens und Verluste mit entsprechenden Abgängen 75 Zinsen und ähnliche Aufwendungen 76 Ausserordentliche Aufwendungen 77 Steuern vom Einkommen und Ertrag 78 Sonstige Steuern	80 Eröffnung/Abschluss 81 Herstellungskosten 82 Vertriebskosten 83 Allgemeine Verwaltungskosten 84 Sonstige betriebliche Aufwendungen 85 Korrekturkonten zu den Erträgen der Kontenklasse 5 86 Korrekturkonten zu den Aufwänden der Kontenklasse 6 87 Korrekturkonten zu den Aufwänden der Kontenklasse 7	90 Unternehmensbezogene Abgrenzung 91 Kostenrechnerische Korrekturen 92 Verrechnete Leistungen und Kosten 93 Kostenstellen 94 Kostenträger (Unfertige Erzeugnisse) 95 Fertige Erzeugnisse 96 Interne Lieferungen und Leistungen sowie deren Kosten 97 Umsatzkosten und sonstige Betriebskosten 98 Umsätze 99 Ergebnisausweis

Abb. 7.4 (Fortsetzung)

separaten Rechnungskreis führen zu können, ist entweder ein Kontenrahmen der eine vollständig vom finanzbuchhalterischen Abrechnungsprozess separierte Kontenklasse vorsieht (in dem in Abb. 7.4 beispielhaft dargestellten IKR-Kontenrahmen die Klasse 9) oder ein eigenständiges Datenverarbeitungssystem für das betriebliche Rechnungswesen.

Eigenständige Systeme verzichten meist auf die kontenförmige Datendarstellung und bilden statt dessen die Daten in Form von Tabel len ab. Der Vergleich des Betriebsabrechnungsbogens aus Abb. 5.7 (dieser ist eine solche Tabelle!) mit der kontenförmigen Darstellung in Abb. 7.5 zeigt deutlich den Gewinn an Übersichtlichkeit, den die tabellarische Darstellung bietet. Die Abbildung der Buchungsmechanik in Kontenform stellt allenfalls ein Hilfsmittel für den Informatiker dar, der ein System zu programmieren hat. Die Daten sind so abzulegen, dass sie bei Bedarf Kostenarten, -stellen und –trägerweise in geeigneten Tabellen darstellbar sind. Die Abbildung des betrieblichen Rechnungswesens in Form von Tabellen hat zusätzlich den Vorteil, dass relativ einfach für jede Kostenart neben den Ist- Zahlen weitere Dimensionen (Vorjahr, Plan, Forecast, Teilkosten) dargestellt und verarbeitet werden können. Die dadurch ermöglichten unterjährigen Vergleiche bewirken eine erhebliche Verbesserung der Informationsqualität. Für alle Dimensionen gilt, dass der Wertefluss geschlossen sein muss, d. h. dass die Werte mit der ein bestimmtes Kontierungsobjekt belastet wird, einem anderen Kontierungsobjekt gutgeschrieben werden. Sollte dies nicht möglich sein, z. B. weil in der Kostenträgerrechnung unterjährig mit Plan-Zuschlagsätzen kalkuliert wird, welche i. d. R nicht mit den erst zum Periodenende exakt

Erfolgsrechnung

Betrieblicher Erfolg

	103.110	(25)	Zimmervermietung Kat. AA
	36.109	(26)	Zimmervermietung Kat. A
122.326		(27)	Zimmervermietung Kat. B
	2.718	(28)	Frühstück
41.930		(29)	Speisen
	13.364	(30)	Softdrinks
	46.720	(31)	Bier, Wein, Spirituosen
	92.236	(32)	Golfplatz
130000		(33)	Betriebserfolg
294.256	294.256		

Neutraler Erfolg

	3.000	(2)	Erträge aus Wertpapieren
	5.000	(3)	Erträge aus dem Abgang
			von Anlagevermögen
	100.000	(12)	Mehrabschreibungen im betrieb-
			lichen Rechnungswesen
150000		(13)	Zinsen
	42.000	(33)	Neutraler Erfolg
150.000	150.000		

Betriebliches Abrechnungskonto

3.450.000		(1)	Umsatzerlöse
3.000		(2)	Erträge aus Wertpapieren
5.000		(3)	Erträge aus dem Abgang
			von Anlagevermögen
	385.000	(4)	Wareneinkauf
	1.550.000	(5)	Löhne und Gehälter
	40.000	(6)	Wäscherei und Reinigung
	15.000	(7)	Kabel-/Satellitenfernsehen
	30.000	(8)	Fremddienstleistungen
	90.000	(9)	Strom/Gas/Wasser
	350.000	(10)	Miete/Leasing
	40.000	(11)	Versicherungen/Gebühren
100.000	650.000	(12)	Abschreibungen Anlagevermögen
	150.000	(13)	Zinsen
	170.000	(14)	Sonstiger Betrieblicher Aufwand
	88.000	(33)	Unternehmenserfolg
3.558.000	3.558.000		

Kostenträger

Zimmervermietung Kat. AA			Zimmervermietung Kat. A			Zimmervermietung Kat. B		
	400.000	(1)		500.000	(1)		350.000	(1)
246.116		(21)	384.557		(21)	391.549		(21)
50.774		(24)	79.334		(24)	80.777		(24)
103.110		(25)	36.109		(26)		122.326	(27)

Frühstück			Speisen			Soft-Drinks			Bier, Wein Spirituosen			Golfplatz		
	40.000	(1)		770.000	(1)		230.000	(1)		610.000	(1)		550.000	(1)
7.500		(4)	222.500		(4)	45.000		(4)	110.000		(4)	379.478		(23)
23.406		(22)	450.574		(22)	134.587		(22)	356.949		(22)	78.286		(24)
6.376		(24)	138.856		(24)	37.049		(24)	96.332		(24)			
2.718		(28)		41.930	(29)	13.364		(30)	46.720		(31)	92.236		(32)

Kostenstellen

Gebäude/ Hausmeister- service			Buchhaltung/ Personal			Gärtnerei			Küche			Keller		
170.000		(5)	150.000		(5)	50.000		(5)	290.000		(5)	85.000		(5)
90.000		(9)	5.000		(12)	5.000		(12)	180.000		(12)	20.000		(12)
350.000		(10)	17.338		(15)	5.000		(14)	52.014		(15)	34.676		(15)
15.000		(12)				6.758		(16)	60.825		(16)	6.758		(16)
10.000		(14)												
	635.000	(15)		172.338	(16)		66.758	(17)		582.839	(18)		146.434	(19)

Marketing			Reception/ Zimmer- service			Restaurant			Golf- shop			Geschäfts- leitung		
70.000		(5)	210.000		(5)	155.000		(5)	160.000		(5)	210.000		(5)
22.000		(8)	30.000		(6)	10.000		(6)	40.000		(12)	8.000		(8)
4.000		(11)	15.000		(7)	60.000		(12)	10.000		(14)	36.000		(11)
5.000		(12)	300.000		(12)	130.034		(15)	20.275		(16)	20.000		(12)
20.000		(14)	5.000		(14)	40.550		(16)	60.083		(17)	120.000		(14)
10.836		(15)	368.430		(15)	5.563		(17)	83.263		(18)	21.672		(15)
13.517		(16)	16.896		(16)	426.721		(18)	5.857		(19)	6.758		(16)
			1.113		(17)	137.648		(19)				145.353		(20)
			72.855		(18)									
			2.929		(19)									
	145.353	(20)		1.022.222	(21)		965.517	(22)		379.478	(23)		567.784	(24)

Abb. 7.5 BAB Hotel in Kontenform (Zweikreissystem)

ermittelbaren Ist-Zuschlagsätzen übereinstimmen, sind die dadurch entstehenden Über- bzw. Unterdeckungen in der betrieblichen Erfolgsrechnung auszuweisen (Abb. 7.6, 7.7).

Abbildung 7.8, 7.9, 7.10, 7.11 zeigen beispielhaft die Darstellung der Daten des betrieblichen Rechnungswesens in Berichtsformularen. Die Spaltengliederung (Datendimensionen) ist bei allen Berichten identisch.

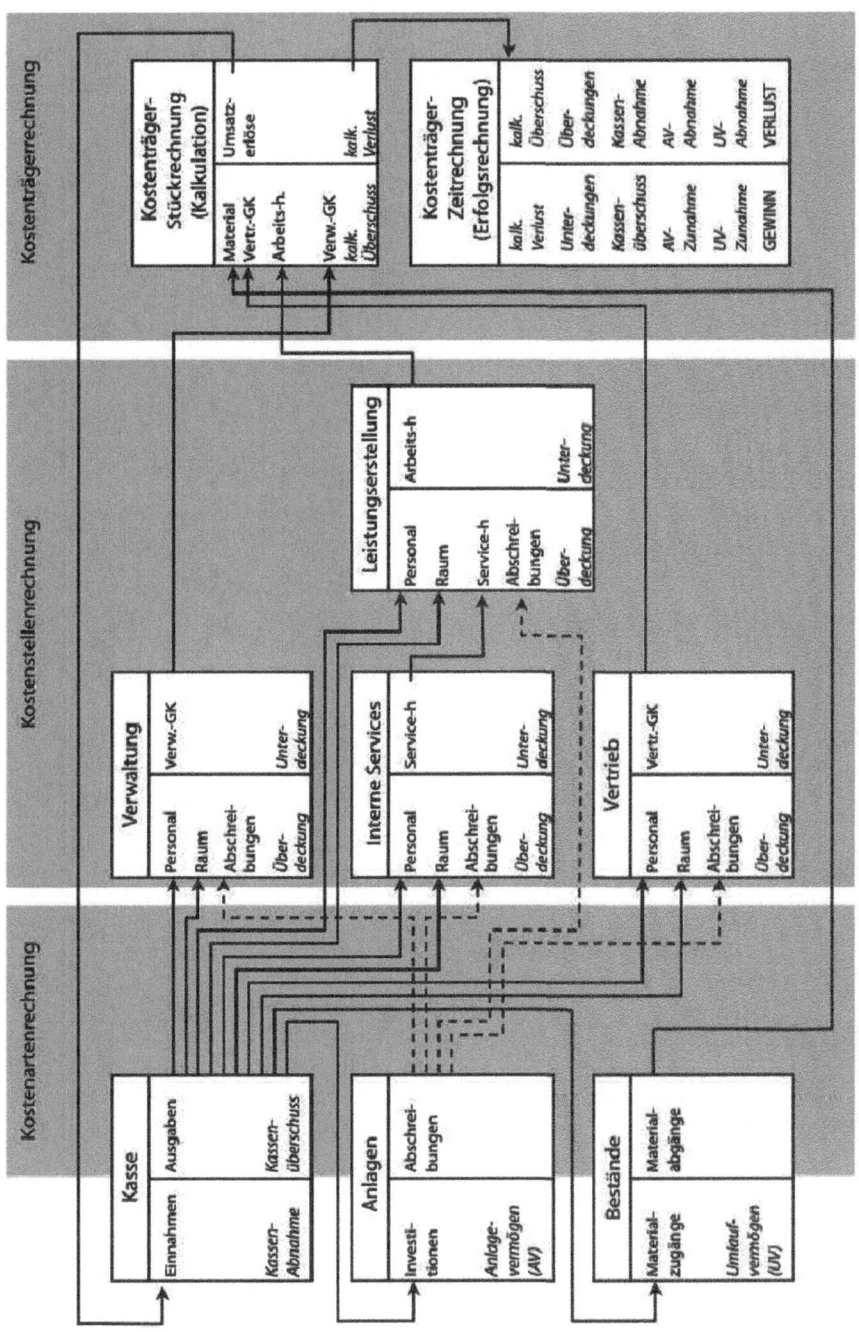

Abb. 7.6 Geschlossener Wertefluss im betrieblichen Rechnungswesen

Kostenarten	aktueller Monat			Januar - aktueller Monat			zum Jahresende		
	IST	PLAN	VORJAHR	IST	PLAN	VORJAHR	FORECAST	PLAN	VORJAHR
Einzelkosten									
- KoA 1									
- KoA 2									
- KoA 3									
- KoA ..									
Gemeinkosten									
- KoA 7									
- KoA 8									
- KoA 9									
- KoA ..									

Abb. 7.7 Berichtsformular Kostenarten

KST XY ⬇	aktueller Monat			Januar - aktueller Monat			zum Jahresende		
	IST	PLAN	VORJAHR	IST	PLAN	VORJAHR	FORECAST	PLAN	VORJAHR
Belastung									
- KoA 1									
- KoA 2									
- KoA ..									
Summe									
Entlastung									
Leistungsverrechnungen									
Umlagen									
Summe									
Überdeckung (+) Unterdeckung (-)	...	0	...	...	0	...	...	0	...

Abb. 7.8 Berichtsformular Kostenstellen

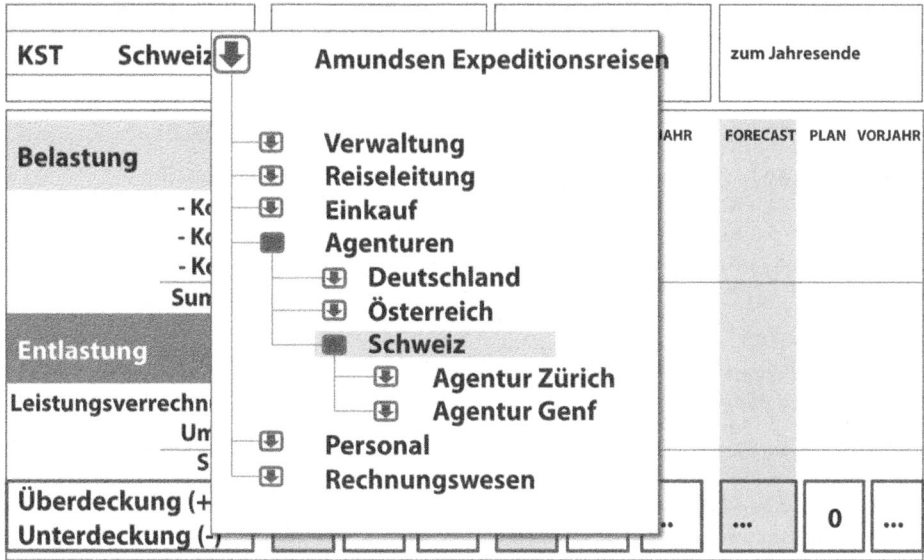

Abb. 7.9 Hierarchische Gliederung der Kostenstellenberichte

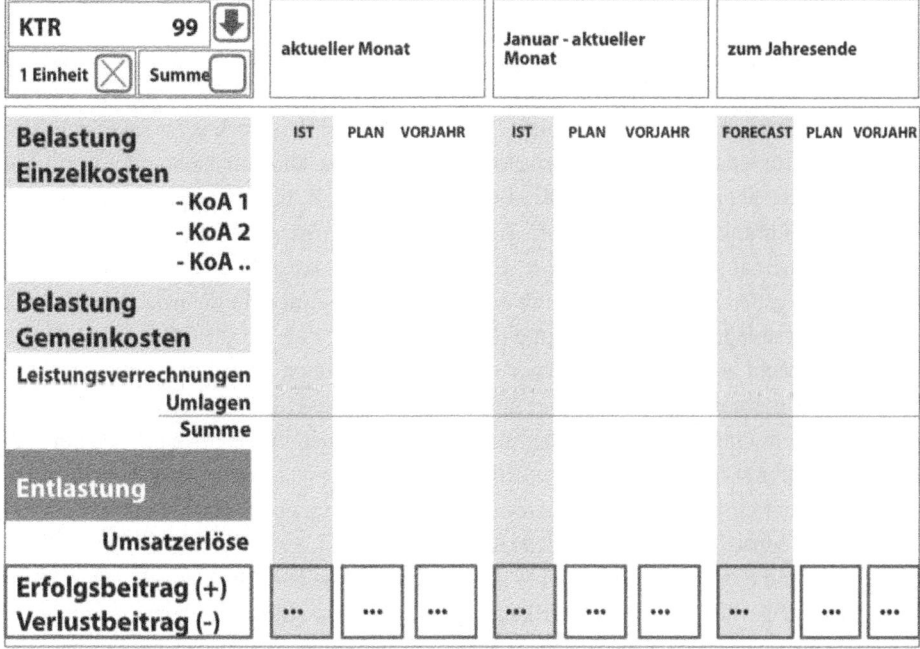

Abb. 7.10 Berichtsformular Kostenträger

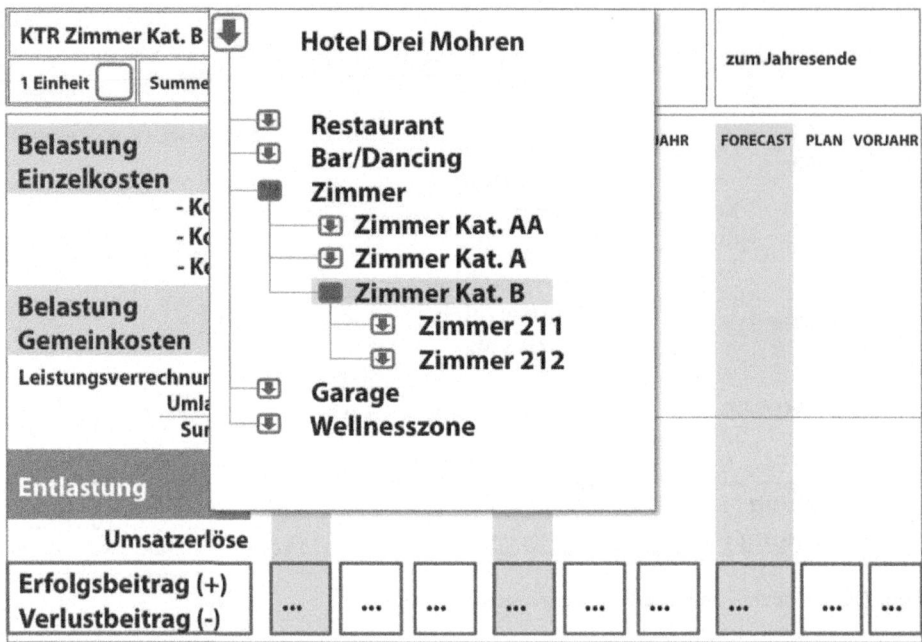

Abb. 7.11 Hierarchische Gliederung der Kostenträgerberichte

Der Kostenartenbericht (Abb. 7.7) bietet eine Übersicht zu den im gesamten Betrieb aufgelaufenen Kosten und ist vor allem dann von Relevanz, wenn einzelne Kostenarten besonderer Aufmerksamkeit und Kontrolle bedürfen, z. B. bei stark schwankenden Einkaufspreisen für einen bestimmten Rohstoff/eine bestimmte Dienstleistung oder wenn Anlass zum Verdacht auf Betrug oder Missbrauch besteht (z. B. bei Reisespesen).

Der für Führungskräfte wichtigste Bericht ist der Kostenstellenbericht der in Bild Abb. 7.8 schematisch dargestellt ist. Er zeigt welche Kosten in einem bestimmten Verantwortungsbereich angefallen sind, und welche Geldbeträge für die in diesem Bereich erbrachten Leistungen gutgeschrieben worden sind.

Dieser Bericht ermöglicht es, jeden Verantwortungsbereich als Profit-Center (= Unternehmen im Unternehmen) zu führen. Durch eine geeignete Hierarchisierung der Kostenstellen und Verdichtung der Daten über die Hierarchieebenen hinweg, weist ein derartiges Formular nicht nur den Erfolg einer einzelnen Kostenstelle aus, sondern kann zum Ergebnisausweis über einzelne Unternehmensbereiche, Standorte, Divisionen bis zum Gesamtunternehmen hinauf verwendet werden (Abb. 7.9).

Der Kostenträgerbericht (Abb. 7.10) stellt sich in der selben Struktur wie der Kostenstellenbericht dar. Der einzige signifikante Unterschied ist, dass der Berichtsempfänger wählen kann, ob er die Zahlen für ein einzelnes Abrechnungsobjekt oder die Summe über alle Abrechnungsobjekte sehen will. So können zum Beispiel für ein Hotel sowohl die Kosten und Erlöse pro Übernachtung für eine bestimmte Zimmerkategorie einzeln ausgewiesen werden, als auch die bis dato aufgelaufenen Kosten- und Erlössummen dieser Zimmerkategorie insgesamt. Besteht eine Kostenträgerhierarchie (Abb. 7.11) können die Summenzahlen nach oben verdichtet werden, bis auf die Ebene des gesamten Unternehmens.

Ein betriebliches Rechnungswesensystem, welches die hier gezeigten Auswertungsmöglichkeiten bietet, sollte die internen Informationsbedarfe des Managements befriedigen können. Leider ist ein derart ausgebautes System in vielen Unternehmen der Touristikbranche (noch) nicht verfügbar. Mittels des in den vorangegangenen Kapiteln vermittelten Wissens sollten Sie jedoch in der Lage sein, Schritt für Schritt ein derartiges System aufzubauen.

7.3 Aufgaben zu Kapitel 7

7.2.1

Lösen sie Aufgabe 5.2.1 (Busunternehmen Edelreisen AG) mittels doppelter Buchführung (Einkreissystem) in folgendem auf dem GKR-Kontenrahmen basierenden Kontenplan:

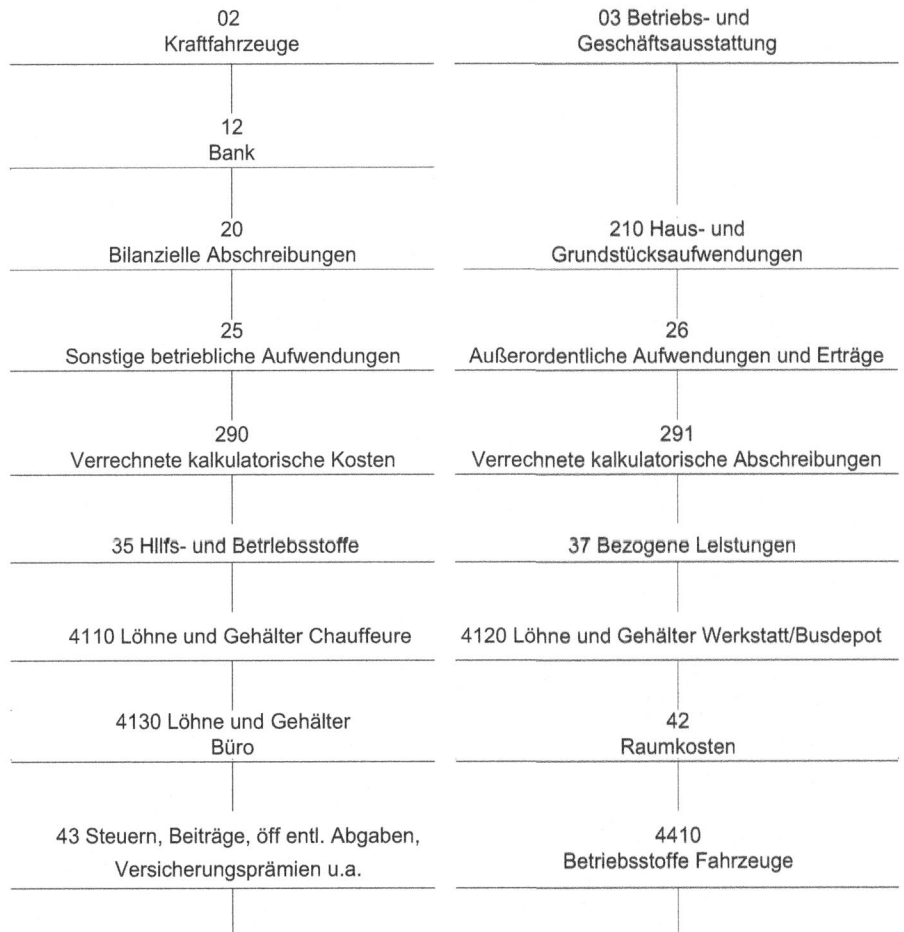

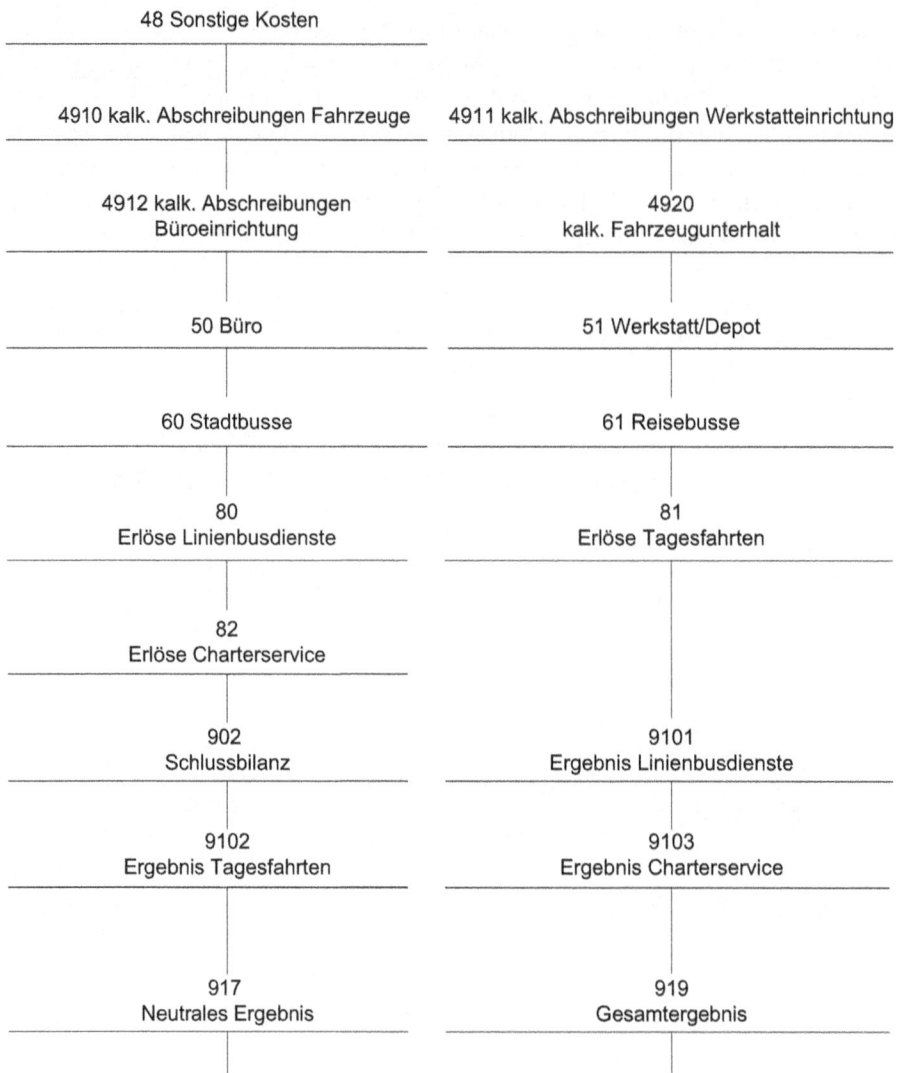

48 Sonstige Kosten

4910 kalk. Abschreibungen Fahrzeuge   4911 kalk. Abschreibungen Werkstatteinrichtung

4912 kalk. Abschreibungen
Büroeinrichtung

4920
kalk. Fahrzeugunterhalt

50 Büro

51 Werkstatt/Depot

60 Stadtbusse

61 Reisebusse

80
Erlöse Linienbusdienste

81
Erlöse Tagesfahrten

82
Erlöse Charterservice

902
Schlussbilanz

9101
Ergebnis Linienbusdienste

9102
Ergebnis Tagesfahrten

9103
Ergebnis Charterservice

917
Neutrales Ergebnis

919
Gesamtergebnis

Weiterführende Literatur

Denjenigen Lesern die sich tiefer gehend mit dem Thema betriebliches Rechnungswesen befassen wollen kann folgende Literatur empfohlen werden:

Adams, Debra: Management Accounting for the Hospitality, Tourism and Leisure Industries: A Strategic Approach, London (Thomson) 2006

Darstellung des betrieblichen Rechnungswesens als Teil des strategischen Führungssystems von Touristikunternehmen. Die Themen des vorliegenden Buchs werden eher knapp in 5 von 15 Kapiteln (Chapter 4 – Chapter 8) behandelt. Der übrige Teil des Buchs ist eher allgemeinen Aspekten des strategischen Managements gewidmet. Übungsaufgaben sind vorhanden, jedoch leider ohne Musterlösungen.

Däumler, Klaus-Dieter; Grabe, Jürgen: Kostenrechnung, Bd. 1 Grundlagen, 11. Aufl. Herne (NWB) 2013, Bd. 2 Deckungsbeitragsrechnung, 10. Aufl. Herne (NWB) 2013, Bd. 3 Plankostenrechnung, 8. Aufl. Herne (NWB) 2009

Eine der besten Darstellungen des betrieblichen Rechnungswesens auf Bachelor-Niveau. Drei Bände, wobei die Bände 1 und 2 den im vorliegenden Buch dargestellten Bereich abdecken. Mit sehr vielen Übungsaufgaben und Lösungen. Fokussiert auf Industrieunternehmen und ohne direkten Bezug zur Touristik.

Demski, Joel S.: Managerial Uses of Accounting Information, 2. Aufl. New York (Springer) 2008

Ausführliche theoriegeleitete Herleitung der Möglichkeiten und Grenzen des betrieblichen Rechnungswesens. Das Buch für diejenigen, die es wirklich wissen wollen. Vertiefte Kenntnisse höherer Mathematik und mikroökonomischer Theorie werden vorausgesetzt. Niveau: Master of Finance/Accounting bzw. Promotion. Mit ausführlichen Rechenbeispielen und Übungsaufgaben (leider ohne Lösungen). Ohne speziellen Bezug zu touristischen Dienstleistungsunternehmen.

© Springer Fachmedien Wiesbaden 2016

C. Benz, *Touristikkostenrechnung*, DOI 10.1007/978-3-658-08088-4

Hausmann, Thomas (Hrsg.): Rechnungswesen/Controlling in Hotellerie und Gastro-
nomie, 3. Aufl. Hamburg (Verlag Handwerk und Technik) 2007

Kurze Darstellung von finanziellem und betrieblichen Rechnungswesen. Illustration
anhand eines durchgängigen Beispiels (Hotel mit Restaurant). Die Ausführungen zum finanziellen Rechnungswesen basieren auf deutschem Handelsrecht und sind international
entsprechend anzupassen. Der Teil zum betrieblichen Rechnungswesen macht ca. 1/3 des
Bändchens aus. Sehr schematische Darstellung mit wenig Hintergrundinformationen bzw.
Reflexion. Zielgruppe eher Hotelfachschüler/Berufs¬schüler. Übungsaufgaben sind enthalten, jedoch keine Musterlösungen.

Kotas, Richard: Management Accounting for Hospitality and Tourism, 3rd Edition
London (Thomson) 1999

Hervorragendes englischsprachiges Standardwerk zum betrieblichen Rechnungswesen
in der Touristik. Würde dieses Werk in deutscher Übersetzung vorliegen, wäre das vorliegende Buch nicht geschrieben worden. Leider sind keine Musterlösungen zu den Übungsaufgaben enthalten. Dafür sehr viele vollständig durchgerechnete Beispiele im Text. Leider seit 1999 nicht mehr überarbeitet.

Ojugo, Clement: Practical Food & Beverage Cost Control, 2nd Edition, New York (Del-
mar) 2009

Umfassende und detaillierte Darstellung von operativen Management- und Kontroll-
systemen im Gaststättenbereich. Befasst sich schwerpunktmässig mit den Prozessen Einkauf, Getränkemanagement, Menüplanung, Personalkostenplanung und -kontrolle in Restaurants der gehobenen Klasse.

Röösli, Bruno; Speck, Markus: Das betriebliche Rechnungswesen, Bd. 1 Grundlagen,
7. Auflage Zürich (SKV) 2009 , Bd. 2 Kostenrechnungssysteme und Planungsrech-
nung, 6. Auflage Zürich (SKV) 2010

Der Klassiker zum Betrieblichen Rechnungswesen in der der Schweiz. Niveau „eidge-
nössischer Fachausweis". Die Inhalte werden praktisch-buchhaltungsorientiert und ohne
hohen analytischen Anspruch präsentiert. Sehr gut sind in Bd. 1 die Nahtstellen zwischen
finanziellem und betrieblichem Rechnungswesen dargestellt. Mit zahlreichen Aufgaben
und Lösungshilfen (Tabellenvorlagen). Lösungshefte sind separat erhältlich. Auf die Bedürfnisse produzierender Unternehmen zugeschnittenes Lehrbuch ohne speziellen Bezug
zur Tourismusbranche.

Lösungen zu den Aufgaben

Anmerkung zu den Lösungen:

Sämtliche Aufgaben wurden am PC mittels eines Tabellenkalkulationsprogramms gelöst. Zwischenergebnisse wurden vollständig (nicht gerundet) weiter verwendet. Handelsübliche Taschenrechner verarbeiten intern oft weniger Nachkommastellen als das verwendete Tabellenkalkulationsprogramm. Geringfügige (und in der Praxis irrelevante) Resultatabweichungen sind dadurch zu erklären.

2.2.1

Girokonto					Kreditoren			
AB	3.000			a)	500	AB	500	
b)	1.000	a)	500			d)	2.500	
c)	41.500	c)	41.500					
i)	20	g)	500					
		j)	1809,50					

Debitoren					Hypothek			
AB	3.000					AB	41.500	
h)	20.000	b)	1.000	c)	41.500			

	Sachanlagen		
AB	2.000		
d)	2.500	e)	900
i)	19	i)	20

	Eigenkapital		
		AB	25.500
		c)	41.500

	Immobilien		
AB	60.000		
		f)	15.000

	Gewinnücklage		
		AB	500
		j)	1809,50

	Aufwand		Ertrag
e)	900	h)	20.000
f)	15.000	i)	19
g)	500		
j)	1809,50		
j)	1809,50		

2.3.3

a) Kreditoren	an	Girokonto	500 GE
b) Girokonto	an	Debitoren	1.000 GE
c) Kasse	an	Eigenkapital	41.500 GE
d) Hypothek	an	Kasse	41.500 GE
e) Sachanlagen	an	Kreditoren	2.500 GE

2.3-1

f) Erfolgsrechnung	an	Sachanlagen	900 GE
g) Erfolgsrechnung	an	Immobilien	15.000 GE
h) Erfolgsrechnung	an	Girokonto	500 GE
i) Debitoren	an	Erfolgsrechnung	20.000 GE
j) Kasse	an	Sachanlagen	20 GE
Sachanlagen	an	Erfolgsrechnung	19 GE
k) Aufw. (Gewinn)	an	Kasse	1809.50 GE
Aufw. (Gewinn)	an	Gewinnrücklage	1809.50 GE

2.3-2

a) Der Gewinn bzw. Verlust einer Unternehmung kann ermittelt werden ...

☐ ... *ausschließlich* aus der Bilanz

☐ ... *ausschließlich* aus der Erfolgsrechnung

☒ ... aus der Bilanz *oder* der Erfolgsrechnung

b) Die Beschaffung eines größeren Vermögensgegenstands auf Kredit.

☒ ... verlängert die Bilanz

☐ ... verkürzt die Bilanz

☒ ... hat kurzfristig keine Auswirkungen auf Gewinn oder Verlust

c) Auf lange Sicht ist über den Abschreibungsaufwand für den Vermögensgegenstand eine Auswirkung auf Gewinn oder Verlust vorhanden.

Zinszahlungen für Kredite.

☐ ... verlängern die Bilanz

☒ ... verkürzen die Bilanz

☒ ... vermindern den Gewinn

Die Bilanzverkürzung beruht darauf, dass auf der Aktivseite liquide Mittel verlorengehen und auf der Passivseite über die Erfolgsrechnung das Eigenkapital geschmälert wird.

d) Abschreibungen sind ...

☒ ... Aufwände

☐ ... Erträge

☒ ... gewinnmindernd

e) An welchem Ort in der Bilanz sehen Sie Verbindlichkeiten gegenüber Lieferanten?

☐ ... Aktiva

☒ ... Passiva

☒ ... Fremdkapital

f) Ein Blitzschlag zerstört Teile Ihrer Gebäude und Anlagen. Dies führt zu ...

☒ ... Sonderabschreibungen

☒ ... außerordentlichem Aufwand

☒ ... vermindertem Gewinn

g) Die Feuerversicherung begleicht die Schäden des Blitzschlags aus Afg. f) durch Überweisung eines höheren Geldbetrags. Dies führt zu.

☐ ... negativen Abschreibungen (= Zuschreibungen)

☒ ... einem Mittelzufluss in der Bilanzposition „Kasse/Bankguthaben"

☐ ... einer Erhöhung des Eigenkapitals im Vergleich zur Situation vor dem Blitzschlag

2.3-3

Nummer	Soll	an	Haben	Betrag
a)	Kasse / Girokonto	an	Beförderungsentgelte	100
b)	Debitoren	an	Beförderungsentgelte	15.000
c)	Fahrzeugunterhalt/Kraftstoffe	an	Kasse / Girokonto	30
d)	Personal	an	Kasse / Girokonto	800
e)	Kasse / Girokonto	an	Fahrzeuge	2.500
f)	Fahrzeugunterhalt/Kraftstoffe	an	Kreditoren	2.500
g_1)	Kreditoren	an	Kasse / Girokonto	2.200
g_2)	''	an	Fahrzeugunterhalt/Kraftstoffe	300
h)	Kreditoren	an	Fahrzeugunterhalt/Kraftstoffe	990
i)	Abschreibungen	an	Fahrzeuge	11.000
j1)	Gewinnermittlung	an	Personal	800
j2)	''	an	Abschreibungen	11.000
j3)	''	an	Fahrzeugunterhalt/Kraftstoffe	1.240
j4)	Beförderungsentgelte	an	Gewinnermittlung	15.100
j5)	Gewinnermittlung	an	Gewinnrücklage	1.545
j6)	''	an	Kasse / Girokonto	515

Kasse / Girokonto				Kreditoren			
(AB)	4.000	(c)	30	(g_1)	2.200	(AB)	14.000
(a)	100	(d)	800	(g_2)	300	(f)	2.500
(e)	2.500	(g_1)	2.200	(h)	990		
		(j_6)	515				

Debitoren				Eigenkapital			
(AB)	0					(AB)	15.000
(b)	15.000						

Fahrzeuge				Gewinnrücklage			
(AB)	30.000	(e)	2.500			(AB)	5.000
		(i)	11.000			(j_5)	1.545

	Personal				Beförderungsentgelte		
(d)	800	(j₁)	800	(j₄)	15.100	(a)	100
						(b)	15.000

	Abschreibungen		
(i)	11.000	(j₂)	11.000

GEWINNERMITTLUNG:

Fahrzeugunterhalt/Kraftstoffe				Aufwände		Erträge	
(c)	30	(g₂)	300	(j₁)	800	(j₄)	15.100
(f)	2.500	(h)	990	(j₂)	11.000		
				(j₃)	1.240		
				(j₅)	1.545		
				(j₆)	515		

3.1-1

Umsatz Bratwurst	3,50 GE x 10.000	= 35.000 GE
Umsatz Dosenbier	2,50 GE x 6.000	= 15.000 GE
minus Kosten		-30.000 GE
Erfolg		20.000 GE

3.1-2

Umsatz Bratwurst	3,50 GE x 10.000	= 35.000 GE
minus Kosten		-15.000 GE
Erfolg		20.000 GE
Umsatz Dosenbier	2,50 GE x 6.000	= 15.000 GE
minus Kosten		-15.000 GE
Erfolg		0 GE

Mit Bier wird nichts verdient. Der gesamte Erfolg des Imbissstands wird mit Bratwürsten erzielt.

Pro Bratwurst sind dies:

20.000 GE / 10.000 Bratwürste	= 2,00 GE

3.1-3

Kosten für 40 Dosen	29,90 GE
dividiert durch Anzahl Dosen	/ 40
Kosten pro Dose (=Mindestpreis)	0,75 GE

3.1-4

a)

Kosten Bratwurst	0, 60 GE x 10.000	=	6.000	GE
Kosten Dosenbier	0,8 0 GE x 6.000	=	4.8 00	GE
Wareneinstandskosten gesamt			10.800	GE

Gesamte Kosten	=	30.000 GE
minus Wareneinstandskosten		-10.800 GE
übrige Kosten		19.200 GE
dividiert durch 2 Warengruppen		/ 2
übrige Kosten pro Warengruppe		9.600 GE

übrige Kosten pro Bratwurst (ein Stück):		
9.600 GE / 10.000	=	0,96 GE
übrige Kosten pro Dosenbier (ein Stück):		
9.600 GE / 6.000	=	1,60 GE

Kalkulation Bratwurst (ein Stück):	
Wareneinstand	0,60 GE
plus übrige Kosten	0,96 GE
Kosten pro Stück	1,56 GE

Kalkulation Dosenbier (ein Stück):	
Wareneinstand	0,80 GE
plus übrige Kosten	1,60 GE
Kosten pro Stück	2,40 GE

b)

Übrige Kosten	19.200 GE
dividiert durch Abgesetzte Stück	/ (10.000 + 6.000)
Kosten pro Stück (=Pauschalzuschlag)	1,20 GE

Kalkulation Bratwurst (ein Stück):	
Wareneinstand	0,60 GE
plus Pauschalzuschlag	1,20 GE
Kosten pro Stück	1,80 GE

Kalkulation Dosenbier (ein Stück):	
Wareneinstand	0,80 GE
plus Pauschalzuschlag	1,20 GE
Kosten pro Stück	2,00 GE

c)

Zuschlagssatz übrige Kosten:

übrige Kosten	19.200 GE
dividiert durch Wareneinsatzkosten /	10.800 GE
Zuschlagsatz übrige Kosten	177,8 %

Kalkulation Bratwurst (ein Stück):

Wareneinstand	0,60 GE
plus Zuschlag 177,8%	1,07 GE
Kosten pro Stück	1,67 GE

Kalkulation Dosenbier (ein Stück):

Wareneinstand	0,80 GE
plus Zuschlag 177,8%	1,42 GE
Kosten pro Stück	2,22 GE

d)

Die Kalkulation laut b) ergibt im Vergleich zu a) und vor allem zu c) einen höheren Kostensatz für Bratwurst und einen geringeren Kostensatz für Dosenbier. Sämtliche Ansätze sind rechnerisch richtig, wie es sich durch die Berechnung der Gesamtkosten zeigen lässt:

Ansatz a):

Gesamtkosten Bratwurst: 1,56 GE x 10.000 =	15.600 GE
Gesamtkosten Dosenbier: 2,40 GE x 6.000 =	14.400 GE
Gesamtkosten SUMME =	30.000 GE

Ansatz b):

Gesamtkosten Bratwurst: 1,80GE x 10.000 =	18.000GE
Gesamtkosten Dosenbier: 2,00GE x 6.000 =	12.000GE
Gesamtkosten SUMME =	30.000GE

Ansatz c):

Gesamtkosten Bratwurst: 1,67GE x 10.000 =	16.667GE
Gesamtkosten Dosenbier: 2,22GE x 6.000 =	13.333GE
Gesamtkosten SUMME =	30.000GE

Der Unterschied zwischen den Ansätzen besteht darin, dass das Dosenbier im Fall a) aufgrund der (im Vergleich zur Bratwurst) geringeren Menge und im Fall c) aufgrund des (im Vergleich zur Bratwurst) höheren Wareneinkaufsaufwands pro Stück einen höheren Anteil der übrigen Kosten tragen muss als die Bratwurst, wohingegen im Fall b) jedes verkaufte Stück – egal ob Dosenbier oder Bratwurst – mit dem gleichen Anteil übriger Kosten belastet wird.

Variante a) unterstellt dass sich die übrigen Kosten im Verhältnis 50:50 auf beide Leistungen aufteilen – dies würde aber bedeuten dass es gleich viel Arbeit macht ob 10.000 Bratwürste oder 6.000 Dosen Bier verkauft werden. Da die Anzahl der Bratwürste aber mehr als die 1,5-fache Menge der Bierdosen beträgt und zudem Bratwürste im Unterschied zum Bier vor dem Servieren erst noch zubereitet werden müssen ist dieser Ansatz sicher nicht verursachungsgerecht. Variante b) geht davon aus dass alle Leistungen pro

Stück den selben Gemeinkostenaufwand verursachen – da unser Sortiment Getränke und Esswaren umfasst ist auch diese Hypothese eher unwahrscheinlich. Variante c) schliesslich basiert auf der Hypothese dass im Wareneinkauf teure Leistungen auch einen höheren Gemeinkostenaufwand verursachen – in unserem Fall (Bier ist das teurere Produkt) ist auch dies eher nicht gegeben.

　　In solchen Fällen existiert kein „richtiger" Verteilungsschlüssel – die Kunst besteht darin den „am wenigsten falschen" Ansatz zu wählen. Während sich für Variante a) wenig Argumente finden lassen, spricht für b) die Einfachheit der Durchführung und für c) die weite Verbreitung Kalkulationsvariante in der Unternehmenspraxis.

3.1-5

	Alle Pizzen	Margherita normale	Margherita grande	Napoletana normale	Napoletana grande
Absatzmenge (Stück)	*45.000*	*15.000*	*4.000*	*18.000*	*8.000*
Mehl (kg)	*14.250*	*3.750*	*2.000*	*4.500*	*4.000*
Mehl (GE)	**21.500**	**5.658**	**3.018**	**6.789**	**6.035**
Tomaten (kg)	11.400	3.000	1.600	3.600	3.200
Tomaten (GE)	**24.300**	**6.395**	**3.411**	**7.674**	**6.821**
Käse (kg)	*5.700*	*1.500*	*800*	*1.800*	*1.600*
Käse (GE)	**56.000**	**14.737**	**7.860**	**17.684**	**15.719**
Sardellen (kg)	*680*			*360*	*320*
Sardellen (GE)	**14.500**			**7.676**	**6.824**
Kapern (kg)	*680*			*360*	*320*
Kapern (GE)	**11.000**			**5.824**	**5.176**
Hefe, ... (GE)	**2.000**	**667**	**178**	**800**	**356**
Miete, ... (GE)	**120.000**	**40.000**	**10.667**	**48.000**	**21.333**
SUMME (GE)		**67.456**	**25.132**	**94.447**	**62.264**
pro Pizza (GE)		**4,50**	**6,28**	**5,25**	**7,78**

3.1-6

	Einzelkosten	Gemeinkosten
Kauf eines Rehrückens fürs Hotelrestaurant	☑	☐

Kostenträger (Beispiel): „Jäger-Menü mit Wildsau und Rehrücken"

Gehalt des Hotelmanagers	☐	☑
Löhne für Küchenhilfen	☐	☑

Ausnahme: Falls die Küchenhilfen nur für ein bestimmtes Großereignis beschäftigt werden, und dieses Großereignis separat abgerechnet wird, dann würde es sich um Einzelkosten handeln. Dann wäre der Kostenträger (Beispiel): „Bankett zum 98. Geburtstag von Aga Khan"

Abschreibung (für den Hotellift)	☐	☑
Provisionszahlung für die Vermittlung einer Reisegruppe	☑	☐

Kostenträger (Beispiel): „Reisegruppe XYZ"

Kosten für Lohnfertigung (externe Großbäckerei)	☑	☐

Kostenträger (Beispiel): „Brötli"; „Kipferl"; „Brezel" - falls das Frühstück in Form eines Buffets serviert wird wäre auch die Abrechnung als Gemeinkosten („Gebäck") denkbar.

Kauf von Büromaterial für die Hotelverwaltung	☐	☑
Miete für das Hotelgebäude	☐	☑
Heizkosten	☐	☑
Werbekosten	☐	☑
Wartung einer Spülmaschine	☐	☑
Kosten der Gebäudeüberwachung (Wach- und Schließdienst)	☐	☑
Rechnung des Wirtschaftsprüfers	☐	☑
Kosten der Tischdekoration für eine Hochzeit	☑	☐

Kostenträger (Beispiel): „Hochzeit Aga Khan"

Kosten für die Reinigung von Gästehandtüchern und Bettwäsche	☑	☐

Kostenträger (Beispiel): „Hotelübernachtungen"

3.1-7

Gemeinkosten	=	60.000 GE
dividiert durch Anzahl Touren		*/ (40 + 20 + 15)*
Gemeinkosten pro Tour		800 GE
Kalkulation Tour A (eine Durchführung):		
Fahrtkosten	=	20.000 GE / 40
plus Gemeinkosten		800 GE
Kosten pro Tour		1.300 GE
Kalkulation Tour B (eine Durchführung):		
Fahrtkosten	=	80.000 GE / 20
plus Gemeinkosten		800 GE
Kosten pro Tour		4.800 GE
Kalkulation Tour C (eine Durchführung):		
Fahrtkosten	=	15.000 GE / 15
plus Gemeinkosten		800 GE
Kosten pro Tour		1.800 GE

3.2-1

übrige Kosten	19.200 GE
Menge Bratwurst	10.000
in äquivalente Menge Dosenbier umgerechnet	*× 5*
	50.000
Menge Dosenbier	6.000
Gesamtmenge	56.000

übrige Kosten pro Dosenbier (ein Stück):

19.200 GE / 56.000	=	0,34 GE

übrige Kosten pro Bratwurst (ein Stück):

0,34 GE × 5	=	1,71 GE

Kalkulation Bratwurst (ein Stück):

Wareneinstand	0,60 GE
plus übrige Kosten	1,71 GE
Kosten pro Stück	2,31 GE

Kalkulation Dosenbier (ein Stück):

Wareneinstand	0,80 GE
plus übrige Kosten	0,34 GE
Kosten pro Stück	1,14 GE

Probe:

Gesamtkosten Bratwurst: 2,31 GE x 10.000	=	23.143 GE
Gesamtkosten Dosenbier: 1,14 GE x 6.000	=	6.857 GE
Gesamtkosten SUMME	=	30.000 GE

3.2-2

Kursart	Anzahl Durchführungen	Äquivalenzziffer	Äquivalente Anzahl Durchführungen Standardskikurs
Standardskikurs	69	1,0	69
Snowboardkurs	28	1,5	42
Akrobatikkurs	3	4,0	12
SUMME			123

Gesamtkosten = 62.730 GE
dividiert durch Äquiv. Anz. Standardskikurs = / 123
Kosten pro Standardskikurs 510 GE

Kursart	Äquivalenzziffer	Kosten pro Kurs	Gesamtkosten (Probe)
Standardskikurs	1,0	1,0 x 510 GE = 510 GE	35.190 GE
Snowboardkurs	1,5	1,5 x 510 GE = 765 GE	21.420 GE
Akrobatikkurs	4,0	4,0 x 510 GE = 2.040 GE	6.120 GE
SUMME			62.730 GE

3.2-3

Zimmer	Anzahl	Auslastung	Anzahl Belegungen p. a.
EZ	5	64 %	1.168
DZ	12	90 %	3.942

Da 2/3 der Doppelzimmer nur einfach belegt sind gilt:
3942 = 2.628 (2/3 Einfachbelegungen) + 1314 (1/3 Doppelbelegungen)

Zimmer	Anzahl Belegungen p. a.	Äquivalenzziffer	Äquivalente Anz. Belegungen EZ	Zimmer-service Kosten	Zimmerservice Kosten pro Belegungstag
EZ	1.168	1,0	1.168	3.874 GE	3,32 GE
DZ einfach	2.628	1,1	2.891	9.588 GE	3,65 GE
DZ doppelt	1.314	1,5	1.971	6.538 GE	4,98 GE
SUMME			6.030	20.000 GE	

3.2-4

Wareneinkauf

Spargelteller groß	0,5 kg x 9,50 GE x 240 Stück	=	1140,0 GE
Spargelteller klein	0,3 kg x 9,50 GE x 80 Stück	=	228,0 GE
Spargelsuppe	0,3 kg x 9,50 GE x 90 Stück	=	256,5 GE
Ersinger Simsegräbsler ¼ l	8,50 GE / 3 x 320 Stück	=	906,7 GE
Strümpfelbacher Sorgenbrecher ½ l	1.800 GE / (250 x 2) x 40 Stück	=	144,0 GE

Service:	Anzahl	ÄZ	Äquiv. Anz.	Service-Kosten
Spargelteller groß	240	3,0	720	1.132 GE
Spargelteller klein	80	3,0	240	377 GE
Spargelsuppe	90	3,0	270	425 GE
Ersinger Simsegräbsler ¼ l	320	1,0	320	503 GE
Strümpfelbacher Sorgenbrecher ½ l	40	1,0	40	63 GE
SUMME			1.590	2.500 GE

Küche:	Anzahl	ÄZ	Äquiv. Anz.	Küchen Kosten
Spargelteller groß	240	1,33	320	5.825 GE
Spargelteller klein	80	1,0	80	1.456 GE
Spargelsuppe	90	0,13	12	219 GE
SUMME			412	7.500 GE

Roherfolg (ohne „sonstige Kosten"):	Umsatz	Kosten	Roherfolg	Roherfolg (¼)
Spargelteller groß	8.400 GE	8.097 GE	303 GE	15 %
Spargelteller klein	2.000 GE	2.062 GE	**-62 GE**	- 3%
Spargelsuppe	1.350 GE	899 GE	451 GE	22 %
Ersinger Simsegräbsler ¼ l	2.560 GE	1.410 GE	1.150 GE	57 %
Strümpfelbacher Sorgenbrecher ½ l	400 GE	207 GE	193 GE	9 %
SUMME			2.035 GE	100 %

Erfolg (incl. „sonstige Kosten"):	Roherfolg	Sonstige Kosten (%)	Sonstige Kosten	Erfolg
Spargelteller groß	303 GE	15 %	327 GE	**-24 GE**
Spargelteller klein	**-62 GE**	**-3 %**	**-67 GE**	5 GE
Spargelsuppe	451 GE	22 %	487 GE	**-36 GE**
Ersinger Simsegräbsler ¼ l	1.150 GE	57 %	1.244 GE	**-94 GE**
Strümpfelbacher Sorgenbrecher ½ l	193 GE	9 %	209 GE	**-16 GE**
SUMME	2.035 GE	100 %	2.200 GE	**-165 GE**

Es ist deutlich zu erkennen, dass die Verteilung der sonstigen Kosten „nach Tragfähigkeit" zu Fehlinterpretationen führen kann. Nach Verteilung der sonstigen Kosten weist nämlich das eindeutig beste Produkt, der „Ersinger Simsegräbsler" das schlechteste Ergebnis auf, und der „kleine Spargelteller", der allein schon auf Basis der Verrechnung von Waren-einstands-, Service- und Küchenkosten einen negativen Erfolgsbeitrag aufweist, macht ungerechtfertigter Weise den Eindruck eines gewinnbringenden Produkts.

3.3-1

Investitionssumme	=	12.000 GE
dividiert durch Eintrittspreis		/ 1,80 GE
Break-Even-Anzahl (Museumsbesucher)		*6.667*

3.3-2

a) Unternehmen: Tauchbasis

Kostenträger: Verleih von Flaschentauchausrüstung, komplett

	Einzelkosten	Gemeinkosten	variable Kosten	Fixkosten
Flaschenfüllung Atemgas	☑	☐	☑	☐
Abschreibung Tauchanzüge	☑	☐	☐	☑
Lohnkosten Personal	☐	☑	☐	☑
Haftpflichtver- sicherung	☐	☑	☐	☑

b) Unternehmen: Café

Kostenträger: 1 Tasse Kaffee mit Milch + Zucker

	Einzelkosten	Gemeinkosten	variable Kosten	Fixkosten
Kaffeebohnen	☑	☐	☑	☐
Leitungswasser	☐	☑	☑	☐
Miete Räumlichkeiten	☐	☑	☐	☑
Kondensmilch, Portionspackung	☑	☐	☑	☐

c) Unternehmen: Konzertagentur

Kostenträger: 1 Eintrittskarte „Neujahrskonzert"

	Einzelkosten	Gemeinkosten	variable Kosten	Fixkosten
Miete Kursaal	☐	☑	☐	☑
Druckkosten Eintrittskarten	☑	☐	☐	☑
15 % Vertriebsprovision	☑	☐	☑	☐
Gage der Philharmoniker	☐	☑	☐	☑

d) Unternehmen: Campingplatz
   Kostenträger: 1 Übernachtung im Wohnwagen für 4 Personen

	Einzelkosten	Gemeinkosten	variable Kosten	Fixkosten
Reinigung Sanitärbereich	☐	☑	☐	☑
Warmwasser	☐	☑	☑	☐
Kurtaxe (Tarif pro Person)	☑	☐	☑	☐
Kosten f. Landschaftsgär tner	☐	☑	☐	☑

e) Unternehmen: Airline
   Kostenträger: 1 Flugticket Zürich → Hong Kong

	Einzelkosten	Gemeinkosten	Variable Kosten	variable Kosten
Start- und Landegebühren	☐	☑	☐	☑
Treibstoffe	☐	☑	☐	☑
Ausbil dung Piloten	☐	☑	☐	☑
% - Provision für Vertriebsagenturen	☑	☐	☑	☐

f) Unternehmen: Hotel
   Kostenträger: 1 Übernachtung mit Frühstück

	Einzelkosten	Gemeinkosten	variable Kosten	Fixkosten
Frühstückseier	☑	☐	☑	☐
Abschreibung Hotellift	☐	☑	☐	☑
Löhne Zimmerservice	☐	☑	☐	☑
Reinigung Bettwäsche	☑	☐	☑	☐

3.3-3

Preis pro Leistungseinheit	=	Kosten pro Leistungseinheit
p	=	$k_v + K_F/x$
$p - k_v$	=	K_F/x
$x \cdot (p - k_v)$	=	K_F
x	=	$K_F / (p - k_v)$
	=	K_F / d

3.3-4

Berechnung des Deckungsbeitrags einer Packung Popcorn (d):

Verkaufspreis für eine Portion			1,80 GE
minus variable Kosten			
	150 g Mais =	15 GE / 10.000 g x 150 g	0,225 GE
	20 g Zucker =	3,5 GE / 1.000 g x 20 g	0,070 GE
d			1,505 GE

Berechnung der Break-Even Menge Packungen Popcorn (x):

Fixkosten K_F	6.000 GE
$x = K_F/d$	*3.987 Packungen*

Berechnung der Break-Even-Dauer in Tagen:

x / Anzahl Portionen pro Tag (30) =	*133 Tage*

3.3-5

Deckungsbeitrag pro Packung Popcorn (d): wie oben	1,505 GE
Deckungsbeitrag pro Monat (à 30 Tage)	
30 Packungen pro Tag x 30 Tage x 1,505 GE=	1.355 GE
minus Instandhaltung pro Monat	400 GE
	955 GE

Berechnung der Break-Even-Dauer in Monaten:

6.000 GE / 955 GE =	*6.29 Monate*
entspricht bei 30 Tagen/Monat:	*189 Tage*

3.3-6

a)

Ermittlung der Gesamtkosten:

Saalmiete	5.000 GE
Werbung	3.000 GE
Druckkosten	2.400 GE
Gage der Band	15.000 GE
Löhne für Zeitarbeitskräfte	4.000 GE
Versicherung und Gebühren	2.000 GE
SUMME	31.400 GE

Da es sich hier ausschließlich um Fixkosten handelt, entspricht 31.400 GE dem notwendigen Break-Even Umsatz. Bei einem Kartenpreis von 30 GE ergibt sich für die Break-Even Menge

Break-Even Menge = 31.400 GE / 30 GE   = 1.047 Karten

b)

Umsatz = *1.500* Karten x 30 GE	= 45.000 GE
minus Gesamtkosten laut a)	31.400 GE
ERFOLG	13.600 GE

c)

Ermittlung von d:

Kartenpreis	30. GE
minus 10%-Anteil der Band (k_v)	3. GE
d	27 GE

Ermittlung der Fixkosten:

Saalmiete	5.000 GE
Werbung	3.000 GE
Druckkosten	2.400 GE
Gage der Band	5.000 GE
Löhne für Zeitarbeitskräfte	4.000 GE
Versicherung und Gebühren	2.000 GE
SUMME	21.400 G

Ermittlung der Break-Even Menge x

x = K_F / d   = 21.400 GE / 27 GE   = 793 Karten

d)

Zusätzlich zur Deckung der Fixkosten soll jetzt ein Gewinn von 13.600 GE erzielt werden:

Fixkosten	21.400 GE
plus Plangewinn	13.600 GE
D =	35.000 GE

Ermittlung der notwendigen Absatzmenge x:

x = D / d   = 35.000 GE / 27 GE   = 1.297 *Karten*

e)

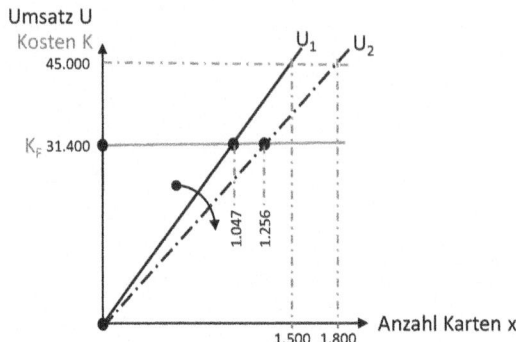

Die Senkung des Eintrittspreises bewirkt eine Absenkung der Umsatzgerade (Drehung im Uhrzeigersinn um den Ursprung). Damit wird d verkleinert und die Break-Even Menge vergrößert sich von 1047 auf 1256 – Das Risiko für Jive(4)U steigt. Des weiteren ist natürlich zu berücksichtigen, dass die Senkung des Eintrittspreises von 30 auf 25 GE nicht ohne Wirkung auf die Nachfrage sein wird. Das heißt dass zu dem niedrigeren Preis wahrscheinlich mehr als die erwarteten 1500 Karten verkauft werden können. Um allerdings beim Preis von 25 GE den selben Gewinn wie vorher (13.600 GE) erzielen zu können, müssten 1800 Karten verkauft werden. Das wäre eine Absatzsteigerung von 20%.

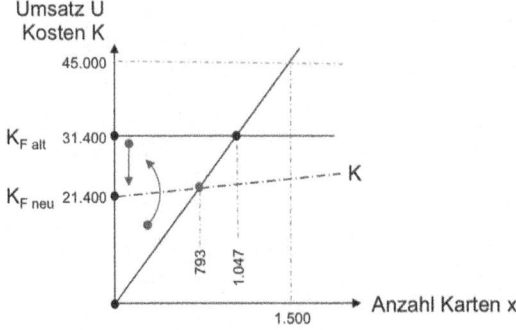

Die Entlohnung der Band mit einer Gage, die sich aus einem fixen Anteil und einem variablen Anteil von 10% des Umsatzes zusammensetzt bewirkt eine Absenkung der Kostengerade und eine Drehung der Kostengerade gegen den Uhrzeigersinn um K_F. Wie in c) berechnet wird dadurch die Break-Even Menge erheblich verkleinert – Das Risiko für Jive(4)U sinkt; es wird durch diese Vertragsgestaltung zum Teil auf die auftretende Band verlagert. Sollte das Konzert jedoch ein außerordentlicher Erfolg werden, fällt bei dieser Variante für Jive(4)U weniger Gewinn ab, da die Kosten für die Band mit zunehmendem Umsatz steigen.

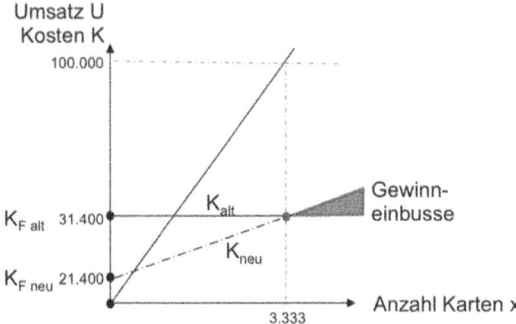

Berechnung der diesbezüglich kritischen Kartenanzahl:

Gewinn$_{\text{pauschale Entlohnung}}$	=	Gewinn$_{\text{kombinierte Entlohnung}}$
$U - K_{F\,alt}$	=	$U - (K_{F\,neu} + K_v)$
30 GE • x – 31.400 GE	=	30 GE • x – (21.400 GE + 3 GE • x)
31.400 GE	=	21.400 GE + 3 GE • x
X	=	10.000 GE / 3 GE
X	=	*3.334 Karten*

Das heißt erst ab einer Anzahl von 3334 verkauften Karten wirkt sich diese Vertragsgestaltung negativ für Jive(4)U aus. Da dies mehr als die doppelte Menge der erwarteten
Zuschaueranzahl von 1500 Personen ist, ist dies als sehr unwahrscheinlich anzusehen.

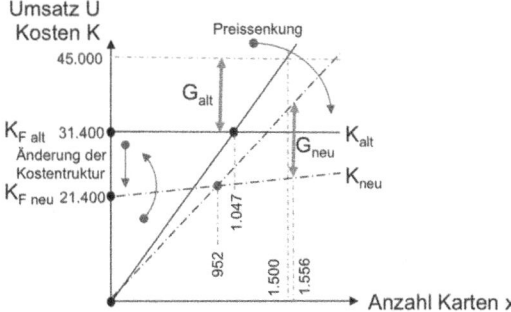

Da sich Maßnahme 1 (Preissenkung) eher negativ für Jive(4)U auswirkt und Maßnahme
2 (kombinierte Entlohnung der Band) eher positive Auswirkungen für Jive(4)U hat, muss
noch die Frage nach dem kombinierten Einsatz beider Maßnahmen beantwortet werden.
   Bezüglich der Break-Even Menge gilt dann:
   Ermittlung von d:

Kartenpreis	25. GE
minus 10%-Anteil der Band (k v)	2.50 GE
d	22.50 GE
Ermittlung der Break-Even Menge x	
x = K$_F$ / d = 21.400 GE / 22.50 GE	= 952 *Karten*

Bezüglich der erforderlichen Anzahl Kartenverkäufe um den angestrebten Gewinn von 13.600 GE zu erzielen ergibt sich:

Ermittlung der notwendigen Absatzmenge x:

x = D / d   = 35.000 GE / 22.50 GE = 1.556 *Karten*

Das Risiko für Jive(4)U einen Verlust zu erleiden ist also bei kombiniertem Einsatz beider Maßnahmen niedriger als in der Ausgangssituation (Break-Even Menge 1047 Karten). Die Gewinnaussichten beim Verkauf der Planmenge von 1500 Karten fallen etwas ungünstiger aus:

1500 Karten × 25 GE − (21.400 GE + 1500 Karten × 2,50 GE) = 12.350 GE.

Falls durch die Preissenkung mindestens 56 Zuschauer mehr angezogen werden, kann der Plangewinn erreicht werden.

Im Grossen und Ganzen kann durch Maßnahme 2 der negative Effekt von Maßnahme 1 kompensiert werden. Falls also Jive(4)U die Preissenkung auf 25 GE durchführen will, muss dem Unternehmen dringend angeraten werden, mit der Band über einen variablen Vergütungsanteil zu verhandeln.

3.3-7

a)

Fixkosten pro Jahr:		
Miete für einen Marktwagen		7500 GE
Diverse Betriebskosten		1000 GE
SUMME		8500 GE
d pro Markttag:		
Umsatz pro Markttag = 400		1800 GE
Portionen x 4,50 GE =		
minus	Standplatzmiete	500 GE
	Wareneinsatz (frisches Obst)	800 GE
	Kunststoffschälchen, Einwegbesteck	76.70 GE
d pro Markttag		423.30 GE
Break-Even Menge (Markttage):		
x = K$_F$ / d = 8.500 GE / 423.30 GE		*=21 Tage*

b)

Fixkosten pro Jahr:		8500 GE
d pro Markttag:		
Umsatz pro Markttag = 400 Portionen x 4,50 GE =		1800 GE
minus	Standplatzmiete	500 GE
	Wareneinsatz (frisches Obst)	800 GE
	Kunststoffschälchen, Einwegbesteck	76.70 GE
	eigener Lohn	400 GE
d pro Markttag		23.30 GE
Break-Even Menge (Markttage):		
x = K$_F$ / d = 8.500 GE / 23.30 GE		*= 365 Tage*

c)

Salatumsatz pro Markttag	
400 Portionen x 4,50 GE =	1800 GE
Getränkeumsatz pro Markttag	
200 Becher x 1,50 GE =	300 GE
Gesamtumsatz pro Markttag	2.100 GE

minus variable Kosten pro Markttag

Standplatzmiete	500 GE
Wareneinsatz (frisches Obst)	800 GE
Kunststoffschälchen, Einwegbesteck	76,70 GE
Wareneinsatz (Getränke) 200 / 4 x 1 GE	= 50 GE
Wareneinsatz (Becher) 200x 0,02 GE	= 4 GE
Summe (Kosten pro Markttag)	1.430,70 GE

d pro Markttag	669,30 GE

Fixkostenanteil pro Markttag bei 50 Markttagen:

k_F	$=K_F / x = 8.500 / 50 =$	170 GE

Überschüssiger Deckungsbeitrag pro Markttag (= eigener Lohn)

g	= d - k_F = 669.30 GE - 170 GE=	499,30 GE

4.1-1

a) Wobei handelt es sich bei folgenden Aufwands-/Erlösarten für ein Hotel?

	Betriebliche Aufwände / Erträge	Betriebsfremde Aufwände / Erträge	Ausserordentliche Aufwände / Erträge	Periodenfremde Aufwände / Erträge
Instandhaltungsaufwand (Rechnung Dachdecker für die Beseitigung von Sturmschäden)	☐	☐	☑	☐
Umsatzerlöse Hotelbar	☑	☐	☐	☐
Instandhaltungsaufwand (Rechnung Kaminfeger)	☑	☐	☐	☐
Verluste aus Aktienspekulationsgeschäften	☐	☑	☐	☐
Wareneinkauf (Speisen und Getränke)	☑	☐	☐	☐

b) Wobei handelt es sich bei folgenden Aufwands-/Erlösarten für eine Reederei?

	Betriebliche Aufwände / Erträge	Betriebsfremde Aufwände / Erträge	Ausserordentliche Aufwände / Erträge	Periodenfremde Aufwände / Erträge
Abschreibung Kaufpreis „Queen Mary II"	☑	☐	☐	☐
Hafentaxen	☑	☐	☐	☐
Zinseinnahmen	☐	☑	☐	☐
Schiffsversicherung Lloyds	☑	☐	☐	☐
Sonstiger Aufwand(Vorbereitung des Fests zum 25-jährigen Jubiläum nächstes Jahr)	☐	☐	☐	☑

c) Wobei handelt es sich bei folgenden Aufwands-/Erlösarten für einen Verkehrsverein?

	Betriebliche Aufwände / Erträge	Betriebsfremde Aufwände / Erträge	Ausserordentliche Aufwände / Erträge	Periodenfremde Aufwände / Erträge
Mitgliedsbeiträge	☑	☐	☐	☐
Marketingkosten	☑	☐	☐	☐
Spendenaufwand (für eine politische Partei)	☐	☑	☐	☐
Personalkosten	☑	☐	☐	☐
Lottogewinn	☐	☑	☑	☐

4.1-2

a)

Gesamter Ertrag	102.100 GE
minus Gesamter Aufwand	88.000 GE
Unternehmens ergebnis	14.100 GE

Abzugrenzen sind Zinsen, Erlöse aus dem Abgang von Anlagevermögen und die Steuerrückerstattung. Damit sind im betrieblichen Rechnungswesen zu berücksichtigen:

betrieblicher Aufwand		betrieblicher Ertrag	
Wareneinkauf	40.000 GE	Verkaufserlöse „Döner Kebab"	99.000 GE
Personal	35.000 GE	(22.000 Portionen)	
Abschreibungen	5.000 GE		

Gesamter betrieblicher E rtrag	99.000 GE
minus Gesamter betrieblicher Aufwand	80.000 GE
Betriebsergebnis	19.000 GE

b)

Gesamter betrieblicher Aufwand	80.000 GE
dividiert durch Anzahl Portionen	/ 22.000
Kosten pro Portion (=Mindestpreis)	3,64 GE

Preis pro Portion = 99.000 GE / 22.000 Portionen = 4,50 GE

minus Kosten pro Portion	3,64 GE
Gewinn pro Portion	0,86 GE

c)

Umsatzerlöse	99.000 GE
minus variable Kosten (Wareneinkauf)	40.000 GE
D	59.000 GE
d = D / *22.000 Portionen* =	2,68 GE

Break-Even-Menge (Portionen) zur Deckung von Personal- und Abschreibungskosten:

x = K$_F$/ d = (35.000 GE + 5.000 GE) / 2.68 = *14.916 Portionen*

Break-Even-Menge (Portionen) zur Deckung des gesamten Aufwands:

x = K$_F$/ d = (35.000 GE + 5.000 GE + 8.000 GE) / 2.68 = *17.899 Portionen*

4.2-1

a)

Zu verzinsendes Eigenkapital:

Grundkapital	25.000 GE
Gewinnrücklage	14.100 GE
SUMME	39.100 GE

Kalkulatorischer Zins auf das Eigenkapital:

39.100 GE x 12 % =	4.692 GE
Gesamter betrieblicher Aufwand lt. 4.1-2	80.000 GE
Fremdkapitalzinsen	8.000 GE
Kalkulatorischer Zins auf das Eigenkapital	4.692 GE
SUMME	92.692 GE
dividiert durch Anzahl Portionen	/ 22.000
kalkulierte Kosten pro Portion	4,21 GE
Preis pro Portion = 99.000 GE / *22.000 Portionen*	= 4,50 GE
minus Kosten pro Portion	4,21 GE
kalkulierter Gewinn pro Portion	0,29 GE

b)

Fremdkapitalzinsen	8.000 GE
Kalkulatorischer Zins auf das Eigenkapital	4.692 GE
SUMME	12.692 GE
dividiert durch Bilanzsumme	/139.600 GE
Durchschnittszins	9,09 %

4.3-1

a)

(Investitionssumme – Restwert) / Nutzungsdauer =

(45.000 GE – Null) / 10 = 4.500 GE

b)

Ticketanzahl pro Jahr =

12,5 Tickets/Tag x 6 Tage/Woche x 52 Wochen/Jahr = *3.900 Tickets/Jahr*

Abschreibung pro Ticket:

4.500 GE / *3.900 Tickets* = 1,15 GE

Pro verkauftem Ticket werden 1,15 GE zur Deckung des Abschreibungsaufwands benötigt.

4.3-2

a)

Jährliche Ges amtkosten „Kalevala":

Abschreibung	4.500 GE
Energie	5.000 GE
Summe	9.500 GE

Jährliche Gesamtkosten „Väinämöinen":

Abschreibung	6.000 GE
Energie	2.500 GE
Summe	8.500 GE

Aufgrund der niedrigeren Energiekosten wird nur „Väinämöinen" in Betrieb genommen, wenn nicht beide Saunen benötigt werden.

b)

Jährliche Gesamtkosten „Kalevala":

Abschreibung	Null GE
Energie	5.000 GE
Summe	5.000 GE

Jährliche Gesamtkosten „Väinämöinen":

Abschreibung	6.000 GE
Energie	2.500 GE
Summe	8.500 GE

Der Kostenvergleich würde dafür sprechen, jetzt nur „Kalevala" in Betrieb zu nehmen wenn nicht beide Saunen benötigt werden, da „Kalevala" ab dem elften Jahr abgeschrieben ist und keinen Abschreibungsaufwand mehr verursacht. Diese Entscheidung wäre aber falsch, da die zeitabhängige Abschreibung für „Väinämöinen" auch anfällt, wenn diese Sauna nicht genutzt wird. Die Abschreibungen sind die Folgen von in der Vergangenheit getroffenen Investitionsentscheidungen und als sogenannte „sunk costs" für in die Zukunft reichende Entscheidungen nicht mehr relevant. Die Entscheidung ist aufgrund des geringeren Energieverbrauchs – und nur dieser ist hier von Relevanz – auch in diesem Fall für „Väinämöinen " zu treffen.

Um die Gefahr derartiger Fehlentscheidungen zu vermeiden ist zu empfehlen die Abschreibungen auf Anlagegüter im betrieblichen Rechnungswesen fortzuführen, wenn die ursprünglich vorgesehene Nutzungsdauer überschritten wird. Das kann dazu führen, dass im betrieblichen Rechnungswesen auf einen Wert „unter Null" abgeschrieben wird. Der über die Beschaffungskosten hinausgehende Abschreibungsbetrag bildet in diesen Fällen gleichzeitig ein Polster für eventuelle Preiserhöhungen im Wiederbeschaffungsfall. So würden, wenn für die „Kalevala"-Sauna weiterhin Abschreibungsbeträge in Höhe von 4.500 GE angesetzt werden, in 15 Jahren 15 × 4.500 GE = 67.500 GE angespart, was angesichts der Preissteigerung von „Kalevala" auf „Väinämöinen" sicher nicht zu viel ist.

Wenn zusätzlich als Ausgangswerte die aus dem finanziellen Rechnungswesen bekannten Beschaffungswerte und die steuerlich vorgesehenen Nutzungsdauern angesetzt werden, ist dieses Verfahren ist in der Anwendung wesentlich einfacher, als die präzise Vorab-Schätzung von Nutzungszeiten und Wiederbeschaffungswerten.

4.3-3

a)

(Investitionssumme + Restwert) / 2 x Zinssatz =

(45.000 GE + 100 GE) / 2 x 9% = 2.029,50 GE

b)

Ticketanzahl pro Jahr =

12,5 Tickets/Tag x 6 Tage/Woche x 52 Wochen/Jahr = *3.900 Tickets/Jahr*

Kalkulatorische Zinsen je Ticket:

2.029,50 GE / *3.900 Tickets* = 0,52 GE

Pro verkauftem Ticket werden 0,52 GE zur Deckung des Zinsaufwands benötigt.

c)

Kalkulatorische Zinsen	0,52 GE
Abschreibung 4.490 GE / 3.900 Tickets =	1,15 GE
Energie 5.000 GE / 3.900 Tickets =	1,28 GE
Personal 50.000 GE / 3.900 Tickets =	12,82 GE
Kostensumme	15,77 GE
Erlös pro Ticket	29,00 GE
Gewinn pro Ticket	13,23 GE

4.3-4

Unternehmensergebnis vor der Investition (Jahresgewinn) =	5 Mio. GE
davon Finanzergebnis (Finanzerträge - Zinsen) =	- 2 Mio. GE
Betriebsergebnis =	7 Mio. GE

wenn das gesamte Betriebsergebnis als Eigenkapitalverzinsung angesehen wird ergibt sich

vor der Investition folgende Verzinsung des betriebsnotwendigen Kapitals:

Betriebsnotwendiges Kapital (= Bilanzsumme – Wertpapiere) = 132 Mio. GE

7 Mio. GE / 132 Mio. GE =   5.3 %

Im Zuge der Investition werden für 15 Mio. GE Wertpapiere (nicht betriebsnotwendiges Vermögen) in eine Sesselbahn (betriebsnotwendiges Vermögen) umgewandelt. Damit werden die zugehörigen Finanzerträge (¾ von 2 Mio. GE = 1,5 Mio. GE) wegfallen. Bei unverändertem Unternehmensergebnis muss folgende Verzinsung des betriebsnotwendigen Kapitals erreicht werden:

Unternehmensergebnis nach der Investition (Jahresgewinn) =   5 Mio. GE
davon Finanzergebnis (Finanzerträge - Zinsen)   =   - 3,5 Mio. GE
erforderliches Betriebsergebnis =   8,5 Mio. GE
wenn das gesamte Betriebsergebnis als Eigenkapitalverzinsung angesehen wird ergibt sich
vor der Investition folgende Verzinsung des betriebsnotwendigen Kapitals:
Betriebsnotwendiges Kapital (= Bilanzsumme – Wertpapiere) = 147 Mio. GE
8,5 Mio. GE / 147 Mio. GE =   5.8 %
Für die Einzelinvestition Sesselbahn (Volumen 15 Mio. GE) müssen dann folgende jährlich
zu verdienende kalkulatorische Zinsen angesetzt werden:
15 Mio. GE / 2 x 5.8 % =   433.00 GE

4.3-5
Jährliche Abschreibung im finanziellen Rechnungswesen:
3 x 38.000 GE / 8 Jahre =   14.250 GE / Jahr
Jährliche Abschreibung im betrieblichen Rechnungswesen:
3 x (38.000 GE – 1.500 GE) / 10 Jahre =   10.950 GE / Jahr
Betrag der Anderskosten:
1. bis 8. Jahr: 10.950 GE / Jahr – 14.250 GE / Jahr =   -3.300 GE / Jahr
9. und 10. Jahr: 10.950 GE / Jahr

4.3-6
a)
Unternehmenserfolg   6.770 GE
Finanzerfolg   -240 GE

Neutraler Erfolg:
Anderskosten Abschreibungen
1.540 GE / 150% x 100% =   - 1.027 GE
Zusatzkosten kalkulatorische Zinsen
27.620 GE x 1,5 % =   414 GE
                                                                    - 613 GE

Unternehmenserfolg – Finanzerfolg – neutraler Erfolg = Betriebserfolg
6.770 GE – (- 240 GE) – (- 613 GE) =   7.623 GE

b)

Aktueller Mitgliedsbeitrag:

15.000 GE / 96 Mitglieder =	156.25 GE/Mitglied

Aktueller Verlustvortrag:

11.950 GE – 6.770 GE =	5.180 GE

Ziel-Jahresüberschuss:	5.180 GE
+ Büroaufwand	1.800 GE
+ Porto + Versandkosten	200 GE
+ Aufwand Veranstaltungen	24.700 GE
+ Abgaben und Gebühren	1.300 GE
+ Golf Fee Card Gebühren	240 GE
+ Werbeaufwand	1.400 GE
+ Zinsen	240 GE
+ Abschreibungen	1.540 GE
Saldo	36.600 GE
- Eintrittsgelder	1.650 GE
- Sponsoring	13.600 GE
- Einnahmen Veranstaltungen	4.500 GE
- Golf Fee Card	440 GE
- Fördergelder	3000 GE
Mitgliedsbeiträge	13.410 GE

Neuer Mitgliedsbeitrag:

13.410 GE / 96 Mitglieder =	139,69 GE/Mitglied

der Mitgliedsbeitrag kann im nächsten Jahr um

(156,25 GE – 139,69 GE) / 156,25 GE = 10,6 % gesenkt werden.

4.4-1

a)

Kalkulatorischer Unternehmerlohn p. a:

20 h x *12 Monate* x 30 GE =	7.200 GE

Gesamter betrieblicher Aufwand lt. 4.1-2	80.000 GE
Fremdkapitalzinsen	8.000 GE
Kalkulatorischer Zins auf das Eigenkapital	4.692 GE
Kalkulatorischer Unternehmerlohn	7.200 GE
SUMME	99.892 GE
dividiert durch Anzahl Portionen	/ 22.000
kalkulierte Kosten pro Portion	4,54 GE

Beim momentanen Preis von 4,50 GE pro Portion erfüllen sich die Verdienstvorstellungen von Herrn Özmir nicht. Er verdient nur: (99.000 GE – 92.692 GE)/240 h = 26,28 GE/h Um seinen Zielverdienst von 30 GE/h zu erreichen muss entweder mehr verkauft werden oder die Kosten müssen reduziert werden.

b)

Wird die Arbeitsleistung von Herrn Özmir mit 30 GE/h angesetzt, ergibt sich die verbleibende Eigenkapitalverzinsung als:

Umsatzerlöse	99.000 GE
minus Gesamter betrieblicher Aufwand lt. 4.1-2	80.000 GE
Fremdkapitalzinsen	8.000 GE
Kalkulatorischer Unternehmerlohn	7.200 GE
Rest (= Eigenkapitalverzinsung)	3.800 GE

Bei dem vorhandenen Investment von 39.100 GE würde dies einer Verzinsung von 9,7%
entsprechen, was immer noch 1,7% höher ist als die 8%, die derzeit für das Fremdkapital
bezahlt werden müssen.

Sowohl bei den 30 GE/h für Herrn Özmir als auch bei den 12% Eigenkapitalkosten
handelt es sich um mehr oder weniger willkürlich angesetzte Kostenbeträge deren Nutzen
stets zu hinterfragen ist. Die umgekehrte Betrachtung ist hier wesentlich hilfreicher: Wenn
die Kunden nicht bereit sind, mehr als 4,50 GE für eine Portion „Döner Kebab" zu bezahlen – welche Absatzmengen und Kostenstrukturen müssen dann realisiert werden, um ein
angemessenes Geschäftsergebnis zu erzielen?

4.4-2

Gesamtumsatz	U
Forderungsausfallsrate (%)	f
Ausfallender Umsatz	f x U
Verbleibender Umsatz	= U – (f x U) = U x (1-f)
Verbleibender Umsatz pro Leistungseinheit	= [U x (1-f)] / x
Zuschlag für ausfallenden Umsatz pro Leistungseinheit	= [f x U] / x

$$\text{Zuschlagssatz} = \frac{\text{Zuschlag für ausfallenden Umsatz pro Leistungseinheit}}{\text{Verbleibender Umsatz pro Leistungseinheit}}$$

$$\text{Zuschlagssatz} = \frac{(f \times U)/x}{U \times (1-f)/x} = \frac{f}{(1-f)}$$

Zahlenbeispiel:

Planumsatz (Menge × Preis) $= 10 \times 1.000 \text{ GE} = 10.000 \text{ GE}$

Forderungsausfallsrate   10 %

Forderungsausfallsrate 10% bedeutet, dass einer von zehn Kunden nicht zahlen kann. Um
mit neun zahlenden Kunden dennoch den Gesamtumsatz von 10.000 GE zu erreichen,
muss ein Preis von 10.000 GE/$(10-1)$=1111 GE gefordert werden. 111 GE Mehrpreis
entsprechen einem Wagniszuschlag von 11,1% – wie auch mittels der oben hergeleiteten
Formelermittelt werden kann:

$$\text{Zuschlagssatz} = \frac{10\%}{(1-10\%)} = \frac{0,1}{0,9} = 11,1\%$$

4.4-3
Ergänzung der Tabelle:

	Bestellwert	Zahlungs-eingänge	Abzuschreibende Forderungen	Zahlungs-ausfallrate
Gastronomie	2.500.000 GE	2.155.000 GE	345.000 GE	13,8 %
Grosshandel	1.300.000 GE	1.287.000 GE	13.000 GE	1,0 %
Brauereilokal	140.000 GE	139.300 GE	700 GE	ca. 0.5 %

$$\text{Zuschlagssatz Gastronomie} = \frac{13,8\%}{(1\text{-}13,8\%)} = 16,01\%$$

$$\text{Zuschlagssatz Grosshandel} = \frac{1\%}{(1\text{-}1\%)} = 1,01\%$$

$$\text{Zuschlagssatz Brauereilokal} = \frac{0,5\%}{(1\text{-}0,5\%)} = 0,5\%$$

Die neuen kalkulierten Preise betragen:

Gastronomie:	28 GE × (1 + 16,01 %)	=	32,48 GE
Grosshandel:	28 GE × (1 + 1,01 %)	=	28,28 GE
Brauereilokal:	42 GE × (1 + 0,5 %)	=	42,21 GE

4.4-4

Deckungsbeitrag je Teilnehmer	3.000 GE
Teilnehmer je Expedition	10
Deckungsbeitrag je Expedition	30.000 GE

Abzüglich der jährlichen Fixkosten in Höhe von 20.000 GE bleibt dem Veranstalter ein jährlicher Gewinn von 10.000 GE.

Verlust bei Todesfall durch entstehende Leerkosten:
5 Jahre = 5 x 20.000 GE [Fixkosten] =   100.000 GE

Wahrscheinlichkeit für einen Todesfall je Expeditionsteilnehmer:
1 / 125 = 0.008   = 0,8 %
Das heisst die Überlebenswahrscheinlichkeit ist:

1 – 0,8 %   = 99,2 %
Bei 10 Teilnehmern je Expedition ist die Wahrscheinlichkeit dass alle 10 überleben:
[99,2 %]^{10} = 92,28 %
Die Wahrscheinlichkeit dass eine Expedition scheitert ist demnach:
1 – 92,28 %   = 7,72 %
Das heisst: 7,72   von   100 Expeditionen scheitern,
oder: 1   von   12,96 Expeditionen scheitern.

12,96 Expeditionen müssen den möglichen Verlust von 100.000 GE mittragen.

Auf jede einzelne Expedition kommen damit:
100.000 GE / *12,96* = 7.718 GE
Pro Teilnehmer sind das
7.718 / 10 Teilnehmer = 771,81 GE

Da der Deckungsbeitrag 3.000 GE pro Teilnehmer beträgt und davon nur 2.000 GE pro Teilnehmer zur Deckung der fixen Kosten gebraucht werden ist der Überschussbetrag von 1.000 GE pro Teilnehmer – rein rechnerisch – ausreichend, um das Risiko abzudecken. Aufgrund des hohen Risikos und der geringen Grundgesamtheit ist diese Berechnung jedoch mit Vorsicht zu genießen. Falls in den ersten 5 Jahren eine der Expeditionen scheitern sollte (die Wahrscheinlichkeit dafür ist immerhin $1 - [92,28\,\%]^5 = 33\,\%$) reicht der Überschuss von 1.000 GE pro Teilnehmer nicht aus um die entstehenden Leerkosten zu decken.

In dieser speziellen Situation macht es Sinn, wenn der Veranstalter Anstrengungen unternimmt das individuelle Risiko zu reduzieren etwa durch sorgfältige Auswahl von Teilnehmern und Bergführern, hochwertige Ausrüstung und vorsichtiger Einschätzung des Wetterrisikos und anderer alpiner Risiken.

4.4-5
Das Eigenkapital der Airline ist die Summe aus:

Gezeichnetes Kapital	1.172 Mio. GE
Kapitalrücklage	1.366 Mio. GE
Gewinnrücklagen	3.140 Mio. GE
	5.678 Mio. GE

Der Jahresgewinn von Gewinn von 599 Mio. GE entspricht einer Eigenkapitalverzinsung
von 599 Mio. GE / 5.678 Mio. GE =   10,55 %

Das zu verzinsende Fremdkapital ist die Summe aus:

lfr. Finanzschulden	3.161 Mio. GE
kfr. Finanzschulden	420 Mio. GE
	3.581 Mio. GE

Aus dem Zinsaufwand von 172 Mio. GE ergibt sich die Fremdkapitalverzinsung:
172 Mio. GE / 3.581 Mio. GE =   4,80 %

Damit wird ein Wagniszuschlag in Höhe von 5,75 % (10,55 % − 4,80 %) des Eigenkapitals oder 326 Mio. GE erzielt. Dies ist in Anbetracht des Geschäftsrisikos nicht besonders hoch, insbesondere wenn man berücksichtigt, dass die 2659 Mio. GE Pensions- und andere Rückstellungen nicht zum Eigenkapital gezählt wurden und nicht verzinst werden.

4.4-6
Berechnung des anzuwendenden Mischzinssatzes:
Unverzinsliches Fremdkapital:

Pensionsrückstellungen	2.400 Mio. GE	
Sonstige Rückstellungen	291 Mio. GE	
Verbindlichkeiten	3.626 Mio. GE	
Summe	6.317 Mio. GE	39 % der Bilanzsumme

Verzinsliches Fremdkapital:

lfr. Finanzschulden	3.161 Mio. GE	
kfr. Finanzschulden	420 Mio. GE	
Summe	3.581 Mio. GE	22 % der Bilanzsumme

Eigenkapital:

Gezeichnetes Kapital	1.172 Mio. GE	
Kapitalrücklage	1.366 Mio. GE	
Gewinnrücklagen	3.140 Mio. GE	
Jahresgewinn	599 Mio. GE	
Summe	6.277 Mio. GE	39 % der Bilanzsumme

Mischzinssatz:

0,00% x 39% + 4,80% x 22% + 10,55% x 39% =	5,16 %

Kalkulatorischer Zins:

(2,5 Mio. GE + 1,0 Mio. GE) / 2 x 5,16 % / *100 Wagen* =	902 GE / Wagen + Jahr

5.1-1 Umlagekosten pro m^2:

Gesamtkosten KSt „Gebäude"/ Gesamtanzahl m^2 = 280.000 GE / 2.000 m^2	=	140 GE/m^2
Umlage an KSt „Zimmer und Suiten" = 1.200 m^2 x 140 GE/m^2	=	168.000 GE
Umlage an KSt „Rezeption/Lobby" = 200 m^2 x 140 GE/m^2	=	28.000 GE
Umlage an KSt „Verwaltung" = 150 m^2 x 140 GE/m^2	=	21.000 GE
Umlage an KSt „Restaurant" = 450 m^2 x 140 GE/m^2	=	63.000 GE
Summe (zur Kontrolle)		= 280.000 GE

5.1-2
Leistungsverrechnung:

13.664 Frühstücke x 4,80 GE/Frühstück	= 65.587.20 GE

KOSTENARTEN KSt „RESTAURANT"	KOSTEN (GE)
Wareneinstand	170.000
Gehälter (Köche und Service)	310.000
Abschreibungen	27.000
Umlage KSt „Gebäude"	63.000
Leistungsverrechnung an KSt „Zimmer und Suiten"	- 65.587,20
Summe	504.412,80

Der auf der Kostenstelle verbleibende Restbetrag von 514.412,80 GE geht an den Kostenträger „Speisen und Getränke (ohne Frühstück)". Das heißt dieses Geld muss mit dem
Verkauf von Mittag- und Abendessen, Buffets, Banketts etc. verdient werden.

5.1-3

a)

	Hotel	Restaurant	Fitness und Wellness	Nightclub Diskothek Bar
Primärkosten	200.000	120.000	30.000	100.000
Umlageschlüssel Geschäftsleitung	¼	¼	¼	¼
Umlage Geschäftsleitung	50.000	50.000	50.000	50.000
Umlageschlüssel Hausmeisterservice	20%	40%	-	40%
Umlage Hausmeisterservice	30.000	60.000	0	60.000
Umlageschlüssel Küche	-	90%	-	10%
Umlage Küche	0	270.000	0	30.000
Umlageschlüssel Personalabteilung	6/24	3/24	9/24	6/24
Umlage Personalabteilung	17.500	8.750	26.250	17.500
Umlageschlüssel Marketing	500.000 / 1 Mio.	150.000 / 1 Mio.	250000 / 1 Mio.	100.000 / 1 Mio.
Umlage Marketing	40.000	12.000	20.000	8.000
SUMME Kostenstellenkosten	**337.500**	**520.750**	**126.250**	**265.500**

b)

	Hotel	Restaurant	Fitness und Wellness	Nightclub Diskothek Bar
Umsätze	500.000	150.000	250.000	100.000
minus Kostenträgerkosten (=Kostenstellenkosten der Hauptkostenstellen)	- 337.500	- 520.750	- 126.250	- 265.500
Kostenträgererfolg	162.500	- 370.750	123.750	-165.500
Unternehmenserfolg	-250.000			

Die Bereiche Restaurant und Night-Club/Diskothek/Bar sind für das Defizit verantwortlich.

5.1-4

a)

1) Umlage Kostenstelle „EDV-Infrastruktur":

Primäre Kostenstellenkosten	150.000 GE
Umlage an Kostenstelle „Geschäftsleitung"	- 25.000 GE
Umlage an Kostenstelle „Vertrieb"	- 66.667 GE
Umlage an Kostenstelle „Finanzen und Personal"	- 16.667 GE
Umlage an Kostenstelle „Development"	-41.667 GE
Saldo Kostenstelle „EDV-Infrastruktur"	Null GE

2) Umlage Kostenstelle „Development":

Primäre Kostenstellenkosten	400.000 GE
Sekundäre Kostenstellenkosten (Umlage KSt „EDV-Infrastruktur")	41.667 GE
Umlage an Kostenträger „Fernreisen"	- 147.222 GE
Umlage an Kostenträger „Busreisen"	- 147.222 GE
Umlage an Kostenträger „Kultur & Bildungsreisen"	- 147.222 GE
Saldo Kostenstelle „Development"	Null GE

3) Umlage Kostenstellen „Geschäftsleitung", „Vertrieb" und „Finanzen und Personal":

Primäre Kostenstellenkosten Kostenstelle „Geschäftsleitung"	250.000 GE
Sekundäre Kostenstellenkosten (Umlage KSt „EDV-Infrastruktur")	25.000 GE
Umlage an Kostenträger „Fernreisen"	- 143.625 GE
Umlage an Kostenträger „Busreisen"	- 59.456 GE
Umlage an Kostenträger „Kultur & Bildungsreisen"	- 71.920 GE
Saldo Kostenstelle „Geschäftsleitung"	Null GE
Primäre Kostenstellenkosten Kostenstelle „Vertrieb"	300.000 GE
Sekundäre Kostenstellenkosten (Umlage KSt „EDV-Infrastruktur")	66.667 GE
Umlage an Kostenträger „Fernreisen"	- 191.500 GE
Umlage an Kostenträger „Busreisen"	- 79.274 GE
Umlage an Kostenträger „Kultur & Bildungsreisen"	- 95.893 GE
Saldo Kostenstelle „Vertrieb"	Null GE
Primäre Kostenstellenkosten Kostenstelle „Finanzen und Personal"	150.000 GE

Sekundäre Kostenstellenkosten (Umlage KSt „EDV-Infrastruktur")	16.667 GE
Umlage an Kostenträger „Fernreisen"	- 87.045 GE
Umlage an Kostenträger „Busreisen"	- 36.034 GE
Umlage an Kostenträger „Kultur & Bildungsreisen"	- 43.588 GE
Saldo Kostenstelle „Finanzen und Personal"	Null GE

4) Kostenträgererfolgsrechnung:

Umsatz Kostenträger „Fernreisen"			2.005.000 GE
minus	Einzelkosten		- 1.250.000 GE
	Umlage KSt „Development"		- 147.222 GE
	Umlage KSt „Geschäftsleitung"		- 143.625 GE
	Umlage KSt „Vertrieb"		- 191.500 GE
	Umlage KSt „Finanzen und Personal"		- 87.045 GE
Erfolg Kostenträger „Fernreisen"			185.608 GE
Umsatz Kostenträger „Busreisen"			830.000 GE
minus	Einzelkosten		- 400.000 GE
	Umlage KSt „Development"		- 147.222 GE
	Umlage KSt „Geschäftsleitung"		- 59.456 GE
	Umlage KSt „Vertrieb"		- 79.274 GE
	Umlage KSt „Finanzen und Personal"		- 36.034 GE
Erfolg Kostenträger „Busreisen"			108.014 GE
Umsatz Kostenträger „Kultur & Bildungsreisen"			1.004.000 GE
minus	Einzelkosten		-950.000 GE
	Umlage KSt „Development"		- 147.222 GE
	Umlage KSt „Geschäftsleitung"		- 71.920 GE
	Umlage KSt „Vertrieb"		- 95.893 GE
	Umlage KSt „Finanzen und Personal"		- 43.588 GE
Erfolg Kostenträger „Kultur & Bildungsreisen"			-304.623 GE

Insgesamt entsteht ein Verlust in Höhe von 11.000 GE, maßgeblich verursacht durch die Kultur & Bildungsreisen.

b)

1) Leistungsverrechnung Kostenstelle „EDV-Infrastruktur":

Primäre Kostenstellenkosten	150.000 GE
LV an KSt „Geschäftsleitung"	- 27.000 GE
LV an KSt „Vertrieb"	- 72.000 GE
LV an KSt „Finanzen und Personal"	- 18.000 GE
Umlage an Kostenstelle „Development"	-45.000 GE
Saldo Kostenstelle „EDV-Infrastruktur" (Überdeckung)	-12.000 GE

2) Umlage Kostenstelle „Development":

Primäre Kostenstellenkosten	400.000 GE
Sekundäre Kostenstellenkosten (LV KSt „EDV-Infrastruktur")	45.000 GE
Umlage an Kostenträger „Fernreisen"	- 74.167 GE
Umlage an Kostenträger „Busreisen"	- 74.167 GE
Umlage an Kostenträger „Kultur & Bildungsreisen"	- 74.167 GE
Umlage an Unternehmensergebnis (neues Produkt „Aktivurlaub)	- 222.500 GE
Saldo Kostenstelle „Development"	Null GE

3) Umlage Kostenstellen „Geschäftsleitung", „Vertrieb" und „Finanzen und Personal":

Primäre Kostenstellenkosten Kostenstelle „Geschäftsleitung"	250.000 GE
Sekundäre Kostenstellenkosten (Umlage KSt „EDV-Infrastruktur")	27.000 GE
Umlage an Kostenträger „Fernreisen"	- 144.669 GE
Umlage an Kostenträger „Busreisen"	- 59.888 GE
Umlage an Kostenträger „Kultur & Bildungsreisen"	- 72.443 GE
Saldo Kostenstelle „Geschäftsleitung"	Null GE
Primäre Kostenstellenkosten Kostenstelle „Vertrieb"	300.000 GE
Sekundäre Kostenstellenkosten (Umlage KSt „EDV-Infrastruktur")	72.000 GE
Umlage an Kostenträger „Fernreisen"	- 194.285 GE

Umlage an Kostenträger „Busreisen"	- 80.427 GE
Umlage an Kostenträger „Kultur & Bildungsreisen"	- 97.288 GE
Saldo Kostenstelle „Vertrieb"	Null GE
Primäre Koste nstellenkosten Kostenstelle „Finanzen und Personal"	150.000 GE
Sekundäre Kostenstellenkosten (Umlage KSt „EDV-Infrastruktur")	18.000 GE
Umlage an Kostenträger „Fernreisen"	- 87.742 GE
Umlage an Kostenträger „Busreisen"	- 36.322 GE
Umlage an Kostenträger „Kultur & Bildungsreisen"	- 43.936 GE
Saldo Kostenstelle „Finanzen und Personal"	Null GE

4) Kostenträgererfolgsrechnung:

Umsatz Kostenträger „Fernreisen"		2.005.000 GE
minus	Einzelkosten	- 1.250.000 GE
	Umlage KSt „Development"	- 74.167 GE
	Umlage KSt	- 144.669 GE
	Umlage KSt „Vertrieb"	- 194.285 GE
	Umlage KSt „Finanzen und Personal"	- 87.742 GE
Erfolg Kostenträger „Fernreisen"		254.138 GE
Umsatz Kostenträger „Busreisen"		830.000 GE
minus	Einzelkosten	- 400.000 GE
	Umlage KSt „Development"	- 74.167 GE
	Umlage KSt „Geschäftsleitung"	- 59.888 GE
	Umlage KSt „Vertrieb"	- 80.427 GE
	Umlage KSt „Finanzen und Personal"	- 36.322 GE
Erfolg Kostenträger „Busreisen"		179.196 GE
Umsatz Kostenträger „Kultur & Bildungsreisen"		1.004.000 GE
minus	Einzelkosten	- 950.000 GE
	Umlage KSt „Development"	- 74.167 GE
	Umlage KSt „Geschäftsleitung"	- 72.443 GE
	Umlage KSt „Vertrieb"	- 97.288 GE
	Umlage KSt Finanzen und Personal"	- 43.936 GE
Erfolg Kostenträger „Kultur & Bildungsreisen"		- 233.834 GE

5) Unternehmenserfolgsrechnung:

Erfolg Kostenträger „Fernreisen"	254.138
Erfolg Kostenträger „Busreisen"	179.196
Erfolg Kostenträger „Kultur & Bildungsreisen"	-233.834
Interner Ertrag KSt „EDV-Infrastruktur"	12.000
Interner Aufwand(neues Produkt „Aktivurlaub)	- 222.500
Unternehmenserfolg	- 11.000 GE

Die Grundaussage aus a) wird hierdurch bestätigt: Die Kultur & Bildungsreisen müssen durch die beiden anderen Produkte quersubventioniert werden.

Zusätzlich wird ersichtlich, dass (erstens) die Kostenstelle „EDV-Infrastruktur" kostengünstiger arbeitet als ein externer Vergleichsanbieter und (zweitens) ein erheblicher Teil der erwirtschafteten Mittel derzeit in die Entwicklung der neuen Produktlinie „Aktivurlaub" fließt.

5.1-5
Berechnung des *Mietaufwands* für ein Einzelzimmer:

Art der Zimmer	äquivalente Anzahl Einzelzimmer
5 Einzelzimmer	5 Einzelzimmer
8 Doppelzimmer	8 x 1,5 = 12 Einzelzimmer
	17 Einzelzimmer
Mietaufwand 8.000 GE / 17	= 470,59 GE pro Einzelzimmer und Einzelzimmer

Monat

Aufteilung des Mietaufwands auf die abgesetzten Leistungen:

Für alle 5 Einzelzimmer = 470,59 GE x 5	= 2352,94 GE
Für alle 8 Doppelzimmer = 470,59 GE x 8 x 1.5	= 5647,06 GE
das entspricht:	
170 Doppelzimmerbelegungen, weil	
150 Doppelzimmer einfach belegt	= 4.982,70 GE
und 20 Doppelzimmer doppelt belegt	= 664,36 GE

Berechnung des *Zuschlagssatzes*:

Verrechnete Kosten (Miete) / nicht verrechnete Kosten =	
(1400 GE + 12.000 GE + 700 GE + 2000 GE) / 8.000 GE	= 201,3 %

Kostenträgererfolgsrechnung:

Übernachtung im Einzelzimmer	
Umsätze	9.900 GE
- Mietkosten	2.352,94 GE
- Kostenzuschlag 201,3 %	4.735,29 GE
Erfolg (Übernachtungen im Einzelzimmer)	2.811.76 GE
Übernachtungen im Doppelzimmer (einfach belegt)	
Umsätze	16.500 GE
- Mietkosten	4.982,70 GE
- Kostenzuschlag 201,3 %	10.027,68 GE
Erfolg (Übernachtungen im einfach belegten Doppelzimmer)	1.489,62 GE
Übernachtung im Doppelzimmer (doppelt belegt)	
Umsätze	3.200 GE
-Mietkosten	664,36 GE
-Kostenzuschlag 201,3 %	1.337,02 GE
Erfolg (Übernachtungen im doppelt belegten Doppelzimmer)	1.198,62 GE

5.1-6

Berechnung des *Mietaufwands* für ein Einzelzimmer:

Art der Zimmer	äquivalente Anzahl Einzelzimmer
5 Einzelzimmer	5 Einzelzimmer
8 Doppelzimmer	8 x 1,5 = 12 Einzelzimmer
	17 Einzelzimmer
Mietaufwand 8.000 GE / 17 Einzelzimmer	= 470,59 pro Einzelzimmer und Monat

Aufteilung des Mietaufwandes auf die abgesetzten Leistungen:

Für alle 5 Einzelzimmer	= 470,59 x 5	= 2352,94
Für alle 8 Doppelzimmer	= 470,59 x 8 x 1.5	= 5647,06

das entspricht:

170 Doppelzimmerbelegungen, weil		
150 Doppelzimmer einfach belegt	=	4.982,70
und 20 Doppelzimmer doppelt belegt	=	664,36

Berechnung des *Personalaufwands* für eine Einzelzimmerbelegung:

Art der Zimmer	äquivalente Anzahl Einzelzimmerbelegungen
90 Einzelzimmerbelegungen	90 Einzelzimmerbelegungen
170 Doppelzimmerbelegungen	170 x 1,2 = 204 Einzelzimmerbelegungen
	294 Einzelzimmerbelegungen
Personalaufwand 12.000 GE / 294 Einzelzimmerbelegungen	= 40,82 GE

Aufteilung des Personalaufwands auf die abgesetzten Leistungen:

Für alle 90 Einzelzimmerbelegungen	= 40,82 x 90	= 3.673,47 GE
Für 150 Doppelzimmer einfach belegt	= 40,82 x 150 x 1,2	= 7.346,94 GE
Für 20 Doppelzimmer doppelt belegt	= 40,82 x 20 x 1,2	= 979,59 GE

Berechnung des *Zuschlagssatzes:*

Verrechnete Kosten (Miete + Personal) / nicht verrechnete Kosten =
(8.000 GE + 12.000 GE) / (1.400 GE + 700 GE + 2.000 GE)   = 20,5 %

Kostenträgererfolgsrechnung:

Übernachtung im Einzelzimmer

Umsätze	9.900 GE
- Mietkosten	2.352,94 GE
- Personalkosten	3.673,47 GE
Primecost	6.026,41 GE
- Kostenzuschlag 20,5 %	1.235,41 GE
Erfolg (Übernachtungen im Einzelzimmer)	2.638,18 GE
Übernachtung im Doppelzimmer (einfach belegt)	16.500 GE
Umsätze	
- Mietkosten	4.982,70 GE
- Personalkosten	7.346,94 GE
Primecost	12.329,64 GE
- Kostenzuschlag 20,5 %	2.527,58 GE
Erfolg (Übernachtungen im einfach belegten Doppelzimmer)	1.642,79 GE
Übernachtung im Doppelzimmer (doppelt belegt)	3.200 GE
Umsätze	
- Mietkosten	664,36 GE
- Personalkosten	979,59 GE
Primecost	1.643,95 GE
- Kostenzuschlag 20,5 %	337.01 GE
Erfolg (Übernachtungen im doppelt belegten Doppelzimmer)	1.219,04 GE

5.1-7

Berechnung des *Mietaufwands* für ein Einzelzimmer:

Art der Zimmer	äquivalente Anzahl Einzelzimmer
5 Einzelzimmer	5 Einzelzimmer
8 Doppelzimmer	8 x 1,5 = 12 Einzelzimmer
	17 Einzelzimmer
Mietaufwand 8.000 GE / 17 Einzelzimmer	= 470,59 pro Einzelzimmer und Monat

Aufteilung des Mietaufwandes auf die abgesetzten Leistungen:

Für alle 5 Einzelzimmer = 470,59 x 5	= 2352,94
Für alle 8 Doppelzimmer = 470,59 x 8 x 1.5	= 5647,06

das entspricht:

170 Doppelzimmerbelegungen, weil	
150 Doppelzimmer einfach belegt	= 4.982,70
und 20 Doppelzimmer doppelt belegt	= 664,36

Berechnung des *Personalaufwands* für eine Einzelzimmerbelegung:

Art der Zimmer	äquivalente Anzahl Einzelzimmerbelegungen
90 Einzelzimmerbelegungen	90 Einzelzimmerbelegungen
170 Doppelzimmerbelegungen	170 x 1,2 = 204 Einzelzimmerbelegungen
	294 Einzelzimmerbelegungen
Personalaufwand (ohne Hotelchef)	= 7.000 GE / 294 Einzelzimmerbelegungen
	= 23,81 GE

Aufteilung des Personalaufwands auf die abgesetzten Leistungen:

Für alle 90 Einzelzimmerbelegungen	= 23,81 x 90	=	2.142,86 GE
Für 150 Doppelzimmer einfach belegt	= 23,81 x 150 x 1,2	=	4.285,71 GE
Für 20 Doppelzimmer doppelt belegt	= 23,81 x 20 x 1,2	=	571,43 GE

Aufteilung des *Aufwands für Lebensmittel (Frühstück)* auf die abgesetzten Leistungen:

Für 90 Einzelzimmerbelegungen	= 90 Frühstücke
Für 150 Doppelzimmer einfach belegt	= 150 Frühstücke
Für 20 Doppelzimmer doppelt belegt	= 40 Frühstücke
	= 280 Frühstücke

Aufwand für Lebensmittel (Frühstück) 1.400 GE / 280 Frühstücke	=5,00 GE pro Frühstück		
Für 90 Einzelzimmerbelegungen	= 90 x 5,00 GE	=	450 GE
Für 150 Doppelzimmer einfach belegt	= 150 x 5,00 GE	=	750 GE
Für 20 Doppelzimmer doppelt belegt	= 40 x 5,00 GE	=	200 GE

Berechnung des *Zuschlagssatzes:*

Verrechnete Kosten (Miete + dir. Personal + Lebensmittel) / nicht verrechnete Kosten =
(8.000 GE + 7.000 GE + 1.400 GE) / (700 GE + 2.000 GE + 5.000 GE)   =   47 %

Kostenträgererfolgsrechnung:

Übernachtung im Einzelzimmer

Umsätze	9.900,00 GE
- Mietkosten	2.352,94 GE
- Personalkosten	2.142,86 GE
- Frühstückskosten	450,00 GE
Herstellkosten	4.945,80 GE
- Kostenzuschlag 47 %	2.322,11 GE
Selbstkosten	7.267,91 GE
Erfolg (Übernachtungen im Einzelzimmer)	2.632,09 GE
Übernachtung im einfach belegten Doppelzimmer Umsätze	16.500 GE
-Mietkosten	4.982,70 GE
- Personalkosten	4.285,71 GE
- Frühstückskosten	750,00 GE
Herstellkosten	10.018,41 GE
- Kostenzuschlag 47 %	4.703,77 GE
Selbstkosten	14.722,18 GE
Erfolg (Übernachtungen im einfach belegten Doppelzimmer)	1.777,82 GE
Übernachtung im doppelt belegten Doppelzimmer Umsätze	3.200 GE
- Mietkosten	664,36 GE
- Personalkosten	571,43 GE
- Frühstückskosten	200,00 GE
Herstellkosten	1.435,79 GE
- Kostenzuschlag 47 %	674,12 GE
Selbstkosten	2.109,91 GE
Erfolg (Übernachtungen im doppelt belegten Doppelzimmer)	1.090,09 GE

5.1-8

Kosten der Zutaten:

200 g	frischer Spargel	3,50 GE
2	Bio-Eier	1,00 GE
50 g	Vollkornmehl	0,10 GE
150 g	Spinatblätter	1,50 GE
25 g	Mandeln	0,30 GE
Gewürze, Bratfett, etc.		0,20 GE
Materialkosten		6,60 GE

Personalkosten:

20 min x 150 GE/h = 50 GE

Materialkosten	6,60 GE
Personalkosten	50,00 GE
Primecost	56,60 GE
Gemeinkostenaufschlag (33%)	18,68 GE
Selbstkosten	75,28 GE

5.2-1

a)

Zu verrechnende Gebäudekosten	30.000 GE
Anteil Küche (50 m²/250 m²) = 20 %	6.000 GE
Anteil Restaurant (180 m²/250 m²) = 72%	21.600 GE
Anteil Keller (20 m²/250 m²) = 8 %	2.400 GE
Summe Küche = 91.000 GE + 6.000 GE =	97.000 GE
Summe Restaurant = 79.000 GE + 21.600 GE =	100.600 GE
Summer Keller = 3.000 GE + 2.400 GE =	5.400 GE

b)

Kostenträger Speisen:

Umsatzerlöse	220.000 GE
- Wareneinkauf	-135.000 GE
- KSt Küche	- 97.000 GE
- KSt Restaurant (Anteil 135.000 GE/180.000 GE = 75 %)	- 75.450 GE
Erfolg (Verlust):	-87.450 GE

Kostenträger Getränke:

Umsatzerlöse	180.000 GE
- Wareneinkauf	-45.000 GE
- KSt Restaurant (Anteil 45.000 GE/180.000 GE = 25 %)	- 25.150 GE
- KSt Keller	- 5.400 GE
Erfolg (Gewinn):	104.450 GE

c)

Zuschlagssatz Speisen

(97.000 GE + 75.450 GE) / 135.000 GE =	128 %

Zuschlagssatz Getränke

(25.150 GE + 5.400 GE) / 45.000 GE =	68 %

Kalkulation Osso Buco:

Wareneinkauf	9,22 GE
128 % von 9,22 GE =	11,78 GE
Kalkulierte Kosten	21 GE

Kalkulation Barolo Classico****

Wareneinkauf	35,74 GE
68 % von 35,74 GE =	24,26 GE
Kalkulierte Kosten	60 GE

5.2-2 BAB Edelreisen AG:

	A	B	C Sachliche Abgrenzung	D Kostenarten	E Werkstatt/ Depot	F Stadtbusse	G Reisebusse	H Büro	I Linienbusdienste	J Tagesfahrten	K Bus-Charterservice
	Aufwands- und Erlösarten (Finanzbuchhaltung)				**Kostenstellen**				**Kostenträger**		
1	Umsatzerlöse	2.300.000		2.300.000					1.050.000	600.000	650.000
2	**SUMME Erträge**	**2.300.000**		**2.300.000**					1.050.000	600.000	650.000
3	Abschreibungen Fahrzeuge	150.000	37500	187.500		93.750	93.750				
4	Miete Büro/Werkstatt/Busdepot	120.000		120.000	96.000			24.000			
5	Öl/Kraftstoffe	130.000		130.000		80.943	49.057				
6	Personalkosten Chauffeure	1.200.000		1.200.000		654.545	545.455				
7	Personalkosten Werkstatt/Busdepot	120.000		120.000	120.000						
8	Personalkosten Büro	200.000		200.000				200.000			
9	Abschreibungen Werkstatteinrichtung	20.000		20.000	20.000						
10	Abschreibungen Büroeinrichtung	10.000		10.000				10.000			
11	Lieferungen und Leistungen zum Fahrzeugunterhalt	25.000	15.000	40.000		21.818	18.182				
12	Versicherungen, Steuern, Gebühren	30.000	30.000	30.000				30.000			
13	Sonstiger Aufwand	50.000	-18000	32.000				32.000			
14	**SUMME Aufwände**	**2.055.000**		**2.089.500**	**236.000**	**851.057**	**706.443**	**296.000**			
15											
16	*Umlage Werkstatt nach Anzahl Fahrzeugen*				-236.000	128.727	107.273				
17	**Kosten nach Umlage Werkstatt**				0	**979.784**	**813.716**	**296.000**			
18	*Umlage Stadtbusse*					-979.784			979.784		
19	*Umlage Reisebusse nach gefahrenen km*						-813.716		979.784	325.486	488.229
20	**Herstellkosten**			1.793.500		0					
21											
22	*Umlage Büro nach Herstellkosten*							-296.000	161.704	53.718	80.578
23	**Selbstkosten**					0	0	0	1.141.488	379.205	568.807
24	**Erfolg**	245.000		210.500					-91.488	220.795	81.193
25											
26	*verwendete Schlüssel / innerbetriebliche Leistungen*										
27			Fahrzeugwert	12	0,8	6	6	0,2			
28			Aufteilung Miete	1							
			gefahrene km	420.000		220.000	200.000		220.000	80.000	120.000
29			gefahrene km ÄQ	530.000		330.000	200.000				
30			Anzahl Fahrzeuge	11		6	5				

Es ergibt sich folgender Erfolgsbeitrag der einzelnen Leistungen:

	Linienbusdienste	Tagesfahrten	Bus-Charter
Kosten pro km (GE)	5.19	4.74	4.74
Erlös pro km (GE)	4.77	7.50	5.42
Marge pro km	-9%	37%	12%

Das Unternehmen ist insgesamt gut aufgestellt, nur die Linienbusdienste scheinen ein Defizit zu erwirtschaften. Berücksichtigt man aber die Verwaltungskostenumlage (KSt Büro) nicht, zeigt sich dass auch der Linienbusdienst einen positiven DB erwirtschaftet.

5.2.3

Da kaum Angaben zum Sportstudio „Super Arnold+" gemacht sind, müssen Annahmen getroffen werden. Zunächst werden die Kostenstellen den drei Gruppen Vorkostenstellen (VK), Nebenkostenstellen (NK) und Hauptkostenstellen (HK) zugeteilt:

Geschäftsleitung	HK (Verwaltung)
Buchhaltung	HK (Verwaltung)
Marketing	HK (Verwaltung)
Empfang	NK
Solarium	HK
Fitnesstrainer	NK
Lauftrainingsanlagen	HK
Krafttrainingsanlagen	HK
Sauna/Whirlpool/Duschen	NK
Gebäude	VK
Gymnastikhalle	HK
Hausmeister/Reinigungspersonal	VK
Wach-& Schließdienst	VK

Dem liegen folgende Annahmen zugrunde:

- Geschäftsleitung, Buchhaltung und Marketing können zur Vereinfachung der Abrechnung zu einer Kostenstelle zusammengefasst werden.
- Alle Kunden passieren zunächst den Empfang
- Die Benutzung des Solariums wird separat abgerechnet
- Die Fitnesstrainer betreuen die Lauf- und Krafttrainingsanlagen und die Gymnastikhalle
- Sauna/Whirlpool/Duschen können von allen Kunden frei genutzt werden
- Hausmeister/Reinigungspersonal sowie der Wach- & Schließdienst sind für die ganze Anlage zuständig.

Damit ergibt sich folgende Abrechnungsstruktur:

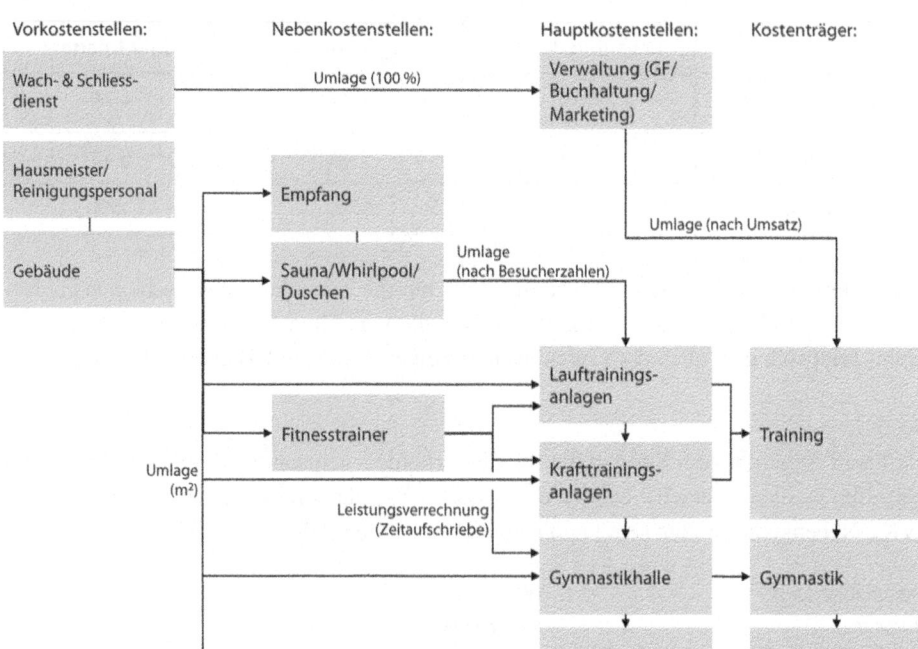

Folgende weitere Annahmen liegen dieser Abrechnungsstruktur zugrunde:

- die Kunden buchen Training (Lauf- und Krafttraining), Gymnastik und Solarium separat.
- die Fitnesstrainer führen Zeitaufschriebe

5.3-1

Verwaltung / allgemeine Servicestellen	→KSt
Personalabteilung	→KSt
EDV	→KSt wenn eigene Abteilung, KoA wenn Fremdbezug
Sicherheitsdienst	→KSt wenn eigene Abteilung, KoA wenn Fremdbezug
Marketing	→KSt
Franchisegebühren	→KoA
Transport	→KoA
Reparaturen und Instandhaltung	→KoA
Energie und Wasser	→KoA

5.3-2
Erfolgsrechnung:

	Hotelüber-nachtungen	Speisen und Getränke im Restaurant	Diverses im Bereich Night-Club/ Diskothek/Bar	Wellness angebote	Fitnessangebote
Umsatzerlöse	500.000	150.000	100.000	100.000	150.000
minus Primärkosten der Hauptkostenstellen	-200.000	-120.000	-100.000	-30.000	
ERTRAG Kostenträgergruppen	300.000	30.000	0	220.000	
Küche		-300.000			
ERTRAG Bereiche I	300.000	-270.000		220.000	
Hausmeisterservice		-150.000			
ERTRAG Bereiche II		-120.000		220.000	
Personalabteilung		-70.000			
Marketing		-80.000			
Geschäftsleitung		-200.000			
Betriebserfolg		-250.000			

Gliedert man die Kosten stufenweise nach Kostenträgern auf, stellt man fest dass bereits die Zeile „ERTRAG Kostenträgergruppen" für die Leistungen im Bereich Night-Club/ Diskothek/Bar einen Nullsaldo aufweist. Auch Speisen und Getränke zeigen sich mit 30.000 GE relativ ertragsschwach. Die nächste Verdichtungsstufe „ERTRAG Bereiche I" zeigt dann, dass die Küchenkosten von den beiden Kostenträgergruppen welche Leistungen der Küche in Anspruch nehmen nicht getragen werden. Dass heißt es wäre für die Panoramahaus AG tatsächlich vorteilhaft Restaurant und Night-Club/Diskothek/Bar so bald als möglich zu schließen – gesetzt den Fall dass die übrigen Bereiche tatsächlich nicht davon tangiert sind. Der Betriebserfolg könnte durch diese Maßnahme von −250.000 auf 20.000 GE gesteigert werden.

6.1.1

Am besten lässt sich das Kostenverhalten anhand graphischer Darstellungen erkennen:

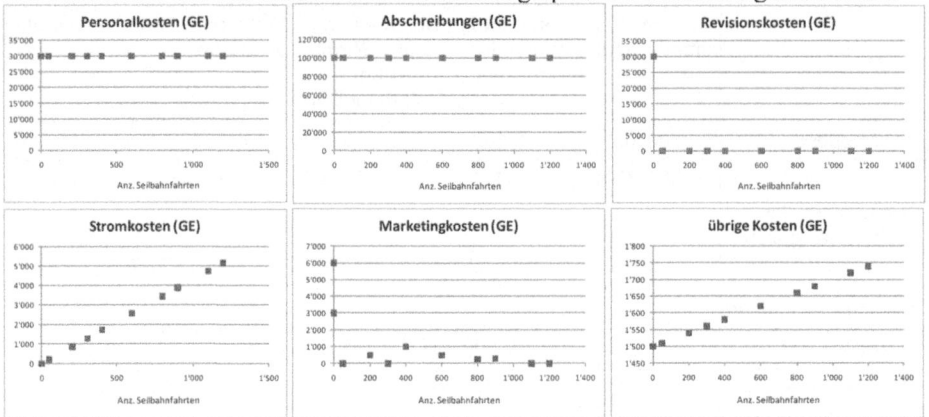

Personalkosten   → fix

Abschreibungen   → fix

Revisionskosten   → nicht erkennbar

Offensichtlich findet die Revision immer dann statt, wenn die Seilbahn außer Betrieb ist (Mai und November). Ob die Höhe der Revisionskosten von der Anzahl geleisteter Fahrten abhängig ist, lässt sich anhand der Zahlen nicht genau bestimmen. Dass der Absolutbetrag (30.000 GE) im Mai und November der selbe ist, spricht für fixes Kostenverhalten.

Stromkosten   → variabel

Marketingkosten → nicht erkennbar

Eine Abhängigkeit der Marketingkosten von der Anzahl geleisteter Fahrten in irgendeiner Art lässt sich nicht erkennen und ist auch nicht plausibel. Typischerweise entscheidet das Management relativ frei über das Ausmaß von Marketingaktivitäten und ist dabei allenfalls an die Vorgaben eines Jahresbudgets gebunden. Dieses Jahresbudget sieht man zweckmäßigerweise als fixe Kostenart an.

übrige Kosten   → kombiniert

6.1-2

Kostenart	Summe (GE)	Fixer Anteil (GE)	Variabler Anteil (GE)	Variable Kosten pro Seilbahnfahrt (GE)
Personal	360.000	360.000	-	-
Abschreibung	1.200.000	1.200.000	-	-
Revision	60.000	60.000	-	-
Strom	25.155	-	25.155	4,30
Marketing	11.550	11.550	-	-
übrige Kosten	19.170	18.000	1.170	0,20

Die Ermittlung der fixen und variablen Kostenanteile für die Kostenart „übrige Kosten" erfolgt entweder mittels der Schichthöhenmethode oder mittels linearer Regression.

Schichthöhenmethode:

Zur Berechnung werden die Werte für März (maximale Anzahl Seilbahnfahrten) und Mai oder November (beide Monate keine Seilbahnfahrten; Betrag der Kostenart„übrige Kosten" für beide Monate gleich hoch) herangezogen.

Der Leistungsunterschied beträgt:

1.200 Seilbahnfahrten – 0 Seilbahnfahrten   = 1.200 Seilbahnfahrten

Der Kostenunterschied beträgt:

1740 GE (März) – 1500 GE (Mai/November)   = 240 GE

Damit betragen die variablen Kosten pro Seilbahnfahrt:

k_V = 240 GE / 1.200 Seilbahnfahrten   = 0,20 GE/Seilbahnfahrt

Berechnung des Fixkostensockels:

Im März: 1740 GE – (0,20 GE/ Seilbahnfahrt x 1.200 Seilbahnfahrten) = 1.500 GE

Da Mai und November keine Seilbahnfahrten stattfanden kann der Betrag des Fixkostensockels alternativ auch direkt aus der Tabelle abgelesen werden – Alle Kosten im Mai/ November waren Fixkosten!

Lineare Regression:

n	x_I (Seilbahnfahrten auf den Piz Gruein)	Y_I (übrige Kosten)	$X_I \times Y_I$	x_I^2
1 (JAN)	x_1= 1.100	Y_1= 1.720 GE	1.892.000	1.210.000
2 (FEB)	x_2= 900	y_2= 1.680 GE	1.512.000	810.000
3 (MRZ)	x_3= 1.200	y_3= 1.740 GE	2.088.000	1.440.000
4 (APR)	x_4= 800	y_4= 1.660 GE	1.328.000	640.000
5 (MAI)	x_5= 0	y_5= 1.500 GE	0	0
6 (JUN)	x_6= 300	y_6= 1.560 GE	468.000	90.000
7 (JUL)	x_7= 300	y_7= 1.560 GE	468.000	90.000
8 (AUG)	x_8= 600	y_8= 1.620 GE	972.000	360.000
9 (SEP)	x_9= 200	y_9= 1.540 GE	308.000	40.000
10 (OKT)	x_{10}= 50	Y_{10}= 1.510 GE	75.500	2.500
11 (NOV)	$x_{,,}$= 0	Y_{11}= 1.500GE	0	0
12 (DEZ)	x_{12}= 400	y_{12}= 1.580 GE	632.000	160.000
Mittelwerte	487,50	1.597,50 GE	811.958	403.542

Steigung der Regressionsgerade k_v:

$$k_V(a) = \frac{811.958 - (487,50 \times 1597,5)}{403.542 - (487,50)^2} = 0,20 \text{ GE/Seilbahnfahrt}$$

y-Achsenabschnitt K_F (GE):

$$K_F(b) = 1587,50 - (0,20 \times 487,50) = 1500 \text{ GE}$$

Da sämtliche Datenpunkte streng linear verteilt sind, macht es keinen Unterschied welche der beiden Methoden zur Anwendung kommt.

Die Werte für die Anteile der anderen Kostenarten können der Tabelle in 6.1.1 direkt entnommen werden. Die variablen Kosten pro Seilbahnfahrt ermitteln sich per Divisionskalkulation (variabler Anteil dividiert durch Gesamtanzahl Fahrten).

6.1-3

a) Zur Berechnung werden die Werte für August und Februar herangezogen.

Der Leistungsunterschied zwischen diesen beiden Monaten beträgt:

23.300 km – 17.500 km (Februar)   = 5.800 km

Der Kostenunterschied zwischen diesen beiden Monaten beträgt:

2530 GE (August) – 2390 GE (Februar)   = 140 GE

Damit betragen die variablen Kosten pro km:

k_v = 140 GE / 5.800 km   = 0,024 GE/km

Berechnung des Fixkostensockels:

Im Februar: 2.390 GE – (0,024 GE/km x17.500 km) =1.967,59 GE

Kontrollrechnung für August:

          2.530 GE – (0,024 GE/km x23.300 km) =1.967,59 GE

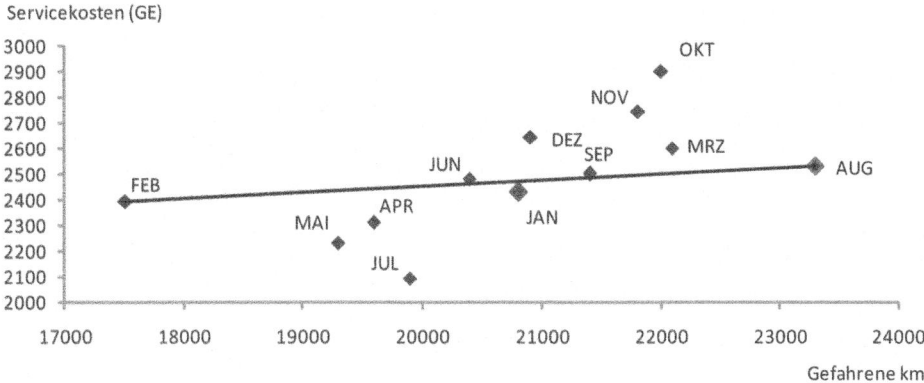

b) Die mittels der zwei Extrempunkte FEB und AUG definierte Kostengerade verläuft deutlich zu flach, wenn man die gesamte Punktewolke betrachtet – das heißt die so ermittelten variablen Kosten sind zu niedrig, die so ermittelten Fixkosten zu hoch angesetzt. Um ein besseres Ergebnis zu erzielen sind entweder repräsentativere Datenpaare für die Berechnung zu wählen (z. B. MAI und NOV) oder die lineare Regression ist anzuwenden.

c)

n	x_i (Gefahrene Kilometer)	Y_i (Servicekosten)	$X_i \times Y_i$	X_i^2
1 (JAN)	x_1= 20.800	Y_1= 2.430 GE	50.544.000	432.640.000
2 (FEB)	x_2= 17.500	y_2= 2.390 GE	41.825.000	306.250.000
3 (MRZ)	x_3= 22.100	y_3= 2.600 GE	57.460.000	488.410.000
4 (APR)	x_4= 19.600	y_4= 2.310 GE	45.276.000	384.160.000
5 (MAI)	x_5= 19.300	y_5= 2.230 GE	43.039.000	372.490.000
6 (JUN)	x_6= 20.400	y_6= 2.480 GE	50.592.000	416.160.000
7 (JUL)	x_7= 19.900	y_7= 2.090 GE	41.591.000	396.010.000
8 (AUG)	x_8= 23.300	y_8= 2.530 GE	58.949.000	542.890.000
9 (SEPT)	x_9= 21.400	y_9= 2.500 GE	53.500.000	457.960.000
10 (OKT)	x_{10}= 22.000	Y_{10}= 2.900 GE	63.800.000	484.000.000
11 (NOV)	x_{11}= 21.800	Y_{11}= 2.740 GE	59.732.000	475.240.000
12 (DEZ)	x_{12}= 20.900	y_{12}= 2.640 GE	55.176.000	436.810.000
Mittelwerte	20.750	2.487 GE	51.790.333	432.751.667

Mit Formel 6.3 ergeben sich die variablen Kosten je Kilometer:

$$k_V(a) = \frac{51.790,333 - (20.750'2487)}{432.751,667 - (20.750)^2} = 0,0877$$

Ergebnis a eingesetzt in Formel 6.4 ergibt die Fixkosten:

$$K_F(b) = 2487 - (0,0877'20.750) = 666,80$$

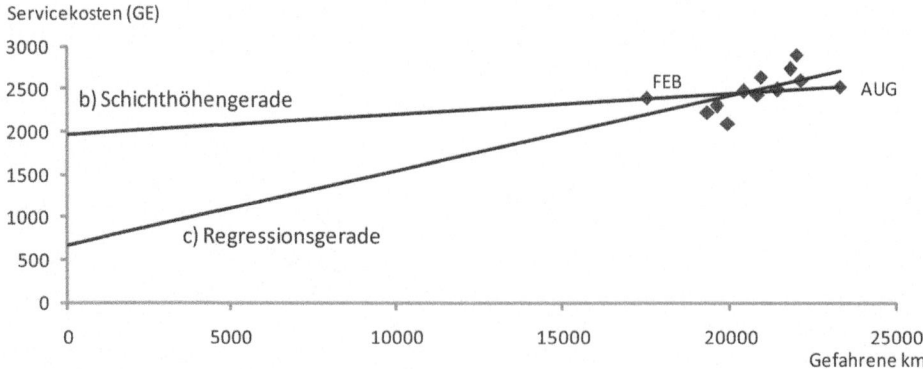

Die Verlängerung der km-Achse und bis zum Ursprung des Koordinatensystems zeigt den Fixkostensockel. Man erkennt welch große Fehler entstehen können, wenn das Schichthöhenverfahren blind angewendet wird. Die Fixkosten betragen offensichtlich nur ca. 1/3 des in a) ermittelten Werts, dafür sind die variablen Kosten ca. dreimal so hoch als in a) ermittelt.

6.1-4

Zur Lösung einer derartigen Aufgabenstellung ist es zunächst immer sinnvoll, die Beziehung zwischen vermuteter Einflussgröße und den beeinflussten Kosten graphisch darzustellen:

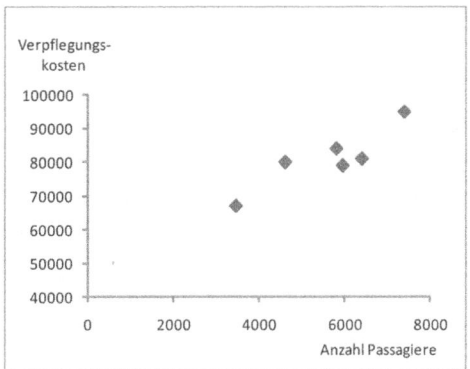 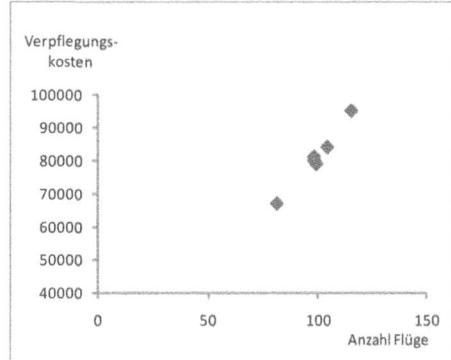

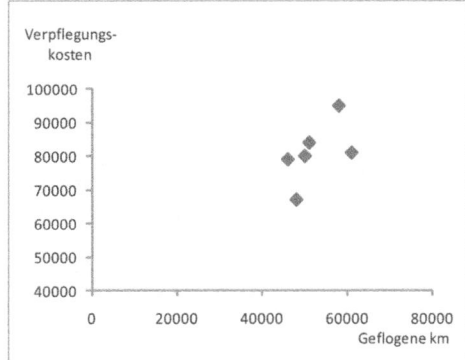 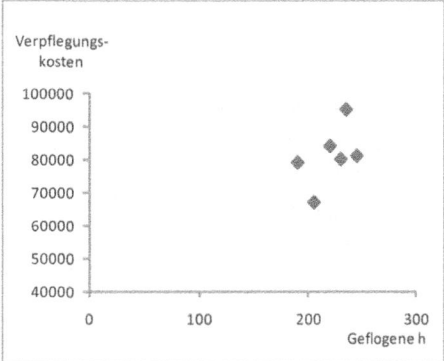

Die Punktewolken für „Geflogene km" und „Geflogene h" scheinen eher nicht durch eine Gerade annäherbar zu sein, anders sieht es für „Anzahl Passagiere" und „Anzahl Flüge" aus. Durch die völlig unterschiedliche Skalierung der x-Achse kann jedoch der optische Eindruck täuschen. Deshalb erfolgt die rechnerische Überprüfung anhand der Regressionsgeraden bzw. des Bestimmtheitsmaßes. Es ergeben sich folgende Werte

Anzahl Passagiere (x) / Verpflegungskosten (y)
$y = 5,8148x + 48.437$
$R^2 = 0,8049$

Anzahl Flüge (x) / Verpflegungskosten (y)
$y = 810,77x + 599,01$
$R^2 = 0,9825$

Geflogene km (x) / Verpflegungskosten (y)
$y = 0,8712x + 35.410$
$R^2 = 0,3240$

Geflogene h (x) / Verpflegungskosten (y)
$y = 226,96x + 30.879$
$R^2 = 0,2627$

Es zeigt sich, dass tatsächlich nur die Kosteneinflussgrößen „Anzahl Passagiere" und „Anzahl Flüge" akzeptable R2-Werte aufweisen. Der Wert für „Anzahl Passagiere" liegt jedoch mit 0,8049 knapp unter dem Grenzwert von 0,81. Zudem zeigt ein Vergleich der Geradengleichungen, dass in diesem Fall ein hoher Fixkostenanteil ausgewiesen wird, während im Fall der Kosteneinflussgröße „Anzahl Flüge" der Fixkostenanteil so niedrig ausfällt, dass von einer vollständigen Variabilität dieser Kostenart ausgegangen werden kann. Auf Grund der vorliegenden Daten ist auf eine Abhängigkeit der Verpflegungskosten von der Anzahl durchgeführter Flüge zu schließen. Liegen weitere Informationen vor (insbesondere die Ausgestaltung der Verträge mit den betreffenden Catering-Partnern wäre hier von Interesse) sind diese natürlich in die Analyse mit einzubeziehen.

6.1-5
Bei einer Schließung des Restaurants im ersten Quartal entfallen sämtliche Umsätze und sämtliche variablen Kostenbestandteile. Fixkosten bleiben erhalten. Um die Fragestellung beantworten zu können, muss zunächst der fixe Anteil der Kostenart „Löhne" festgestellt werden. Mangels anderer geeigneter Einflussgrößen wird die Abhängigkeit dieser Kostenart vom Umsatz angenommen. Es ergibt sich folgendes Bild:

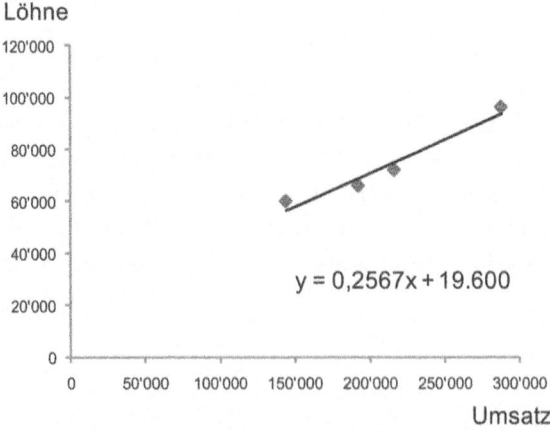

Nach der mittels linearer Regression abgeleiteten Geradengleichung muss von fixen Löhnen in Höhe von 19.600 GE pro Quartal ausgegangen werden. Eine darauf basierende Planungsrechnung mit Umsatz=Null im ersten Quartal kommt zu folgendem Ergebnis:

	QUARTAL			
	I.	II.	III.	IV.
Umsatzerlöse	0 GE	216.000 GE	288.000 GE	192.000 GE
Kosten:				
Wareneinstand	0 GE	86.400 GE	115.200 GE	76.800 GE
Löhne	19.600 GE	72.000 GE	96.000 GE	66.000 GE
Mieten, Versicherungen	5.200 GE	7.200 GE	7.200 GE	7.200 GE
Abschreibungen	0 GE	19.200 GE	19.200 GE	12.200 GE
Reparaturen	1.200 GE	2.400 GE	3.000 GE	1.800 GE
Gas, Strom, Telefon	0 GE	3.600 GE	3.000 GE	4.200 GE
diverses	0 GE	580 GE	660 GE	440 GE
Summe Kosten:	26.000 GE	191.380 GE	244.260 GE	175.640 GE
ERFOLG	-26.000 GE	24.620 GE	43.740 GE	16.360 GE

Der Gesamterfolg ist damit schlechter als in der Ausgangssituation. Von der Schließung des Restaurants im ersten Quartal ist abzuraten.

6.2-1

a)

Durchschnittspreis	= 3,20 GE x 1/3 + 3,40 GE x 1/3 + 2,90 GE x 1/3	= 3,17 GE
Durchschnitts-k_v	= 1,53 GE x 1/3 + 2,98 GE x 1/3 + 1,94 GE x 1/3	= 2,15 GE
d	= Durchschnittspreis – Durchschnitts-k_v	= 1,02 GE
d_r	= d / Durchschnittspreis	= 32,11%
$U_{Break\ Even}$= K_F/d_r	= 3.500 GE / 32,11%	= 10.901,70 GE

b)

Durchschnittspreis	= 3,20 GE x 28% + 3,40 GE x 31% + 2,90 GE x 41%	= 3,14 GE
Durchschnitts-k_v	= 1,53 GE x 28% + 2,98 GE x 31% + 1,94 GE x 41%	= 2,15 GE
d	= Durchschnittspreis – Durchschnitts-k_v	= 0,99 GE
d_r	= d / Durchschnittspreis	= 31,60%
$U_{Break\ Even}$= K_F/ d_r	= 3.500 GE / 31,60%	= 11.074,50 GE

c)

Durchschnittspreis	= 3,20 GE x 40,5% + 3,40 GE x 20% + 2,90 GE x 29,5%	= 2,83 GE
Durchschnitts-k_v	= 1,53 GE x 40,5% + 2,98 GE x 20% + 1,94 GE x 29,5%	= 1,79 GE
D	= Durchschnittspreis – Durchschnitts-k_v	= 1,04 GE
d_r	= d / Durchschnittspreis	= 36,86%
$U_{Break\ Even}$ = K_F / d_r	= 3.500 GE / 36,86%	= 9.496,70 GE

6.2-2

a)

K_V = K – K_F	= 1.675.875 GE – 1.650.000 GE	=	28.875 GE
D = U – K_v	= 1.380.000 GE – 28.875 GE	=	1.354.125 GE
d_r = D / U	= 1.354.125 GE / 1.380.000 GE	=	98,125%
$U_{Break\ Even}$ = K_F / d_r	= 1.650.000 GE / 98,125%	=	1.684.529 GE
Umsatzzunahme absolut	= $U_{Break\ Even}$ – U	=	301.529 GE
Umsatzzunahme prozentual	= 301.529 GE / 1.380.000 GE)	=	22%

d) Die errechneten 22 % gelten nur dann, wenn sich die Fahrten im Folgejahr im gleichen Verhältnis wie im Geschäftsjahr 20XX auf die einzelnen Monate verteilen und die Erlöse und Kosten von der Anzahl Fahrten auch tatsächlich abhängig sind.

Während die Abhängigkeit der Kosten von der Anzahl Fahrten in 6.1.1 und 6.1.2 gezeigt worden ist, fehlt dieser Nachweis für die Umsatzerlöse. Vermutlich besteht in diesem Fall auch keine direkte Abhängigkeit: Eine Seilbahn verkauft keine Komplettgondelfahrten sondern Tickets für Bergfahrten, Berg- und Talfahrten, Punkte-, Tages-, Saisonkarten etc. Außerdem spielt die Auslastung der Anlage – i. e. die Anzahl beförderter Personen pro Fahrt eine wesentliche Rolle bei der Erlösentstehung.

Deshalb kann auf Basis der derzeit vorliegenden Angaben keine seriöse Break-Even-Rechnung angestellt werden.

6.2.3

a)

Deckungsbeitrag pro Passagier:

$$d = p - k_v = 1400 - 245 \text{ GE} = 1155 \text{ GE}$$

Relativer Deckungsbeitrag:

$$dr = d / P = 1155 / 1400 \text{ GE} = 82.5\%$$

Break-Even Umsatz:

$$U_{Break\ Even} = K_F / d_r = 230.000 \text{ GE} / 82.5\% = 278.788 \text{ GE}$$

Da sich dieser Wert nicht durch den Ticketpreis von 1400 GE teilen lässt, aufgerundet auf 280.000 GE bzw. 200 Tickets.

b)

Umsatz für einen Gewinn von 20.000 GE:

$$U = [K_F + 20.000]/d_r = 250.000 \text{ GE}/82.5\% = 303.030 \text{ GE}$$

Da sich dieser Wert nicht durch den Ticketpreis von 1400 GE teilen lässt, aufgerundet auf 303.800 GE bzw. 217 Tickets.

c)

40.000 GE Fixkosten im Fall des Liegenbleibens der „Ister" im Hafen bedeuten, dass mindestens 40.000 GE Fixkosten immer und in jedem Fall für Horvath & Androsch anfallen. Für die Entscheidung, ob die Fahrt durchzuführen ist oder nicht sind diese 40.000 GE irrelevant. Als zusätzliche – und damit entscheidungsrelevante – Fixkosten verbleiben nur die 190.000 GE die einen tatsächlichen Mehraufwand bei Durchführung der Fahrt darstellen.

$$U_{Break\,Even} = K_F / d_r = 190.000 \text{ GE} / 82.5w\% = 203.303 \text{ GE}$$

Da sich dieser Wert nicht durch den Ticketpreis von 1400 GE teilen lässt, aufgerundet auf 231.000 GE bzw. 165 Tickets.

d)

Aufgrund der Entschädigungszahlung in Höhe von 15 % des Ticketpreises von 1400 GE entsteht Horvath & Androsch ein Nachteil in Höhe von 15 % × 1400 GE = 210 GE pro gebuchtem Ticket wenn die Reise abgesagt wird. Bei Durchführung der Reise müssen jedoch die variablen Kosten in Höhe von 245 GE pro Passagier und die gesamten entscheidungsrelevanten Fixkosten beglichen werden, was erst ab 200 Passagieren der Fall ist [siehe a)]. Jetzt gilt es herauszufinden ob bei bestimmten Buchungsanzahlen die Verluste durch Entschädigungszahlungen höher ausfallen als der Verlust, welcher bei der Durchführung der Reise mit weniger als 200 Passagieren entstehen würde. Eine Grafik zeigt, dass ein solcher Bereich tatsächlich existiert:

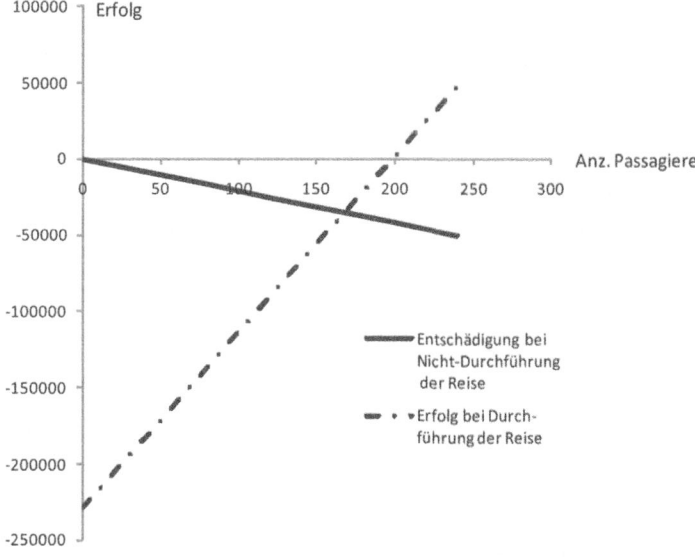

Vom Schnittpunkt der strichpunktierten Linie (Erfolg bei Durchführung der Reise) mit der durchgezogenen Linie (Erfolg bei Nicht-Durchführung der Reise) bis zum Break-Even Punkt bei 200 Passagieren, entsteht weniger Verlust bei Durchführung als bei Nicht-Durchführung. Horvath & Androsch werden in jedem Fall zuzahlen müssen, aber weniger wenn Sie fahren als wenn das Schiff im Hafen liegt.

Mathematische Ermittlung des Schnittpunkts:

Entschädigung bei Nicht-Durchführung = Erfolg bei Durchführung

− 210 GE × Passagierzahl = 1400 GE × Passagierzahl − 245 GE × Passagierzahl − 230.000 GE

230.000 GE = 1365 GE × Passagierzahl

kritische Passagierzahl = 169

Das bedeutet ab 169 Buchungen lohnt es sich für Horváth & Androsch die Fahrt durchzuführen.

Wird zusätzlich noch berücksichtigt, dass nur 190.000 GE Fixkosten wirklich von der Entscheidung abhängen [siehe c)] gilt: 190.000 GE = 1365 GE × Passagierzahl kritische Passagierzahl = 140

e)

Absolute Preisuntergrenze sind die variablen Kosten von 245 GE. Unter diesem Preis sind die Kosten, die ein Last-Minute-Bucher unmittelbar verursacht, grösser als die zusätzliche Umsatzeinnahme die durch ihn entsteht.

6.2-4

Sortiert man die vorliegenden Aufträge nach Deckungsbeitrag pro Bus und Tag ergibt sich folgendes Bild:

Auftrag	Erlös	Kosten	Deckungsbeitrag pro Bus und Tag	Mo	Di	Mi	Do	Fr	Sa	So
Betriebsausflug	2400	800	800	X						
			800	X						
Freiburg - Schachclub	2400	600	600					X	X	X
Kaffeefahrt Bus 1 (Option an Werktagen)	800	200	600	O	O	O	O	O	O	
Kaffeefahrt Bus 2 (Option an Werktagen)	800	200	600	O	O	O	O	O	O	
Grümpelstein Liniendienst	6000	2500	583	X	X	X	X	X	X	
Ausfahrt Kegelclub	2400	600	450				X	X	X	X
Altenheim Abendrot	1200	300	450		X					
			450		X					
Wallis - Gleitschirmclub	1500	800	350						X	X
Paris - Schulklasse	5000	3600	280	X	X	X	X	X	X	
Flughafen - Ballettgruppe	300	50	250				X			

Daraus lässt sich folgendes Angebotsprogramm ableiten:

Montag:

Kaffeefahrt mit beiden Bussen (Kaffeefahrten bringen mehr Deckungsbeitrag pro Tag als der Liniendienst in Grümpelstein und deutlich mehr als der Schulausflug nach Paris)

Dienstag:

Betriebsausflug mit beiden Bussen

Mittwoch:

Kaffeefahrt mit beiden Bussen

Donnerstag:

Kaffeefahrt mit beiden Bussen Freitag:

Bus 1: Schachclubausflug nach Freiburg

Bus 2: Kaffeefahrt

Samstag:

Bus 1: Schachclubausflug nach Freiburg

Bus 2: Gleitschirmausfahrt ins Wallis

Sonntag:

Bus 1: Schachclubausflug nach Freiburg

Bus 2: Gleitschirmausfahrt ins Wallis

Würde am Donnerstag ein Bus mit dem Kegelclub auf Reisen geschickt würde zwar am Samstag und Sonntag ein zusätzlicher Deckungsbeitrag in Höhe von 200 GE entstehen, dafür müsste am Donnerstag und Freitag auf je eine Kaffeefahrt verzichtet werden, was zu Deckungsbeitragsausfällen von 300 GE führen würde.

6.2-5

a)

Da sich der Umsatz in jedem Fall auf 499 GE pro Buchung beläuft ist die Entscheidung an Hand der Kosten zu treffen. Dabei ist von der Planabsatzmenge von 1700 Buchungen auszugehen.

Club A:

Umsatz = 1.700 Buchungen x 499 GE/Buchung =	848.300 GE
Pauschalkostenbeitrag	70.000 GE
Vertriebskosten für 1.700 Buchungen	180.000 GE
variable Kosten = 1.700 Buchungen x 250 GE/Buchung =	425.000 GE
- Kostensumme	- 675.000 GE
Erfolg	173.300 GE

Club B:

Umsatz = 1.700 Buchungen x 499 GE/Buchung =	848.300 GE
Pauschalkostenbeitrag	230.000 GE
Vertriebskosten für 1.700 Buchungen	180.000 GE
variable Kosten = 1.700 Buchungen x 150 GE/Buchung =	255.000 GE
- Kostensumme	- 665.000 GE
Erfolg	183.300 GE

Partner:

Umsatz = 1.700 Buchungen x 499 GE/Buchung =	848.300 GE
Pauschalkostenbeitrag (fixe Gemeinkosten)	40.000 GE
variable Kosten = 1.700 Buchungen x (385 GE + 40 GE) =	722.500 GE
- Kostensumme	-762.500 GE
Erfolg	125.800 GE

Damit fällt aufgrund der größeren Erfolgsaussichten die Entscheidung für Club B.
Welche Zusatzüberlegungen sind zu machen?

• Die Entscheidung für Club B führt zu den höchstmöglichen Fixkosten. Das bedeutet
  ein erhebliches Risiko wenn die Planabsatzmenge nicht erreicht wird [siehe b) Break-
  Even- Berechnungen].
• Die Qualität aller drei Angebote muss nahezu identisch sein, sonst macht der reine
  Kostenvergleich keinen Sinn.
• Wenn das Partnerunternehmen eingebunden wird kann zwar das Risiko auf mehrere
  Schultern verteilt werden, es besteht jedoch immer auch die Gefahr des Know-How-
  Abflusses.

b)
Teil 1: Berechnung der Nutzschwellen:

Club A:
$d = p - k_v = 499\ GE - 250\ GE = 249\ GE$
Zur Ermittlung der sprungfixen Kosten wird zunächst angenommen, dass sich die Nutz-
schwelle unter 1001 Buchungen befindet, dann gilt:
$x_{Break\ Even} = K_F / d = (70.000\ GE + 90.000\ GE) / 249\ GE = 643$ Buchungen Ab der 1001.
Buchung steigen die Vertriebskosten sprunghaft an. In diesem Bereich wird nichts mehr
verdient:
$G = D - K_F$
$G = 1001$ Buchungen $\times 49\ GE - (70.000\ GE + 2 \times 90.000\ GE) = -751\ GE$
Nutzschwelle neu:
$x_{Break\ Even} = K_F / d = (70.000\ GE + 2 \times 90.000\ GE) / 249\ GE = 1005$ Buchungen
Der nächste Sprung erfolgt bei der 2001. Buchung: $G = D - K_F$
$G = 2001$ Buchungen $\times 249\ GE - (70.000\ GE + 3 \times 90.000\ GE) = 158.249\ GE$ Ab 1005 Bu-
chungen ist die Nutzschwelle endgültig überschritten.
Beim Club A existieren wegen der sprungfixen Vertriebskosten mehrere Nutzschwellen.
Eine erste Nutzschwelle wird bei 643 Buchungen erreicht. Von dort an bis einschließlich
zur 1000. Buchung wird ein Gewinn erwirtschaftet. Bei 1001, 1002, 1003 oder 1004 Bu-
chungen entsteht im Club A ein Verlust, eine zweite endgültige Nutzschwelle wird erst mit
der 1005. Buchung erreicht.
Club B:
$d = p - k_v = 499\ GE - 150\ GE = 349\ GE$
Zur Ermittlung der sprungfixen Kosten wird zunächst angenommen, dass sich die Nutz-
schwelle unter 1001 Buchungen befindet, dann gilt:
$x_{Break\ Even} = K_F / d = (230.000 + 90.000\ GE) / 349\ GE = 917$ Buchungen
Ab der 1001. Buchung steigen die Vertriebskosten sprunghaft an.
In diesem Bereich wird nichts mehr verdient:
$G = D - K_F$
$G = 1001$ Buchungen $\times 349\ GE - (230.000\ GE + 2 \times 90.000\ GE) = -60.651\ GE$

Nutzschwelle neu:

$x_{Break\ Even} = K_F/d = (230.000\ GE + 2 \times 90.000\ GE) / 349\ GE = 1175$
Buchungen Der nächste Sprung erfolgt bei der 2001. Buchung:

$G = D - K_F$

$G = 2001$ Buchungen $\times 349\ GE - (230.000\ GE + 3 \times 90.000\ GE) = 198.349\ GE$

Ab 1175 Buchungen ist die Nutzschwelle endgültig überschritten.

Auch beim Club B existieren wegen der sprungfixen Vertriebskosten mehrere Nutzschwellen.

Eine erste Nutzschwelle wird bei 917 Buchungen erreicht. Von dort an bis einschließlich zur 1000. Buchung wird ein Gewinn erwirtschaftet. Bei 1001 bis 1174 Buchungen entsteht im Club B ein Verlust, eine zweite endgültige Nutzschwelle wird erst mit der 1175 Buchung erreicht. Im Vergleich zu Club A zeigt sich hier das höhere Risiko von Club B bei niedrigen Buchungszahlen.

Partnerunternehmen:

$d = p - k_v = 499 - 425\ GE = 74\ GE$

$x_{Break\ Even} = K_F / d = 40.000 / 74\ GE = 541$ Buchungen

Die Variante über das Partnerunternehmen hat bei weitem die niedrigste Nutzschwelle.

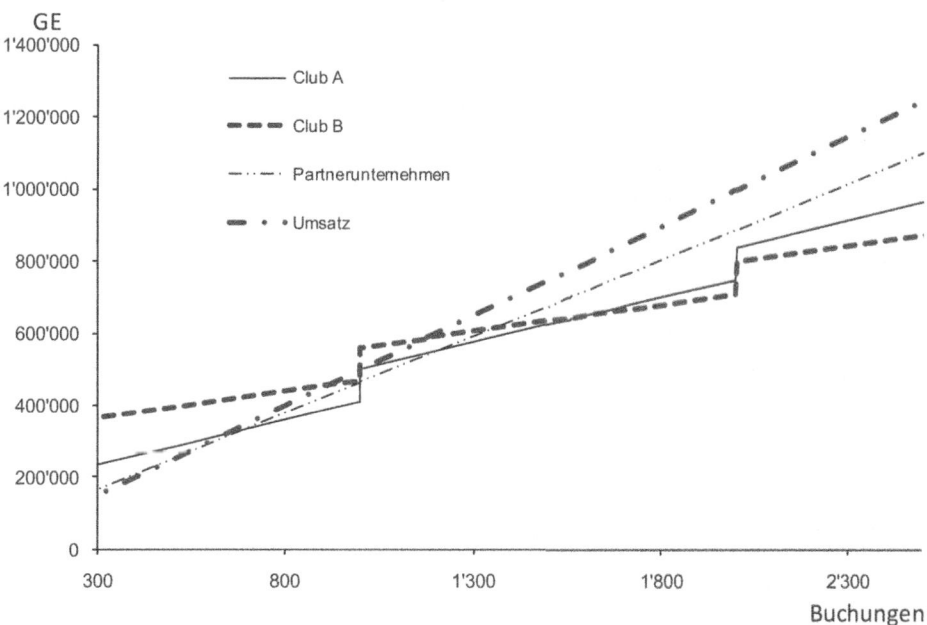

Teil 2: Berechnung der kritischen Absatzmengen zwischen den verschiedenen Varianten:

Unter 541 Buchungen (Nutzschwelle für Partnerunternehmen) ist keine Variante wirtschaftlich durchführbar.

Kritische Menge (KM_1): Übergang vom Partnerunternehmen zu Club A

$40.000 \text{ GE} + 425 \text{ GE} \times KM_1 = 70.000 \text{ GE} + 90.000 \text{ GE} + 250 \text{ GE} \times KM_1$

$175 \text{ GE} \times KM_1 = 120.000 \text{ GE}$

$KM_1 = 686$ Buchungen

2. Kritische Menge (KM_2): Übergang von Club A zurück zu Partnerunternehmen

$KM_2 = 1001$ Buchungen (wegen sprungfixen Vertriebskosten bei Club A)

3. Kritische Menge (KM_3): Übergang vom Partnerunternehmen wieder zu Club A

$40.000 \text{ GE} + 425 \text{ GE} \times KM_3 = 70.000 \text{ GE} + 2 \times 90.000 \text{ GE} + 250 \text{ GE} \times KM_3$

$175 \text{ GE} \times KM_3 = 210.000 \text{ GE}$

$KM_3 = 1200$ Buchungen

4. Kritische Menge (KM4): Übergang von Club A zu Club B

$70.000 \text{ GE} + 2 \times 90.000 \text{ GE} + 250 \text{ GE} \times KM_4 = 230.000 \text{ GE} + 2 \times 90.000 \text{ GE} + 150 \text{ GE} \times KM_4$

$100 \text{ GE} \times KM_3 = 160.000 \text{ GE}$

$KM_3 = 1600$ Buchungen

Stück	Club A	Club B	Partner-unternehmen	Bevorzugte Variante
	Kosten			
1	160.250	320.150	40.425	Partnerunternehmen
685	331.250	422.750	331.125	Partnerunternehmen
686	331.500	422.900	331.550	Club A
1.000	410.000	470.000	465.000	Club A
1.001	500.250	560.150	465.425	Partnerunternehmen
1.199	549.750	589.850	549.575	Partnerunternehmen
1.200	550.000	590.000	550.000	Club A
1.599	649.750	649.850	719.575	Club A
1.600	650.003	650.002	720.004	Club B

Es ist zu erkennen dass KM_4 relativ knapp unter der Planabsatzmenge von 1700 Buchungen liegt [siehe a)].

6.2-6

Obwohl hier keine Absatzmengen angegeben sind, lässt sich ein Break-Even Diagramm skizzieren. Dazu wird willkürlich ein – für beide Restaurants identischer – aktueller Ist-Mengenpunkt auf der x-Achse angenommen:

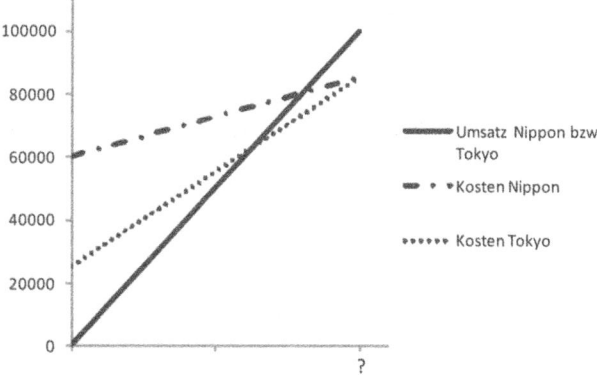

Es lässt sich unschwer erkennen, dass der Break-Even Punkt des Restaurants „Nippon" näher am aktuellen Umsatz liegt als bei „Tokyo". Im Fall von Umsatzrückgängen wird „Nippon" früher in die Verlustzone geraten, die sog. „margin of safety" ist bei diesem Restaurant geringer.

Das lässt sich auch rechnerisch zeigen:

Nippon:

$D = U - K_v$	= 100.000 GE – 25.000 GE	= 75.000 GE
$d_r = D / U_v$	= 75.000 GE / 100.000 GE	= 75 %
Break-Even Umsatz	= K_F / d_r = 60.000 GE / 75 %	= 80.000 GE

Tokyo:

$D = U - K_v$	= 100.000 GE – 60.000 GE	= 40.000 GE
$d_r = D / U$	= 40.000 GE / 100.000 GE	= 40 %
Break-Even Umsatz	= K_F / d_r = 25.000 GE / 40 %	= 62.500 GE

Werden jedoch Umsatzsteigerungen erwartet, ist die Kostenstruktur von „Tokyo" unvorteilhaft: Durch den vergleichsweise hohen variablen Kostenanteil verdient dieses Restaurant dann weniger als „Nippon".

7.2.1
Kosten-/Leistungsartenrechnung:

Erlöse

E1) 80	an	12	1.050.000 GE
E2) 81	an	12	600.000 GE
E3) 82	an	12	650.000 GE

Abschreibungen Fahrzeuge

K1) 20	an	02	150.000 GE
K2) 4910	an	20	150.000 GE
K3) 4910	an	291	37.500 GE

Miete Büro/Werkstatt/Busdepot

K4) 210	an	12	120.000 GE
K5) 42	an	210	120.000 GE

Öl/Kraftstoffe

K6) 35	an	12	130.000 GE
K7) 4410	an	35	130.000 GE

Personalkosten

K8) 4110	an	12	1.200.000 GE
K9) 4120	an	12	120.000 GE
K10) 4130	an	12	200.000 GE

Abschreibungen Werkstatteinrichtung

K11) 20	an	03	20.000 GE
K12) 4911	an	20	20.000 GE

Abschreibungen Büroeinrichtung

K13) 20	an	03	10.000 GE
K14) 4912	an	20	10.000 GE

Lieferungen und Leistungen zum Fahrzeugunterhalt

K15) 37	an	12	25.000 GE
K16) 4920	an	37	25.000 GE
K17) 4920	an	290	15.000 GE

Versicherungen, Steuern, Gebühren

K18) 25	an	12	30.000 GE
K19) 43	an	25	30.000 GE

Sonstiger Aufwand

K20) 25	*an*	12	32.000 GE
K21) 48	*an*	25	32.000 GE
K22) 26	*an*	12	18.000 GE

Kostenstellenrechnung (Primärkostenverteilung):

Abschreibungen Fahrzeuge

S1) 60	*an*	4910	93.750 GE
S2) 61	*an*	4910	93.750 GE

Miete Büro/Werkstatt/Busdepot

S3) 51	*an*	42	96.000 GE
S4) 50	*an*	42	24.000 GE

Öl/Kraftstoffe

S5) 60	*an*	4410	80.943 GE
S6) 61	*an*	4410	49.057 GE

Personalkosten

S7) 60	*an*	4110	654.545 GE
S8) 61	*an*	4110	545.455 GE
S9) 51	*an*	4120	120.000 GE
S10) 50	*an*	4130	200.000 GE

Abschreibungen Werkstatt- und Büroeinrichtung

S11) 51	*an*	4911	20.000 GE
S12) 50	*an*	4912	10.000 GE

Lieferungen und Leistungen zum
Fahrzeugunterhalt

S13) 60	*an*	4920	21.818 GE
S14) 61	*an*	4920	18.182 GE

Versicherungen, Steuern Gebühren sowie sonstiger Aufwand

S15) 50	*an*	43	30.000 GE
S16) 50	*an*	48	32.000 GE

Kostenstellenrechnung (Sekundärkosten):

Umlage Werkstatt

S17) 60	*an*	51	128.727 GE
S18) 61	*an*	51	107.273 GE

Kostenträgerrechnung:

Erfolg Linienbusdienste

T1) 80	*an*	9101	1.050.000 GE
T2) 9101	*an*	60	979.783 GE
T3) 9101	*an*	50	161.704 GE

Erfolg Tagesfahrten

T4) 81	*an*	9102	600.000 GE
T5) 9102	*an*	61	325.487 GE
T6) 9102	*an*	50	53.718 GE

Erfolg Charterservice

T7) 82	*an*	9103	650.000 GE
T8) 9103	*an*	61	488.230 GE
T9) 9103	*an*	50	80.578 GE

Unternehmenserfolg und Bilanzabschluss:

Betriebserfolg

A1) 9101	*an*	919	91.487 GE
A2) 919	*an*	9102	220.795 GE
A3) 919	*an*	9103	81.192 GE

Neutraler Erfolg

A4) 917	*an*	26	18.000 GE
A5) 290	*an*	917	15.000 GE
A6) 291	*an*	917	37.500 GE
A7) 917	*an*	919	34.500 GE

Bilanzabschluss

A8) 919	*an*	902	245.000 GE

02
Kraftfahrzeuge

		KI)	150.000

03
Betriebs- und Geschäftsausstattung

		K11)	20.000
		K13)	10.000

12
Bank

E1)	1.050.000	K4)	120.000
E2)	600.000	K6)	130.000
E3)	650.000	K8)	1.200.000
		K9)	120.000
		K10)	200.000
		K15)	25.000
		K1 8)	30.000
		K20)	32.000
		K22)	18.000

20
Bilanzielle Abschreibungen

K1)	150.000	K2)	150.000
K11)	20.000	K12)	20.000
K13)	10.000	K14)	10.000

210
Haus- und Grundstücksaufwendungen

K4)	120.000	K5)	120.000

25
Sonstige betriebliche Aufwendungen

K18)	30.000	K19)	30.000
K20)	32.000	K21)	32.000

26
Außerordentliche Aufwendungen und Erträge

K22)	1 8.000	A4)	18.000

290
Verrechnete kalkulatorische Kosten

A5)	15.000	K17)	15.000

291
Verrechnete kalkulatorische Abschreibungen

A6)	37.500	K3)	37.500

35
Hilfs - und Betrie bsstoffe

K6)	130.000	K7)	130.000

37
Bezogene Leistungen

K15)	25.000	K16)	25.000

4110 Löhne und Gehälter Chauffeure				4120 Löhne und Gehälter Werkstatt/ Busdepot			
K8)	1.200.00 0	S7) S8)	654.545 545.455	K9)	120.000	S9)	120.000

4130 Löhne und Gehälter Büro				42 Raumkosten			
K10)	200.000	S10)	200.000	K5)	120.000	S3 S4	96.000 4.000

43 Steuern, Beiträge, öffentl. Abgaben, Versicherungsprämien u.a.				4410 Betriebsstoffe Fahrzeuge			
K19)	30.000	S15)	30.000	K7)	130.000	S5 S6	80.943 49.057

48 Sonstige Kosten			
K21)	32.000	S16)	32.000

4910 kalk. Abschreibungen Fahrzeuge				4911 kalk. Abschreibungen Werkstatteinrichtung			
K2) K3)	150.000 37.500	S1 S2	93.750 93.750	K12)	20.000	S11)	20.000

4912 kalk. Abschreibungen Büroeinrichtung				4920 kalk. Fahrzeugunterhalt			
K14)	10.000	S12)	10.000	K16) K17)	25.000 15.000	S13) S14)	21.818 18.182

50 Büro				51 Werkstatt/Depot			
S4)	24.000	T3)	161.704	S3)	96.000	S17)	128.727
S10)	200.000	T6)	53.718	S9)	1 20.000	S18)	107.273
S12)	10.000	T9)	80.578	S11)	20.000		
S15)	30.000						
S16)	32.000						

	60 Stadtbusse		
S1)	93.750	T2)	979.783
S5)	80.943		
S7)	654.545		
S13)	21.818		
S17)	128.727		

	61 Reisebusse		
S2)	93.750	T5)	325.487
S6)	49.057	T8)	488.230
S8)	545.455		
S14)	1 8.1 82		
S18)	107.273		

	80 Erlöse Linienbusdienste		
T1)	1.050.00 0	E1)	1.050.00 0

	81 Erlöse Tagesfahrten		
T4)	600.000	E2)	600.000

	82 Erlöse Charterservice		
T7)	650.000	E3)	650.000

	902 Schlussbilanz		
		A8)	245.000

	9101 Ergebnis Linienbusdienste		
T2)	979.783	T1)	1.050.000
T3)	161.704	A1)	91 .487

	9102 Ergebnis Tagesfahrten		
T5)	325.487	T4)	600.000
T6)	53.718		
A2)	220.795		

	9103 Ergebnis Charterservice		
T8)	488.230	T7)	650.000
T9)	80.578		
A3)	81.192		

	917 Neutrales Ergebnis		
A4)	1 8.000	A5)	15.000
A7)	34.500	A6)	37.500

	919 Gesamtergebnis		
A1)	91.487	A2)	220.795
A8)	245.000	A3)	81.192
		A7)	34.500

Sachverzeichnis

A

Abgrenzung, sachliche, 85, 96
Abschreibungen, 11, 13, 29, 49
  kalkulatorische, 51, 52
    Eigenkapitalzinsen, 48, 52
    Kosten, 43, 48, 54
    Kostenarten, 43, 53
    Miete, 20, 21, 52, 54
Abschreibungsbuchung, 11
Abschreibungsverlauf, 52, 53
Aktivtausch, 8, 11
Anderskosten, 43, 51
Anlagenspiegel, 87
Äquivalenzziffernkalkulation, 23, 24, 33
Aufwand
  außerordentlicher, 13, 44
  betriebsfremder, 43, 44
  neutraler, 42, 44
  periodenfremder, 43
Aufwandsbuchung, 9
Auswertungsmöglichkeiten, 149

B

Berichtsformular, 144, 146, 147
Bestimmtheitsmaß, 115, 116, 205
Betriebsabrechnungsbogen, 75, 88, 90, 91, 106, 143
Betriebsbuchhaltung, 133, 137, 139
Betriebserfolg, 41–44
Bilanz, 6
  Verkürzung, 8, 9
  Verlängerung, 7, 9
Break-Even, 24, 28, 118
  Diagramm, 28

Menge, 24, 25
Umsatz, 118
Buchführung, doppelte, 6, 9, 10
Buchungssatz, 8, 9, 11, 12

C

Cost-Plus-Kalkulation, 76–78, 102

D

Datenverarbeitung, 137, 140
Datenverarbeitungssystem, 143
Deckungsbeitrag, 28, 63, 118, 120
  relativer, 116, 118, 119
Divisionskalkulation, 18
Doppelte Buchführung, 6, 9, 10

E

Eigenkapitalkosten, 48, 57, 180
Einkreissystem, 137, 138, 140, 149
Einnahmen-/Ausgabenrechnung, 5, 10, 11
Einzelkosten, 20, 21, 24, 26, 31, 69, 75, 77, 139
Erfolg, neutraler, 42, 62, 139–142
Erfolgsrechnung, 6, 9–11, 41, 42–44
  betriebliche, 139, 140, 142
  stufenweise, 94
Ertrag
  außerordentlicher, 44, 85, 87, 139
  betriebsfremder, 43, 44, 85, 87
  neutraler, 62, 139–142
  periodenfremder, 43
Ertragsbuchung, 9, 139
EVA 53, 56

© Springer Fachmedien Wiesbaden 2016
C. Benz, *Touristikkostenrechnung*, DOI 10.1007/978-3-658-08088-4

The manufacturer's authorised representative in the EU is Springer
Nature Customer Service Centre GmbH, Europaplatz 3, 69115 Heidelberg,
Germany. If you have any concerns regarding our products, please
contact ProductSafety@springernature.com

Printed and bound by CPI Group (UK) Ltd, Croydon, CR0 4YY
27/04/2026
02097650-0012